経済モデルの数値解析

釜 国男 著

多賀出版

はしがき

　本書は、この10年間に著した論文を大幅に書き直したものに新たな章を加えて書物にまとめたものである。第Ⅰ部で数値計算の方法を概説し、第Ⅱ部では動学的一般均衡モデル（DSGE モデル）の数値解析を行う。第Ⅰ部は数値計算の誤差、基本的な数値計算法、および合理的期待理論を取り扱う。数値計算には誤差はつきものである。コンピュータの構造上、どうしても誤差が発生する。問題は誤差を抑えて、その大きさを評価することである。数値計算の基本的方法を説明する前に、第1章で誤差の原因と評価方法、および正確な計算方法について簡単に触れる。第2章では標準的な数値計算法——連立1次方程式、固有値、非線形方程式、補間、近似、数値微分と積分、最適化、常微分方程式、偏微分方程式など——について一通り説明する。ただし、数値計算の基礎である連立1次方程式については詳しく説明する。数値計算では反復解法がよく用いられる。しかし反復計算は収束するとは限らない。初期値の選択は反復解法の重要なポイントである。適当な初期値を見つける有力な方法にホモトピー法がある。ホモトピー法は、方程式のパラメータを連続的に変化させて目的とする解を求める方法である。いくつかの例を用いてホモトピー法の原理とアルゴリズムについて説明する。マクロ経済学において戦後しばらくはケインズ経済学が盛んであったが、1970年代に合理的期待革命が起こって状況は一変した。現代の主要なマクロ経済理論は合理的期待革命の産物と言える。第4章では線形合理的期待モデルの解法を説明する。

　数値計算が本格的に用いられるようになったのは、動学的一般均衡モデルが登場してからである。特殊なケースを除くと、これらのモデルを解析的に解くことはできない。このため数値計算によって近似解を求める。1988年に Journal of Computational Economics が創刊され、1995年には Society for Computational Economics が設立された。かつては一部の研究者による特殊な分野であったが、今では多くの経済学者が数値計算に興味を持っている。第Ⅱ部では、数値計算で用いる様々な方法について説明する。最初に PEA 法（parameterized expectations approach）について検討する（第5章）。動学的一般均衡モデルは期待値を

含んでいるため、通常は解析的に解けない。PEA 法では期待値を状態変数の関数で表し、コンピュータで発生させたデータを用いて期待関数を推定する。近似精度はそれほど高くないが、様々な制約条件を考慮することができる。多変数モデルにも適用できるのが利点である。PEA 法の基本原理と計算方法を説明した後、資産価格決定モデルと最適成長モデル、投資に非負制約を考慮したモデル、および貨幣的成長モデルに適用する。一般に動学的最適化行動はオイラー方程式で記述される。オイラー方程式の解を求める有力な方法としてプロジェクション法がある。プロジェクション法のアルゴリズムと厳密解を得るための条件を示した後、最適成長モデルに適用して政策関数を求める。様々な物理現象の分析には摂動法が用いられる。摂動法は厳密に解ける問題から設定を少しだけずらしたときに解がどのように変化するかを調べる方法である。第 7 章ではこの方法を最適成長モデルに適用して policy function を導出する。第 8 章では動的計画法の数値解法を取り上げる。DP の基本的性質をレビューした後、ラムゼーモデルに value iteration を適用する。また policy iteration についても説明する。不確実性があるモデルでは、ランダムショックをマルコフチェーンで近似して DP を適用する。線形 2 次形式のモデルには厳密解があり、多くのモデルはテイラー展開すれば線形 2 次形式となる。最適成長モデルを線形近似して数値解を求める。第 9 章では資産価格決定モデルの数値解析を行う。数値解を厳密解と比較して近似精度を詳しく調べる。一般に多変数モデルには線形近似法を適用する。しかし予備的貯蓄のように確率変数の 2 次のモーメントが重要な役割を果たすモデルには適用できない。第10章ではテイラー展開の 2 次の項まで近似する方法を示す。この方法は不確実性の影響が明示される点で優れている。労働供給を内生化した成長モデルに適用して他の方法と比較する。最後に異質的エージェントモデルについて検討する（第11章）。完全競争モデルでは市場均衡はパレート最適となる。このため均衡解を得るには社会計画問題を解けばよい。しかし近年、完備市場モデルでは説明できない現象が注目されている。代表例は危険資産プレミアム・パズルである。これらの現象を解明する一つのアプローチは不完備市場モデルである。このモデルは数値解析のテーマとしても興味がある。最初に Aiyagari のモデルを取り上げる。消費者は固有リスクに備えて資本を保有する。資産の分布は雇用機会によって決まり、長期的に所得と資産の分布は一定となる。つぎに安全資産収益率パズルに関する Huggett のモデルを検討する。保険市場が欠落し、消費

者は失業のリスクに備えて債券を購入する。モデルを使って実質金利と借入限度およびリスク回避の関係を調べてデータと比較する。最後に、固有リスクと集計的リスクを考慮した Krusell = Smith のモデルを検討する。このモデルではベルマン方程式は資産の分布を含み通常の方法は適用できない。そのため特別な方法を適用する。

以上の内容からわかるように、本書で取り扱うのは動学的一般均衡モデルの数値解析である。とくに実物的景気変動モデルを取り上げる。このモデルは計算経済学の発展に大きく貢献したからである。現代のマクロ経済学を本格的に学ぶには数値計算の知識が必要である。本書がその手助けになれば幸いである。

出版にあたって、多くの人びとのお世話になった。かつて留学したペンシルベニア大学ではアザリアディス先生から合理的期待のマクロ経済学を徹底的に教えていただいた。現在では広く受け入れられているが、当時としては極めて斬新なアイデアであった。その前には日本におけるマクロ計量モデルのパイオニアである内田忠夫先生から計量経済学の手ほどきを受けた。コンピュータでモデルの解を求める経験を積んだのはこのときである。コンピュータシミュレーションを学んだことは現在の研究に役立っている。数年前に中級マクロ経済学のテキストの翻訳を快諾されたワシントン大学のウィリアムソン教授にも感謝したい。翻訳作業を通じて、抽象的な数学モデルの背後にある経済学のロジックを再確認できたからである。

なお、本書の出版にあたって独立行政法人日本学術振興会平成26年度科学研究費補助金（研究成果公開促進費）の交付を受けた。

2014年10月

釜　国男

目 次

はしがき　iii

第 I 部　数値計算の基礎

第 1 章　数値計算と誤差 …………………………………………… 4

1.1　計算誤差の種類　4
1.2　計算誤差の伝播　7
1.3　効率的計算法　8
1.4　連立 1 次方程式の誤差　9

第 2 章　数値計算入門 ……………………………………………… 13

2.1　連立 1 次方程式　13
2.2　行列の固有値　20
2.3　非線形方程式　25
2.4　非線形連立方程式の数値解法　30
2.5　補間　34
2.6　近似　38
2.7　数値微分と数値積分　54
2.8　最適化法　73
2.9　常微分方程式の数値解法　83
2.10　偏微分方程式の数値解法　98
　補論　マルコフチェーン　102

第3章 ホモトピー法とその応用 ……………………………… 108

- 3.1 基本原理 108
- 3.2 ホモトピーパスの存在条件 115
- 3.3 微分方程式によるパスフォロー 117
- 3.4 線形計画問題への応用 122
- 3.5 区分的線形近似 123
- 3.6 結論 124

第4章 合理的期待モデル ……………………………………… 126

- 4.1 合理的期待仮説 126
- 4.2 簡単な合理的期待モデル 128
- 4.3 複雑な合理的期待モデル 134
- 4.4 多変数合理的期待モデル 136
- 4.5 労働需要への応用 141
- 4.6 AKモデル 145

第Ⅱ部　計算経済学の諸方法

第5章 PEA法によるDSGEモデルの数値解析 …………… 152

- 5.1 基本原理とアルゴリズム 152
- 5.2 資産価格決定モデル 154
- 5.3 最適成長モデル 155
- 5.4 投資に非負制約があるケース 159
- 5.5 消費習慣モデル 161
- 5.6 貨幣的成長モデル 163
- 5.7 結論 168

第6章 プロジェクション法による最適成長モデルの数値解析 …… 170

6.1 プロジェクション法の原理　170
6.2 一般的アルゴリズム　174
6.3 最適成長モデル　177
6.4 確率的成長モデル　181
6.5 結論　185

第7章 摂動法による最適成長モデルの数値解析 …………… 187

7.1 基本的アプローチ　187
7.2 一般的ケース　188
7.3 最適成長モデルへの応用　189
7.4 離散時間の成長モデル　196
7.5 結論　198

第8章 動的計画法の数値解析 ……………………………… 200

8.1 基本原理　200
8.2 Value iteration　203
8.3 Policy iteration　206
8.4 Value function の内挿　208
8.5 パラメトリック法　210
8.6 静学的変数を含んだ成長モデル　212
8.7 確率的ケース　213
8.8 制約条件が付くケース　216
8.9 線形2次動的計画法　219
8.10 結論　225

第9章　資産価格決定モデルの数値解析 …… 227

9.1　資産価格決定モデル　227
9.2　離散近似法　229
9.3　確率的摂動法　230
9.4　近似精度　233
9.5　確率分布の近似　236
9.6　結論　238

第10章　2次近似による政策関数の導出 …… 240

10.1　確率的最適成長モデル　240
10.2　推計結果　244
10.3　他の方法との比較　248
10.4　結論　252

第11章　不完備市場モデルの数値解析 …… 254

11.1　最適成長モデル　255
11.2　安全資産収益率パズルと不完備市場モデル　260
11.3　集計的リスクと不完備市場　264
11.4　結論　268

索引　271

経済モデルの数値解析

第Ⅰ部　数値計算の基礎

　第Ⅰ部は数値計算の基本的方法と合理的期待、およびホモトピー法について説明する。コンピュータを用いた計算では様々な理由で誤差が発生する。信頼できる正確な結果を得るには、誤差が発生する理由と誤差を抑える方法を理解しておく必要がある。第1章では誤差を抑える具体的な方法を説明する前に、数値計算の誤差について簡単に説明する。第2章は数値計算の教科書で取り上げられる様々のトピック——連立1次方程式、非線形方程式、関数近似、数値積分、微分方程式など——ついて一通り説明する。本書ではこれらの方法をくり返し使用する。数値計算の基本的方法の一つに反復解法がある。反復法は方程式の求解問題や関数近似に用いられる便利な方法である。しかし初期値をうまく設定しないと収束しないという問題がある。ホモトピー法は初期値の設定に有効な方法である。具体例を用いて、多くの問題に適用可能であることを示す。マクロ経済学では、1970年代に合理的期待革命が起こり強い影響を与えた。第4章では合理的期待モデルの代表的な解法について説明する。

第1章　数値計算と誤差

コンピュータを用いた数値計算では、様々な理由で誤差が発生する。このため常に誤差を最小限に抑えるように心がける必要がある。誤差の発生する理由と評価方法、誤差を抑える方法がわかると信頼できる結果が得られる。この章ではコンピュータ内部での数値の表現方法、誤差の種類、誤差の軽減法、連立1次方程式の誤差などについて説明する。

1.1　計算誤差の種類

コンピュータは浮動小数点数を使って四則演算を行う。有限個の浮動小数点数で実数を表すので誤差の発生は避けられない。最初に浮動小数点数について説明しよう。コンピュータの内部では10進数の N はつぎのように表す。

$$N = \pm (d_1 d_2 d_3 \cdots\cdots d_p) \times B^e \qquad d_1 \neq 0$$

これを B 進 p 桁の浮動小数点数という。ここで $(d_1 d_2 d_3 \cdots\cdots d_p)$ は仮数部、B^e は指数部である。普通のコンピュータで B は 2、8、16、32 のいずれかである。指数 e は整数であり、コンピュータ特有の上限と下限がある。

$$-m \leq e \leq M$$

浮動小数点数は実数の一部を表すだけであり、しかも等間隔に分布していない。この制約が誤差の発生する根本的な理由である。

数値計算の精度は、仮数部と指数部のビット数で決まる。浮動小数には単精度と倍精度がある。単精度浮動小数は符合部に1ビット、仮数部に23ビット、指数部に8ビットを割り当てる。指数 e は $-127 \leq e \leq 128$ である。$e = -127$ と $e = 128$ は別の目的に使用するので、$-126 \leq e \leq 127$ となる。$m = 1.175 \times 10^{-38}$、$M = 3.403 \times 10^{38}$ となり、$m \leq |x| \leq M$ の範囲の数を表現できる。もし $x > M$ なら $+\infty$、$x < -M$ なら $-\infty$ とする。また、$-m < x < m$ のときは 0 に丸める。$1 - \varepsilon < x < 1 + \varepsilon$

ならば、1か$1-\varepsilon$か$1+\varepsilon$で近似する。εはマシン・イプシロンと呼ばれる。単精度では$\varepsilon=1.1921\times10^{-7}$であり、倍精度では$\varepsilon=2.2204\times10^{-16}$である。浮動小数は数直線上で離散的に分布しており、0から遠くなるほど分布は疎になる。

多くの有効桁が必要な場合は、64ビットの倍精度浮動小数を使用する。倍精度は符合部1ビット、仮数部53ビット、指数部11ビットで構成される。$2.225\times10^{-308}\sim1.798\times10^{308}$の数値を15の有効桁数まで表現できる。

いずれにしても実数の一部しか表現できないので、誤差は必ず発生する。問題はいかに誤差を減らすかである。計算誤差はつぎのように分類される。

(1) 丸め誤差

コンピュータは有限桁で計算を行い、有効桁数に満たない桁は四捨五入する。丸め誤差自体はなくならないが、計算順序を工夫すれば誤差は少なくなる。例えば、足し算

$$S=0.87+0.0024+0.0022$$

で足す順序と無関係に正確に計算すると、$S=0.8746$となる。左から3桁で計算すると

$$S_1=(0.87+0.0024)+0.0022=0.872+0.0024=0.874$$

右から計算して小さな数の和を大きな数に足すと

$$S_2=0.87+(0.0024+0.0022)=0.87+0.0046=0.875$$

となる。小さな数の後に大きな数を加えると、正確な答えが得られる。

ここで有効桁数について説明しておこう。つぎの式を満たす最大の整数をnとすれば、xは$\overset{.}{x}$をnの有効桁で近似する。

$$\left|\frac{x-\overset{.}{x}}{x}\right|<5\times10^{-n}$$

この定義によると、0.874は真の値0.8746を3桁の有効数字で近似する。

$$\left|\frac{0.874-0.8746}{0.874}\right|=6.8650\times10^{-4}<5\times10^{-3}$$

一方、0.875は4桁の有効数字で近似する。

$$\left|\frac{0.875-0.8746}{0.875}\right|=4.5714\times10^{-4}<5\times10^{-4}$$

丸め誤差は計算結果だけでなく数値自体にも生じる。コンピュータは10進数を2進数に変換して記憶する。例えば10進数の0.1は無限循環小数0.0001100110011……であるが、コンピュータは有限桁に丸めて記憶する。もちろん倍精度にすれば誤差は小さくなる。また計算回数を少なくすれば誤差は累積しない。

(2) 打切り誤差

関数の無限級数展開を有限項で打切ると誤差が生じる。例えば指数関数は

$$e^x = 1 + x + \frac{x^2}{2} + \frac{x^3}{6} + \cdots\cdots$$

と展開されるが、コンピュータは有限項で打切る。

[例1] $f(x)=e^x$ とする。区間 $[0, 0.5]$ における定積分は

$$p^* = \int_0^{0.5} e^x dx = 0.648721270707$$

である。$f(x)$ を4次の項までテイラー展開して項別積分すると

$$p = \int_0^{0.5} \left(1 + x + \frac{x^2}{2} + \frac{x^3}{6} + \frac{x^4}{24}\right) dx = 0.648697916667$$

となる。

$$\left|\frac{p-p^*}{p}\right|=3.6001\times10^{-5}<5\times10^{-5}$$

であり、p は真の値を5桁の有効数字で近似する。

(3) 桁落ちと情報落ち

大きさがほぼ同じ数値を引き算すれば、有効桁数が減少する。これは桁落ちと呼ばれる。例えば0.2345から0.2344を引くと0.0001となり、有効桁は4桁から1桁に減る。2次方程式 $x^2 + ax + b = 0$ の根は

$$x_1 = \frac{-a+\sqrt{a^2-4b}}{2}$$

$$x_2 = \frac{-a - \sqrt{a^2 - 4b}}{2}$$

である。もし $|a| \gg |b|$ であれば x_1 は桁落ちとなる。これを避けるには

$$x_1 = \frac{2b}{-a - \sqrt{a^2 - 4b}}$$

と変形すればよい。例えば

$$x^2 + 106.5x - 0.27 = 0$$

の根を最初の式で求めると $x_1 = 0.0025368$ となり、2番目の式を用いると $x_1 = 0.0025352$ となる。倍精度で計算すると $x_1 = 0.00253515092028$ であり、2番目の方が正確である。

　情報落ちも計算精度を低下させる要因である。絶対値の異なる数を加減算すると、小さい数は無視される。例えば有効桁数5のコンピュータで348.67に0.0012468を加えると348.67となり、片方の数値は完全に無視される。級数和の計算では、小さい値から加えると情報落ちは少なくなる。

1.2　計算誤差の伝播

　誤差を含んだ数値に四則演算をくり返すと、誤差は伝播して累積する。数値計算の多くは反復計算を行うので、誤差の伝播にはとくに注意する必要がある。

　2つの値 p、q の近似値を p_a、q_a、誤差を $\varepsilon_p = p_a - p$、$\varepsilon_q = q_a - q$ とする。近似値を足すと

$$p_a + q_a = (p + \varepsilon_p) + (q + \varepsilon_q) = (p + q) + (\varepsilon_p + \varepsilon_q)$$

となる。足し算の誤差はそれぞれの誤差の和となる。引き算についても同じ関係が成り立つ。

　掛け算の誤差はつぎのようになる。

$$p_a q_a = (p + \varepsilon_p)(q + \varepsilon_q) = pq + p\varepsilon_q + q\varepsilon_p + \varepsilon_p \varepsilon_q \cong pq + p\varepsilon_q + q\varepsilon_p$$

相対誤差は

$$R_{pq} = \frac{p_a q_a - pq}{pq} = \frac{\varepsilon_p}{p} + \frac{\varepsilon_q}{q}$$

で p と q の相対誤差の和となる。割り算では

$$\frac{q_a}{p_a} = \frac{q+\varepsilon_q}{p+\varepsilon_p} \cong \frac{q}{p}\left(1+\frac{\varepsilon_q}{q}\right)\left(1-\frac{\varepsilon_p}{p}+\left(\frac{\varepsilon_p}{p}\right)^2-\cdots\cdots\right) \cong \frac{q}{p}\left(1+\frac{\varepsilon_q}{q}-\frac{\varepsilon_p}{p}\right)$$

となり相対誤差の差に等しい。

対数の誤差は

$$\log(p_a) = \log(p+\varepsilon_p) = \log\left\{p\left(1+\frac{\varepsilon_p}{p}\right)\right\}$$
$$= \log(p) + \log\left(1+\frac{\varepsilon_p}{p}\right) \cong \log(p) + \frac{\varepsilon_p}{p}$$

となる。したがって対数変換の誤差は相対誤差に等しくなる。

1.3　効率的計算法

　誤差を減らす一つの方法は、計算を効率化することである。効率化の第一歩は、演算回数を減らすことにある。例えば n 次多項式

$$P(x) = a_n x^n + a_{n-1} x^{n-1} + \cdots\cdots + a_2 x^2 + a_1 x + a_0$$

の $x=c$ における値 $P(c)$ を求めることにしよう。単純にべき乗を求めて足し合わせると、全部で $n(n+1)/2$ 回の掛け算が必要である。低次の多項式ならこれでもかまわないが、高次の多項式では誤差は無視できない。このような場合、ホーナー法を使うと演算回数を大幅に減らすことができる。ホーナー法では

$$P(x) = ((\cdots\cdots(a_n x + a_{n-1})x\cdots\cdots + a_2)x + a_1)x + a_0$$

と変形する。こうすれば n 回の掛け算で済む。例えば5次多項式は

$$P(x) = ((((a_5 x + a_4)x + a_3)x + a_2)x + a_1)x + a_0$$

と変形する。$b_n = a_n$ とおき、$b_k = a_k + c b_{k+1}$ $(k=n-1, n-2, \cdots\cdots, 1, 0)$ を求めると、$b_0 = P(c)$ となる。さらに

$$Q(x) = b_n x^{n-1} + b_{n-1} x^{n-2} + \cdots + b_3 x^2 + b_2 x + b_1$$

とすれば

$$P(x) = (x-c) Q(x) + b_0$$

が成り立つ。$Q(x)$ は $P(x)$ を $x-c$ で割った商で、b_0 は余りとなる。例えば、$P(x) = 5x^4 - 6x^3 + 3x^2 + x - 5$ を $x-2$ で割った商を $Q(x) = b_4 x^3 + b_3 x^2 + b_2 x + b_1$ とする。$Q(x)$ の係数は

$$b_4 = 5$$
$$b_3 = a_3 + 2b_4 = -6 + 10 = 4$$
$$b_2 = a_2 + 2b_3 = 3 + 8 = 11$$
$$b_1 = a_1 + 2b_2 = 1 + 22 = 23$$
$$b_0 = a_0 + 2b_1 = -5 + 46 = 41$$

したがって

$$Q(x) = 5x^3 + 4x^2 + 11x + 23$$
$$P(x) = (x-2) Q(x) + 41$$

より $P(2) = 41$ となる。

1.4 連立1次方程式の誤差

数値計算の多くの問題は連立1次方程式を解く問題に変換されるが、係数行列や既知数が少し変化しただけで解が大きく変化する場合がある。例えば、連立1次方程式

$$x + 2y = 7$$
$$3x + 5.999y = 20.998$$

の真の解は $x=3$、$y=2$ である。行列で表示すると

$$\begin{bmatrix} 1 & 2 \\ 3 & 5.999 \end{bmatrix} \begin{bmatrix} x \\ y \end{bmatrix} = \begin{bmatrix} 7 \\ 20.998 \end{bmatrix} \quad (1.1)$$

右辺を

$$\begin{bmatrix} 1 & 2 \\ 3 & 5.999 \end{bmatrix} \begin{bmatrix} x \\ y \end{bmatrix} = \begin{bmatrix} 7.001 \\ 20.997 \end{bmatrix} \tag{1.2}$$

に変更すると $x=-4.999$、$y=6.000$ となる。左辺の係数行列を

$$\begin{bmatrix} 1.001 & 2.001 \\ 2.001 & 5.998 \end{bmatrix} \begin{bmatrix} x \\ y \end{bmatrix} = \begin{bmatrix} 7 \\ 20.998 \end{bmatrix}$$

に変えると $x=-0.0155$、$y=3.5060$ となる。このように要素が少し変化しただけで解が大きく変化する行列を悪条件（ill-conditioned）の行列という。行列計算の精度に影響するのは行列の条件数である。$Ax=b$ を解きたいが、実際にはつぎの方程式を解いているとする。

$$(A+\Delta A)(x+\Delta x) = b+\Delta b$$

ΔA と Δb は A と b に含まれる誤差で、Δx は x の誤差である。行列の条件数を

$$cond(A) = \|A\| \|A^{-1}\|$$

と定義する。$\|A\|$ は行列 A のノルムである。一般に $cond(A) \geq 1$ であり、条件数が大きくなると特異行列に近くなる。無限大ノルムはつぎのように定義する。

$$\|A\|_\infty = \max_i \sum_{j=1}^n |a_{ij}|$$

$Ax=b$ の厳密解を $x=A^{-1}b$ とすると、つぎの定理が成り立つ。

[定理] A は正則行列で

$$\|\Delta A\| \leq \frac{1}{\|A^{-1}\|}$$

ならば

$$\frac{\|\Delta x\|}{\|x\|} \leq \frac{cond(A)}{1-cond(A)\|\Delta A\|/\|A\|} \left(\frac{\|\Delta A\|}{\|A\|} + \frac{\|\Delta b\|}{\|b\|} \right)$$

が成り立つ[1]。悪条件の行列では大きな誤差が生じる可能性が高い。$A(x+\Delta x) = b+\Delta b$ であれば

$$\frac{\|\Delta x\|}{\|x\|} \leq cond(A) \frac{\|\Delta b\|}{\|b\|} \tag{1.3}$$

となる。

先に検討した (1.1) の方程式では
$$A = \begin{bmatrix} 1 & 2 \\ 3 & 5.999 \end{bmatrix} \qquad b = \begin{bmatrix} 7 \\ 20.998 \end{bmatrix} \qquad x = \begin{bmatrix} 3 \\ 2 \end{bmatrix}$$
である。無限大ノルムを用いると
$$\|x\| = 3 \qquad \|b\| = 20.998$$
となる。右辺を (1.2) のように変更すると
$$x = \begin{bmatrix} -4.999 \\ 6.000 \end{bmatrix}$$
が新しい解となる。
$$\Delta x = \begin{bmatrix} -7.999 \\ 4.000 \end{bmatrix} \qquad \Delta b = \begin{bmatrix} 0.001 \\ -0.001 \end{bmatrix}$$
であり
$$\|\Delta x\| = 7.999 \qquad \|\Delta b\| = 0.001$$
となる。解と係数の相対変化率は
$$\frac{\|\Delta x\|}{\|x\|} = 2.6663 \qquad \frac{\|\Delta b\|}{\|b\|} = 4.760 \times 10^{-5}$$
これより
$$\frac{\|\Delta x\|/\|x\|}{\|\Delta b\|/\|b\|} = 56015$$
したがって定数項に 1 % の誤差があれば、56,015% の誤差が生じる。この例からわかるように、条件数が大きいと定数項の微小な誤差は極めて大きな誤差を発生させる。

(1.3) によると、相対誤差の有効桁数は条件数とマシン・イプシロンの積と等しくなる。

もう一度、(1.1) の方程式について考えよう。
$$A = \begin{bmatrix} 1 & 2 \\ 3 & 5.999 \end{bmatrix} \qquad \|A\| = 8.999$$

$$A^{-1} = \begin{bmatrix} -5999 & 2000 \\ 3000 & -1000 \end{bmatrix} \qquad \|A^{-1}\| = 7999$$

から

$$\mathrm{cond}(A) = \|A\|\|A^{-1}\| = 71983$$

となる。単精度のマシン・イプシロン $\varepsilon = 1.1921 \times 10^{-7}$ を掛けると

$$\mathrm{cond}(A) \times \varepsilon = 0.8581 \times 10^{-2} < 5 \times 10^{-2}$$

となり解は少なくとも2桁で有効である。もちろん係数行列の条件数が小さくなると有効桁数は大きくなる。条件数がマシン・イプシロンの逆数より大きくなると計算結果はほとんど信用できなくなる。

最後に、誤差の範囲について考えよう。逆行列 A^{-1} の近似逆行列を R、残差行列を

$$G = RA - I$$

とする。$R = A^{-1}$ なら G の要素はゼロとなる。そこで $\|G\| < 1$ と仮定する。$Ax = b$ の近似解 $\hat{x} = Rb$ を計算したとする。x^* を方程式の真の解とすると

$$\|x^*\| \leq \frac{\|R\|\|b - A\hat{x}\|}{1 - \|G\|}$$

が成り立つ[2]。したがって近似逆行列の誤差が一定の範囲内にあれば、近似解の絶対誤差には上限がある。

[注]

1) 証明は森（2002）21ページを参照せよ。
2) 森（2002）22ページを参照。

[参考文献]

森正武（2002）『数値解析』共立出版。

第2章 数値計算入門

この章では数値計算の基礎について、多くの具体例を用いてわかりやすく説明する。現代のマクロ経済学を本格的に学ぶには数値計算の知識が欠かせない。少なくとも連立1次方程式、行列、非線形方程式、関数近似、数値積分、微分方程式など理解しておく必要がある。そこでマクロモデルの数値解析に取り組む前に、これらの方法について一通り説明しよう。

数値計算の道具として以前は機械式の計算機や電卓が使われたが、いまはもっぱらコンピュータを利用する。計算アルゴリズムを実行するにはハードウエアだけでなくソフトウエアも必要であり、*MATLAB*や*GAUSS*、*FORTRAN*などのソフトがなければ計算はできない。メインフレームの時代には*FORTRAN*が主流であったが、最近では*MATLAB*の利用者が増えている。*MATLAB*は計算ライブラリが充実しており、プログラミングも簡単である。さらに経済関係の多くのプログラムがインターネット上で公開されている[1]。本書でも例題の計算にはこのソフトを使用した。

2.1 連立1次方程式

連立1次方程式は数値計算のいろいろなテーマに関連して現れる。例えば、微分方程式の境界値問題やデータをスプライン補間するときなどに連立1次方程式を解く必要がある。

連立1次方程式の解法は、直接法と反復法に大別される。直接法は係数行列の行や列の入れ換え操作をして解を求める方法でガウスの消去法、LU分解、コレスキー分解などがある。反復法は適当に初期値を選んで近似解の列を生成して解に収束させる方法である。ヤコビ法とガウス・ザイデル法がよく知られている。

2.1.1 ガウスの消去法

最初に、最も基本的な解法であるガウスの消去法について説明しよう。一般に連立1次方程式はつぎのように表される。

$$
\begin{aligned}
a_{11}x_1 + a_{12}x_2 + \cdots\cdots + a_{1n}x_n &= b_1 \\
a_{21}x_1 + a_{22}x_2 + \cdots\cdots + a_{2n}x_n &= b_2 \\
&\vdots \\
a_{n1}x_1 + a_{n2}x_2 + \cdots\cdots + a_{nn}x_n &= b_n
\end{aligned}
\tag{2.1}
$$

ここで a_{ij} ($i=1,2,\cdots\cdots,n$, $j=1,2,\cdots\cdots,n$) と b_i ($i=1,2,\cdots\cdots,n$) は既知の与えられた定数であり、x_i ($i=1,2,\cdots\cdots,n$) は未知数である。行列 A とベクトル x、b を

$$
A = \begin{bmatrix} a_{11} & a_{12} & \cdots & a_{1n} \\ a_{21} & a_{22} & \cdots & a_{2n} \\ \vdots & \vdots & \vdots & \vdots \\ a_{n1} & a_{n2} & \cdots & a_{nn} \end{bmatrix} \qquad x = \begin{bmatrix} x_1 \\ x_2 \\ \vdots \\ x_n \end{bmatrix} \qquad b = \begin{bmatrix} b_1 \\ b_2 \\ \vdots \\ b_n \end{bmatrix}
$$

とすれば、(2.1) は

$$
Ax = b \tag{2.2}
$$

と表される。逆行列 A^{-1} が存在して、方程式はユニークな解を持つと仮定しておく。

消去法では、最初に2行目以下の式から x_1 を消去する。そのために1行目を $-a_{i1}/a_{11}$ 倍して i 行目に加えると

$$
\begin{aligned}
a_{11}x_1 + a_{12}x_2 + \cdots\cdots + a_{1n}x_n &= b_1 \\
a'_{22}x_2 + \cdots\cdots + a'_{2n}x_n &= b'_2 \\
&\vdots \\
a'_{n2}x_2 + \cdots\cdots + a'_{nn}x_n &= b'_n
\end{aligned}
$$

2番目以降の係数は変化するのでダッシュをつけることにする。

同様に、この式の3行目以下から x_2 を消去すると

$$a_{11}x_1 + a_{12}x_2 + \cdots\cdots + a_{1n}x_n = b_1$$
$$a'_{22}x_2 + \cdots\cdots + a'_{2n}x_n = b'_2$$
$$a'_{33}x_3 + \cdots\cdots + a'_{3n}x_n = b'_3$$
$$\vdots$$
$$a'_{n3}x_3 + \cdots\cdots + a'_{nn}x_n = b'_n$$

となる。同じ操作を $n-1$ 回くり返すと

$$a_{11}x_1 + a_{12}x_2 + \cdots\cdots + a_{1n}x_n = b_1$$
$$a_{22}x_2 + \cdots\cdots + a_{2n}x_n = b_2$$
$$a_{33}x_3 + \cdots\cdots + a_{3n}x_n = b_3 \qquad (2.3)$$
$$\vdots$$
$$a_{nn}x_n = b_n$$

となる。対角要素を除いた左下半分の要素は0となっている。最下行の式から $x_n = b_n/a_{nn}$ となる。これを一つ上の式に代入すると

$$x_{n-1} = \frac{b_{n-1} - a_{n-1}x_n}{a_{n-1\,n-1}}$$

同様に、$x_n, x_{n-1}, \cdots\cdots, x_{k+1}$ が与えられると、x_k は

$$x_k = \frac{b_k - \sum_{j=k+1}^{n} a_{kj}x_j}{a_{kk}} \qquad (k = n-1, n-2, \cdots\cdots, 1) \qquad (2.4)$$

で与えられる。

(2.3) の形に変換するのに $n(n+1)(2n+1)/6 - n$ 回の乗算と減算が必要で、後退代入を $n(n+1)/2$ 回くり返すので、全部で $n(n+1)(n+2)/3 - n$ 回の演算を行う。したがって消去法は次元の大きな問題には適さない。

　計算の途中で対角要素がゼロとなると、式の順序を入れ換える。ピボット選択については数値計算の教科書を参照されたい。消去法は係数行列が密行列である場合に使われる。行列の要素にゼロが多い粗行列には、後で説明する反復法が適している。

2.1.2 LU分解

(2.1)の係数行列 A が

$$A = LU$$

と分解できたとする。ここで L と U は下三角行列と上三角行列であり

$$L = \begin{bmatrix} l_{11} & 0 & 0 & \cdots & 0 \\ l_{21} & l_{22} & 0 & \cdots & 0 \\ \vdots & \ddots & \ddots & \ddots & \vdots \\ \vdots & & \ddots & \ddots & 0 \\ l_{n1} & \cdots & \cdots & l_{nn-1} & l_{nn} \end{bmatrix} \quad U = \begin{bmatrix} 1 & u_{12} & \cdots & \cdots & u_{1n} \\ 0 & 1 & \ddots & & \vdots \\ 0 & 0 & \ddots & \ddots & \vdots \\ \vdots & \vdots & \ddots & \ddots & u_{n-1n} \\ 0 & 0 & \cdots & 0 & 1 \end{bmatrix}$$

と表される。A の要素と L、U の要素は

$$l_{ij} = a_{ij} - \sum_{k=1}^{j-1} l_{ik} u_{kj} \qquad (i \geq j)$$

$$u_{ij} = \frac{a_{ij} - \sum_{k=1}^{i-1} l_{ik} u_{kj}}{l_{ii}} \qquad (i < j)$$

を満足する。$Ax = b$ に $A = LU$ を代入すると

$$LUx = b$$

となる。変数 y を

$$Ux = y$$

のように定めて上の式に代入すると

$$Ly = b$$

となる。したがって $Ly = b$ を前進代入で解き、$Ux = y$ を x について後退代入で解けば $Ax = b$ の解が求まる。係数行列の LU 分解が得られれば、$n(n+1)$ 回の演算を行うだけでよい。したがって、同じ係数行列で右辺のベクトルだけが異なる問題を何度も解くときは極めて効率的である。

［例1］ LU分解でつぎの連立1次方程式の解を求めよう。

$$2x_1 + 4x_2 + 6x_3 = 12$$
$$2x_1 + 9x_2 + 26x_3 = 42$$
$$4x_1 + 11x_2 + 25x_3 = 43$$

係数行列は $A = LU$ と分解される。ただし

$$L = \begin{bmatrix} 2 & 0 & 0 \\ 2 & 5 & 0 \\ 4 & 3 & 1 \end{bmatrix} \quad U = \begin{bmatrix} 1 & 2 & 3 \\ 0 & 1 & 4 \\ 0 & 0 & 1 \end{bmatrix}$$

である。$Ly = b$ は

$$2y_1 = 12$$
$$2y_1 + 5y_2 = 42$$
$$4y_1 + 3y_2 + y_3 = 43$$

これより $y_1 = 6$、$y_2 = 6$、$y_3 = 1$ が得られる。$Ux = y$ に代入すると

$$x_1 + 2x_2 + 3x_3 = 6$$
$$x_2 + 4x_3 = 6$$
$$x_3 = 1$$

となる。後退代入により $x_1 = -1$、$x_2 = 2$、$x_3 = 1$ が求められる。

2.1.3 反復法

未知数が1,000万個もあるような大規模な連立1次方程式は反復法で解く。反復法にはヤコビ法とガウス・ザイデル法がある。

(a) ヤコビ法

(2.1)の係数行列 A を対角行列 D、下三角行列 L、上三角行列 U に分解して $A = D + L + U$ とおく。ここで

$$D = \begin{bmatrix} a_{11} & & & \\ & a_{22} & & 0 \\ & & \ddots & \\ 0 & & & \\ & & & a_{nn} \end{bmatrix} \quad L = \begin{bmatrix} 0 & & & & \\ a_{21} & 0 & & & 0 \\ a_{31} & a_{32} & 0 & & \\ \vdots & \vdots & & \ddots & \\ a_{n1} & a_{n2} & a_{n3} & \cdots & 0 \end{bmatrix}$$

$$U = \begin{bmatrix} 0 & a_{12} & a_{13} & \cdots & a_{1n} \\ & 0 & a_{23} & \cdots & a_{2n} \\ & & 0 & & a_{3n} \\ 0 & & & \ddots & \vdots \\ & & & & 0 \end{bmatrix}$$

である。上の式を (2.1) に代入すると

$$(D + L + U) x = b \tag{2.5}$$

となる。$a_{ii} \neq 0 \, (i = 1, 2, \cdots, n)$ とすると

$$x = -D^{-1} (L + U) x + D^{-1} b$$

と変形される。ヤコビ法は適当な初期値 $x^{(0)}$ を与えて、漸化式

$$x^{(k+1)} = -D^{-1} (L + U) x^{(k)} + D^{-1} b$$

から近似解の列を生成する。$x^{(k)} = x^{(k+1)}$ が成立すれば $x^{(k)}$ は (2.5) を満足する。行列の要素で表示すると

$$\begin{aligned}
x_1^{(k+1)} &= \frac{b_1 - a_{12} x_2^{(k)} - a_{13} x_3^{(k)} \cdots \cdots - a_{1n} x_n^{(k)}}{a_{11}} \\
x_2^{(k+1)} &= \frac{b_2 - a_{21} x_1^{(k)} - a_{23} x_3^{(k)} \cdots \cdots - a_{2n} x_n^{(k)}}{a_{22}} \\
&\vdots \\
x_i^{(k+1)} &= \frac{b_i - a_{i1} x_1^{(k)} \cdots \cdots - a_{ii-1} x_{i-1}^{(k)} - a_{ii+1} x_{i+1}^{(k)} \cdots \cdots a_{in} x_n^{(k)}}{a_{ii}} \\
&\vdots \\
x_n^{(k+1)} &= \frac{b_n - a_{n1} x_1^{(k)} - a_{n2} x_2^{(k)} \cdots \cdots - a_{nn-1} x_{n-1}^{(k)}}{a_{nn}}
\end{aligned} \tag{2.6}$$

次式が成り立てば収束したと判定する。

$$\sum_{i=1}^{n} | x_i^{(k+1)} - x_i^{(k)} | \leq \varepsilon$$

または

$$\sum_{i=1}^{n} \left| \frac{x_i^{(k+1)} - x_i^{(k)}}{x_i^{(k+1)}} \right| \leq \varepsilon$$

ε は必要な精度に応じて与える小さな正値である。(2.6) が収束するための十分条件は

$$|a_{ii}| > \sum_{j \neq i} |a_{ij}| \quad (i=1, 2, \cdots\cdots, n)$$

つまり A が対角優位行列となることである。この条件が成り立たないときは、方程式を入れ換えるか、変数の番号をつけ換える。初期値は反復回数に影響するが収束には関係しない。

[例2] つぎの連立方程式をヤコビ法で解いて収束条件を調べる。

$$4x_1 + x_2 = 6$$
$$x_1 + 2x_2 = 5$$

漸化式を行列の要素で表示すると

$$\begin{bmatrix} x_1^{(k+1)} \\ x_2^{(k+1)} \end{bmatrix} = \begin{bmatrix} 0 & -1/4 \\ -1/2 & 0 \end{bmatrix} \begin{bmatrix} x_1^{(k)} \\ x_2^{(k)} \end{bmatrix} + \begin{bmatrix} 6/4 \\ 5/2 \end{bmatrix}$$

初期値を $x_1^{(0)} = x_2^{(0)} = 0$ として反復計算すると、$x_1 = 1$、$x_2 = 2$ に収束する。

$$D = \begin{bmatrix} 0 & -1/4 \\ -1/2 & 0 \end{bmatrix}$$

とすると

$$\begin{bmatrix} x_1^{(k+1)} & -1 \\ x_2^{(k+1)} & -2 \end{bmatrix} = D \begin{bmatrix} x_1^{(k)} & -1 \\ x_2^{(k)} & -1 \end{bmatrix}$$

が成り立つ。これより

$$\begin{bmatrix} x_1^{(k)} & -1 \\ x_2^{(k)} & -2 \end{bmatrix} = D^k \begin{bmatrix} x_1^{(0)} & -1 \\ x_2^{(0)} & -2 \end{bmatrix}$$

となる。D の固有値の絶対値が 1 より小さいと方程式の解に収束する。D の固有

値は $\lambda_1 = 0.3536$、$\lambda_2 = -0.3536$ で $|\lambda_1| < 1$、$|\lambda_2| < 1$ だから誤差は次第に小さくなる。

(b) ガウス・ザイデル法

ガウス・ザイデル法はヤコビ法を変形したものであり、途中の計算結果を用いるので速く収束する。(2.5) を

$$x = -D^{-1}Lx - D^{-1}Ux + D^{-1}b$$

と書き換えて、漸化式

$$x^{(k+1)} = -D^{-1}Lx^{(k+1)} - D^{-1}Ux^{(k)} + D^{-1}b$$

を用いる。行列の要素で表示すると

$$\begin{aligned}
x_1^{(k+1)} &= \frac{b_1 - a_{12}x_2^{(k)} - a_{13}x_3^{(k)} \cdots \cdots - a_{1n}x_n^{(k)}}{a_{11}} \\
x_2^{(k+1)} &= \frac{b_2 - a_{21}x_1^{(k+1)} - a_{23}x_3^{(k)} \cdots \cdots - a_{2n}x_n^{(k)}}{a_{22}} \\
&\vdots \\
x_i^{(k+1)} &= \frac{b_i - a_{i1}x_1^{(k+1)} \cdots \cdots - a_{ii-1}x_{i-1}^{(k+1)} - a_{ii+1}x_{i+1}^{(k)} \cdots \cdots - a_{in}x_n^{(k)}}{a_{ii}} \\
&\vdots \\
x_n^{(k+1)} &= \frac{b_n - a_{n1}x_1^{(k+1)} - a_{n2}x_2^{(k+1)} \cdots \cdots - a_{nn-1}x_{n-1}^{(k+1)}}{a_{nn}}
\end{aligned} \quad (2.7)$$

つまり (2.6) の $x_i^{(k)}$ をすでに計算した $x_i^{(k+1)}$ で置き換える。このため計算速度は速くなる。A が正定値行列であれば、初期値とは無関係に収束する。A が対称行列で対角要素が正であるとき、収束するための必要十分条件は固有値が正の実数となることである。

2.2 行列の固有値

つぎに行列の固有値について簡単に説明する。A が正方行列であるとき

$$Ax = \lambda x \qquad x \neq 0$$

を満たす x を固有ベクトル、λ を固有値という。固有値は特性方程式

$$|A - \lambda I| = 0$$

から計算する。A が低次行列であれば、固有値を特性方程式から求めても特に問題はない。しかし高次行列では特性方程式を解く方法では大きな誤差が生じる。このため行列を変換して固有値を求める方法が用いられる。代表的な方法はべき乗法とヤコビ法、およびQR法である。

(1) べき乗法

べき乗法では、絶対値最大の固有値と固有ベクトルを求める。A の固有値は

$$|\lambda_1| > |\lambda_2| > \cdots\cdots > |\lambda_n|$$

を満たすものとする。λ_i に対応する固有ベクトルを u_i とすると、適当に選んだベクトル x_0 は

$$x_0 = c_1 u_1 + c_2 u_2 + \cdots\cdots + c_n u_n$$

と表現できる。このベクトルを初期値として

$$x_{k+1} = A x_k \qquad (k = 0, 1, 2, \cdots\cdots)$$

を計算する。$x_k = A^k x_0$、$A^k u_i = \lambda_i^k u_i$ だから

$$x_k = c_1 \lambda_1^k u_1 + c_2 \lambda_2^k u_2 + \cdots\cdots + c_n \lambda_n^k u_n$$
$$= (\lambda_1^k) \left\{ c_1 u_1 + c_2 \left(\frac{\lambda_2}{\lambda_1}\right)^k u_2 + \cdots\cdots + c_n \left(\frac{\lambda_n}{\lambda_1}\right)^k u_n \right\}$$

と書ける。$|\lambda_i / \lambda_1| < 1$ で

$$\lim_{k \to \infty} \left(\frac{\lambda_i}{\lambda_1}\right)^k = 0 \qquad (i = 2, \cdots\cdots, n)$$

となるので、$c_1 \lambda_1^k u_1$ が支配的となる。このとき

$$\lim_{k\to\infty}\frac{x_k^T A x_k}{x_k^T x_k}=\lim_{k\to\infty}\frac{x_k^T x_{k+1}}{x_k^T x_k}=\lambda_1$$

となる。実際には規格化して

$$y_k = A x_{k-1} \qquad x_k = \frac{y_k}{\|y_k\|} \qquad (k=1,2,\cdots\cdots)$$

という計算をくり返す（$\|y_k\|$はy_kのユークリッドノルム）。x_kが収束すると、$\lambda = x_k^T A x_k$ が固有値となる。

例えばつぎの行列について考えよう。

$$A = \begin{bmatrix} 3 & -1 & 0 \\ -1 & 2 & -1 \\ 0 & -1 & 3 \end{bmatrix}$$

初期値のベクトルを

$$x_0 = \begin{bmatrix} 1 \\ 1 \\ 1 \end{bmatrix}$$

とすると

$$y_1 = \begin{bmatrix} 2 \\ 0 \\ 2 \end{bmatrix} \qquad x_1 = \begin{bmatrix} 0.7071 \\ 0.0000 \\ 0.7071 \end{bmatrix}$$

さらに

$$y_2 = \begin{bmatrix} 2.1213 \\ -1.4142 \\ 2.1213 \end{bmatrix} \qquad x_2 = \begin{bmatrix} 0.6396 \\ -0.4264 \\ 0.6396 \end{bmatrix}$$

となる。12回の反復計算で、x_kは$(0.5774 \quad -0.5774 \quad 0.5774)'$に収束する。絶対値最大の固有値は

$$\lambda_{\max} = [0.5774 \quad -0.5774 \quad 0.5774] \begin{bmatrix} 3 & -1 & 0 \\ -1 & 2 & -1 \\ 0 & -1 & 3 \end{bmatrix} \begin{bmatrix} 0.5774 \\ -0.5774 \\ 0.5774 \end{bmatrix} = 4.0000$$

である。

Aが正則行列であれば、絶対値最小の固有値は逆行列の絶対値最大の固有値と等しくなる。したがって上のアルゴリズムで、$y_k = A^{-1} x_{k-1}$と変更すれば絶対

最小の固有値が得られる。例題の行列に適用すると、絶対値最小の固有値は $\lambda_{\min}$
$=1.0000$ で、対応する固有ベクトルは $(0.4082 \quad 0.8165 \quad 0.4082)'$ となる。

(2) LR 法

P が正則行列であれば、$P^{-1}AP$ の固有値は行列 A の固有値と同じである。$P^{-1}AP$ を A の相似変換という。LR 法は相似変換をくり返して固有値を求める方法で、つぎのアルゴリズムを実行する。

1. $A_0 = A$ とする。
2. $k=0$ として、$A_k = L_k U_k$ と LU 分解する。
3. $A_{k+1} = U_k L_k$ を計算し、$k=k+1$ としてステップ 2 へ戻る。

行列を LU 分解した後、それを逆に乗じてつぎの行列を作る操作をくり返す。このとき

$$U_k^{-1} A_{k+1} U_k = U_k^{-1}(U_k L_k) U_k = L_k U_k = A_k$$

となり、A_{k+1} は A_k と同じ固有値をもつ。上の操作をくり返すと、A_k は対角要素に固有値が並んだ上三角行列に収束する。先の例でこれを確認しよう。A を LU 分解すると

$$\begin{bmatrix} 3 & -1 & 0 \\ -1 & 2 & -1 \\ 0 & -1 & 3 \end{bmatrix}$$
$$= \begin{bmatrix} 1.0000 & 0 & 0 \\ -0.3333 & 1.0000 & 0 \\ 0 & -0.6000 & 1.0000 \end{bmatrix} \begin{bmatrix} 3.0000 & -1.0000 & 0 \\ 0 & 1.6667 & -1.0000 \\ 0 & 0 & 2.4000 \end{bmatrix}$$

となる。A_1 を計算して LU 分解すると

$$\begin{bmatrix} 3.3333 & -1.0000 & 0 \\ -0.5556 & 2.2667 & -1.0000 \\ 0 & -1.4400 & 2.4000 \end{bmatrix}$$
$$= \begin{bmatrix} 1.0000 & 0 & 0 \\ -0.1667 & 1.0000 & 0 \\ 0 & -0.6857 & 1.0000 \end{bmatrix} \begin{bmatrix} 3.3333 & -1.0000 & 0 \\ 0 & 2.1000 & -1.0000 \\ 0 & 0 & 1.7143 \end{bmatrix}$$

同じようにして

$$A_2 = \begin{bmatrix} 3.5000 & -1.0000 & 0 \\ -0.3500 & 2.7857 & -1.0000 \\ 0 & -1.1755 & 1.7143 \end{bmatrix}$$

$$A_3 = \begin{bmatrix} 3.6000 & -1.0000 & 0 \\ -0.2686 & 3.1234 & -1.0000 \\ 0 & -0.5588 & 1.2766 \end{bmatrix}$$

$$\vdots$$

$$A_{40} = \begin{bmatrix} 4.0000 & -1.0000 & 0 \\ 0.0000 & 3.0000 & -1.0000 \\ 0.0000 & 0.0000 & 1.0000 \end{bmatrix}$$

となり、A_{40} は対角要素に固有値 4、3、1 が並んだ行列となる。

(3) QR 法

QR 法では行列 A を直交行列 Q と上三角行列 R の積に分解する。

$$A = QR$$

このとき

$$Q^{-1}AQ = Q^{-1}(QR)Q = RQ$$

より RQ は A の相似変換となる。QR 分解を用いて行列の固有値を求める方法を QR 法という。つぎのようにして計算する。

1. $A_0 = A$ とする。
2. $k=0$、$A_k = Q_k R_k$ と QR 分解する。
3. $A_{k+1} = R_k Q_k$ を計算する。$k = k+1$ としてステップ 2 へ戻る。

相似変換をくり返すと、A_k は対角要素に固有値が並んだ上三角行列に収束する。例題で取り上げた行列に適用すると

$$A_1 = \begin{bmatrix} 3.5000 & -0.5916 & 0 \\ -0.5916 & 2.7857 & 1.0842 \\ 0 & 1.0842 & 1.7143 \end{bmatrix}$$

$$A_2 = \begin{bmatrix} 3.6746 & -0.4769 & 0 \\ -0.4769 & 3.2321 & -0.4476 \\ 0 & -0.4476 & 1.0933 \end{bmatrix}$$

$$A_3 = \begin{bmatrix} 3.7890 & -0.4087 & 0 \\ -0.4087 & 3.2013 & 0.1438 \\ 0 & 0.1438 & 1.0097 \end{bmatrix}$$

$$\vdots$$

$$A_{40} = \begin{bmatrix} 4.0000 & 0 & 0 \\ 0 & 3.0000 & 0 \\ 0 & 0 & 1.0000 \end{bmatrix}$$

となり、A_{40} の対角要素は A の固有値に等しい。この方法は計算が簡単であり、固有値は主に QR 法を用いて計算する。

2.3 非線形方程式

非線形方程式 $f(x)=0$ は代数方程式と超越方程式に大別される。2 次方程式には解を求める公式があるが、5 次以上の方程式には解の公式はない。特殊な場合を除いて方程式の解を解析的に求めることはできない。また超越方程式を解く一般的な方法はない。このような場合には、数値計算で解を求めるほかに方法はない。非線形方程式には多くの解法があるが、ここでは汎用性の高い方法だけを取り上げることにする。

(1) 2 分法

2 分法は非線形方程式の解を求める最も簡単で確実な方法である。関数 $f(x)$ は区間 $[a,b]$ において連続で、$f(a)f(b)<0$ ならば中間値の定理により $f(\alpha)=0$ となる α が区間内に少なくとも一つ存在する。2 分法（bisection method）は、この性質を利用して方程式の解を求める方法である。まず区間 $[a,b]$ の中点を求めて解が含まれる小区間を探す。つぎに小区間の中点を求めてさらに解の含まれる区間を探す。正確な解が得られるまでこの操作をくり返す。具体的なアルゴリズムはつぎの通りである。

［ステップ1］関数 $f(x)$ に対し、$f(a)f(b)<0$ となる2つの実数 a、b $(a<b)$ を見つける。
［ステップ2］a と b の中点を $m=(a+b)/2$ とする。
［ステップ3］$|f(m)|<\varepsilon$ なら計算を終了する。そうでなかったらつぎのステップへ進む。
［ステップ4］$f(a)f(m)<0$ なら $b=m$ とする。$f(b)f(m)<0$ なら $a=m$ とする。
［ステップ5］ステップ2へ戻ってくり返す。

ここで ε は小さな正数で、通常 10^{-5} 以下に設定する。$f(x)$ は連続関数で符号の異なる初期値を与えると、このアルゴリズムは解に収束する。区間 $[a,b]$ に複数の解がある場合は、区間内にただ一つの解しかないように区間を定める必要がある。ステップ2を1回実行すれば区間の幅は半分となり、n 回の反復計算で誤差は $(b-a)/2^n$ より小さくなる。

(2) はさみうち法

2分法では関数の傾きは考慮しないが、はさみうち法では関数の直線近似を用いる。$f(a)f(b)<0$ となる a、b をとり、2点 $(a,f(a))$、$(b,f(b))$ を通る直線が x 軸と交わる点を c とする。2点を通る直線の式は

$$y=\frac{f(b)-f(a)}{b-a}(x-a)+f(a)$$

であり

$$c=b-\frac{(b-a)f(b)}{f(b)-f(a)}$$

となる。あとは2分法のアルゴリズムの m を c で置き換えればよい。この方法は2分法よりも速く収束する。

(3) セカント法

x_0 と x_1 の2つの初期値をとり、2点 $(x_0,f(x_0))$ と $(x_1,f(x_1))$ を通る直線を引いて x 軸との交点を x_2 とする。交点の座標は

$$x_2 = x_1 - \frac{(x_1-x_0)f(x_1)}{f(x_1)-f(x_0)}$$

で与えられる。同じ方法で x_1 と x_2 から x_3 を計算する。一般に

$$x_{k+1} = x_k - \frac{(x_k-x_{k-1})f(x_k)}{f(x_k)-f(x_{k-1})}$$

が成り立つ。セカント法は、つぎに説明するニュートン法で $f'(x)$ を離散近似したものである。二分法やはさみうち法より速く収束することがわかっている。また方程式の解は x_k と x_{k-1} の間にある必要はない。

(4) ニュートン法

ニュートン法は最もよく使われる求解法である。関数 $f(x)$ が与えられたとき、$f(x^*)=0$ となる x^* を求める(図2.1)。x^* の近くに初期値 x_0 をとり、点 $(x_0, f(x_0))$ で $f(x)$ に接線を引いて x 軸との交点を x_1 とする。

$$x_1 = x_0 - \frac{f(x_0)}{f'(x_0)}$$

つぎに点 $(x_1, f(x_1))$ における接線と x 軸との交点を x_2 とする。同じように接線と x との交点 $x_3, x_4, \cdots$ を求める。一般に

$$x_{k+1} = x_k - \frac{f(x_k)}{f'(x_k)} \qquad (k=0,1,2,\cdots\cdots) \tag{2.8}$$

つぎの3つの条件が満たされると、x_k は真の解へ単調に収束する。

(1) $f(x)$、$f'(x)$、$f''(x)$ は x^* の近傍で連続である。
(2) $f'(x^*) \neq 0$ である。
(3) x_0 は x^* の近くにある。

停止条件は

$$\left| \frac{x_{k+1}-x_k}{x_k} \right| \leq \varepsilon$$

とする。$f'(x)$ がわからないときは第7節で説明する数値微分で代用する。

$f(x)$ を $x=x_k$ のまわりでテイラー展開すると

$$f(x) = f(x_k) + f'(x_k)(x-x_k) + \frac{1}{2}f''(\eta)(x-x_k)^2$$

図2.1 ニュートン法

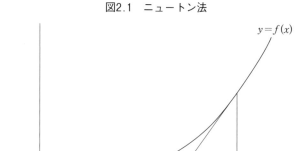

となる（η は x_k と x^* の間の実数）。$x = x^*$ を代入すると、$f(x^*) = 0$ から

$$0 = f(x_k) + f'(x_k)(x^* - x_k) + \frac{1}{2} f''(\eta)(x^* - x_k)^2$$

となり、x^* について解くと

$$x^* = x_k - \frac{f(x_k)}{f'(x_k)} - \frac{1}{2} \frac{f''(\eta)}{f'(x_k)} (x^* - x_k)^2$$

$x_{k+1} = x_k - f(x_k)/f'(x_k)$ を代入すると

$$x^* - x_{k+1} = -\frac{1}{2} \frac{f''(\eta)}{f'(x_k)} (x^* - x_k)^2$$

となり、x_{k+1} は x_k に比べて2乗のオーダーで精度がよくなる。つまりニュートン法は2次収束する。よい初期値から始めると真の解に収束するが、初期値によっては解に収束しない。例えば、$f(x) = x^3 - 3x^2 + x + 3$ とする。微分すると $f'(x) = 3x^2 - 6x + 1$ となる。$x_0 = 1$ からスタートすると、$f(1) = 2$、$f'(1) = -2$ から $x_1 = 2$ となる。x_2 を求めると、$f(2) = 1$、$f'(2) = 1$ から $x_2 = 1$ となり最初の値に戻る。この場合、x_k は $x = 1$ と $x = 2$ の間を反復する。関数をグラフで表示して解の動きを調べると、このような問題は避けられる。

［例3］　方程式

$$f(x) = \tanh(x) + 0.1x + 0.3 = 0$$

表2.1 ニュートン法の途中経過

k	x	$f(x)$
0	1.000000	1.16159415
1	−1.233945	−0.66711437
2	0.484815	0.79857369
3	−0.405042	−0.12475912
4	−0.274041	0.00521540
5	−0.279111	0.00000641
6	−0.279117	0.00000000

の根をニュートン法によって求める。反復公式を適用すると

$$x_{k+1} = x_k - \frac{\tanh(x_k) + 0.1 x_k + 0.3}{1 - \tanh^2 x_k + 0.1}$$

初期値を $x_0 = 1$ として、逐次代入すると表2.1のようになる。$x^* = -0.27911764$ であり、近似値は真の解へ急速に接近することがわかる。

[例4] ニュートン法により実数 $D>0$ の平方根を求める。$f(x) = x^2 - D$ とすると、$f'(x) = 2x$ となる。初期値 $x_0 > 0$ と反復公式

$$x_{k+1} = \frac{1}{2}\left(x_k + \frac{D}{x_k}\right)$$

から $\sqrt{D}$ の近似値を求めることができる。

(5) 不動点反復法

区間 $[a, b]$ で定義された関数 $f(x)$ は、つぎの条件を満たしているとする。

(a) $f(x)$ は $[a, b]$ から $[a, b]$ への写像である。
(b) $f'(x)$ は $[a, b]$ で連続である。
(c) $|f'(x)| \leq K < 1$ となる K が存在する。

これらの条件が満たされると

$$x = f(x)$$

を満たす x がただ一つ存在する。x は縮小写像の不動点である。区間 $[a, b]$ に任

意の点x_0をとり、漸化式

$$x_{k+1}=f(x_k)$$

によって生成した点列は不動点に収束する。不動点反復法を使うと、方程式

$$g(x)=0$$

の解を求めることができる。それには

$$f(x)=x-r(x)g(x)$$

という関数を定義すればよい（ただし、$r(x)\neq 0$）。$g(x)=0$と$x=f(x)$は同値となるからである。例えば、$r(x)=1/g'(x)$とすると

$$f(x)=x-\frac{g(x)}{g'(x)}$$

となる。この場合、不動点反復法はニュートン法にほかならない。

2.4 非線形連立方程式の数値解法

つぎにn元非線形連立方程式

$$\begin{aligned}
f_1(x_1,x_2,\cdots\cdots,x_n)&=0\\
f_2(x_1,x_2,\cdots\cdots,x_n)&=0\\
&\vdots\\
f_n(x_1,x_2,\cdots\cdots,x_n)&=0
\end{aligned} \tag{2.9}$$

の数値解法について考える。簡単化のために

$$x=\begin{bmatrix}x_1\\x_2\\\vdots\\x_n\end{bmatrix} \quad F(x)=\begin{bmatrix}f_1(x)\\f_2(x)\\\vdots\\f_n(x)\end{bmatrix} \quad 0=\begin{bmatrix}0\\0\\\vdots\\0\end{bmatrix}$$

を定義すると、(2.9)は

$$F(x)=0$$

と書ける。代表的な解法はつぎのとおりである。

(1) ニュートン法

$F(x)$は1次微分可能な連続関数とする。$F(x)$をx_kのまわりでテイラー展開し、2次以下の項を無視すると

$$F(x) = F(x_k) + J(x_k)(x - x_k)$$

となる。ここで$J(x_k)$は

$$J(x_k) = \begin{bmatrix} \frac{\partial f_1}{\partial x_1} & \cdots & \frac{\partial f_1}{\partial x_n} \\ \vdots & & \vdots \\ \frac{\partial f_n}{\partial x_1} & \cdots & \frac{\partial f_n}{\partial x_n} \end{bmatrix}$$

と表される正則行列である。$F(x_{k+1}) = 0$とおいてx_{k+1}を求めると

$$x_{k+1} = x_k - J(x_k)^{-1} F(x_k) \tag{2.10}$$

となる。初期値x_0を適当に選び、収束条件を満たすまで$x_1, x_2, \cdots\cdots$を計算する。微分が計算できないときは数値微分で代用する。実際には計算量を減らすために、Δx_{k+1}を未知数とする連立1次方程式

$$J(x_k) \Delta x_{k+1} = -F(x_k) \qquad \Delta x_{k+1} = x_{k+1} - x_k$$

に変形してx_{k+1}を求める。一般に非線形連立方程式は複数の解をもち、初期値によってどの解へ収束するか決まる。したがって、あらかじめ解のおおまかな性質を調べて真の解の近くに初期値を選ぶ必要がある。

［例5］原点を中心とした半径1の円と放物線の交点を求める。交点(x_1, x_2)はつぎの式を満たす。

$$x_1^2 + x_2^2 = 1$$
$$x_1^2 - x_2 = 0$$

この場合

表2.2 ニュートン法の途中経過

k	x_1	x_2	$\|\Delta\|$
0	0.200000	0.200000	
1	1.957142	0.742857	1.839088
2	1.138064	0.624302	0.827613
3	0.840568	0.618051	0.297561
4	0.787912	0.618033	0.052655
5	0.786153	0.618033	0.001759
6	0.786151	0.618033	0.000001

(注) $\|\Delta\|$はΔxのユークリッドノルムである。

$$F(x) = \begin{bmatrix} x_1^2 + x_2^2 - 1 \\ x_1^2 - x_2 \end{bmatrix} \qquad J(x) = \begin{bmatrix} 2x_1 & 2x_2 \\ 2x_1 & -1 \end{bmatrix}$$

である。初期値を$x_0 = [0.2 \quad 0.2]$とすると、6回の反復計算で$x_1 = 0.786151$、$x_2 = 0.618033$に収束する。初期値を$[-0.2 \quad -0.2]$にとると、もう一つの解$x_1 = -0.786151$、$x_2 = 0.618033$に収束する。表2.2は反復計算の途中経過を示している。

(2) 不動点反復法

$F(x) = 0$を$x = g(x)$の形に変換すれば不動点反復法が適用できる。ただし変換式はいくつかの条件を満たす必要がある。Dは$a_i \leq x_i \leq b_i$、$i = 1, 2, \cdots\cdots, n$を満たし、$g(x)$は$D$から$D$への写像で、$J(x)$の要素は連続的微分可能とする。また

$$\left| \frac{\partial g_i(x)}{\partial x_j} \right| \leq \frac{K}{n} \qquad (i, j = 1, 2, \cdots\cdots, n)$$

となる$K < 1$が存在する。これらの条件のもとで、$p = g(p)$となる不動点が存在して$x_{k+1} = g(x_k)$から生成した点列はpに収束する[2]。

(3) ガウス・ザイデル法

ベクトル$p = [p_1, p_2, \cdots\cdots, p_n]$は$F(x) = 0$の解であるとする。不動点反復法において$x_{1k+1}$は$x_{1k}$よりも$p_1$のよい近似値と期待される。このため$x_{2k+1}$を計算するとき$x_{1k}$の代わりに$x_{1k+1}$を用いる。同じように、$x_{3k+1}$の計算で$x_{1k+1}$と$x_{2k+1}$を用いる。式で表すと

$$x_1^{k+1} = g_1(x_1^k, x_2^k, \cdots\cdots, x_n^k)$$
$$x_2^{k+1} = g_2(x_1^{k+1}, x_2^k, \cdots\cdots, x_n^k)$$
$$x_3^{k+1} = g_3(x_1^{k+1}, x_2^{k+1}, \cdots\cdots, x_n^k) \quad (2.11)$$
$$\vdots$$
$$x_n^{k+1} = g_n(x_1^{k+1}, x_2^{k+1}, \cdots\cdots, x_{n-1}^{k+1}, x_n^k)$$

この方法は連立1次方程式に対するガウス・ザイデル法を非線形連立方程式に拡張したものである。

(4) 関数最小化

連立方程式 $F(x)=0$ は、つぎの式で定義した関数 $H(x)$ の最小値を求める問題に変換できる。

$$H(x) \equiv (f_1(x))^2 + (f_2(x))^2 + \cdots\cdots + (f_n(x))^2$$

$H(x)=0$ であれば右辺の関数はすべてゼロとなる。この方法は多変数関数の最小値を求めるプログラムを利用すれば簡単に実行できる。例5の問題では

$$f_1(x) = x_1^2 + x_2^2 - 1$$
$$f_2(x) = x_1^2 - x_2$$

より

$$H(x) \equiv (x_1^2 + x_2^2 - 1)^2 + (x_1^2 - x_2)^2$$

となる。あとで説明する最急降下法を用いると、$x_1=0.786151$、$x_2=0.618033$ のとき $H(x)$ はゼロとなる。これは先に求めた解と一致する。

(5) ホモトピー法

ニュートン法では、解の近くに初期値をとらなければ収束は保証されない。しかし多変数方程式の場合、よい初期値を見つけるのは難しい。この問題にはホモトピー法が有効である。ホモトピー法では、つぎの関数の零点を求める。

$$H(x, t) = f(x) - (1-t)f(x_0)$$

ここで $0 \leq t \leq 1$ はパラメータである。明らかに $H(x,0)=0$ の零点は $x=x_0$ である。また $H(x,1)=f(x)$ となる。t が 1 に近づくにつれて、$H(x,t)$ は $f(x)$ に接近する。$H(x,t)=0$ を満たす x と t の組合せは解曲線と呼ばれる。t を小さなステップで増やしながら解曲線を移動すれば、$f(x)=0$ の解に到達する。ホモトピー法については第 3 章で詳しく説明する。

2.5 補間

与えられたデータから統計的傾向を見つけることは、実証分析の第一歩である。統計的傾向を見つけるためデータ点を通る曲線をあてはめる。ここでは 3 つの補間法について説明しよう。

(1) ラグランジュ補間

n 個のデータ (x_i, y_i) を補間する最も簡単な方法は、(x_i, y_i) と (x_{i+1}, y_{i+1}) の 2 点を直線で結ぶことである。補間式 $L(x)$ は

$$L(x) = y_i + \frac{y_{i+1} - y_i}{x_{i+1} - x_i}(x - x_i)$$

で与えられる。隣接するすべての点を直線で結ぶと折れ線となる。直線で曲線を近似するので標本点の間では誤差は大きくなる。3 点 (x_i, y_i)、(x_{i+1}, y_{i+1})、(x_{i+2}, y_{i+2}) の場合は、放物線

$$L(x) = \frac{(x-x_{i+1})(x-x_{i+2})}{(x_i-x_{i+1})(x_i-x_{i+2})} y_i + \frac{(x-x_i)(x-x_{i+2})}{(x_{i+1}-x_i)(x_{i+1}-x_{i+2})} y_{i+1}$$
$$+ \frac{(x-x_i)(x-x_{i+1})}{(x_{i+2}-x_i)(x_{i+2}-x_{i+1})} y_{i+2}$$

を当てはめる。一般に、n 個の標本点 (x_1, y_1)、(x_2, y_2)、……、(x_n, y_n) に対して、$n-1$ 次多項式

$$L(x) = \sum_{j=1}^{n} y_j L_j(x)$$

$$L_j(x) = \frac{(x-x_1)\cdots\cdots(x-x_{j-1})(x-x_{j+1})\cdots\cdots(x-x_n)}{(x_j-x_1)\cdots\cdots(x_j-x_{j-1})(x_j-x_{j+1})\cdots\cdots(x_j-x_n)} \tag{2.12}$$

を当てはめる。$L(x_i)=0$ で補間曲線はすべての点を通る。x に任意の値を代入

すれば、その点における補間値が得られる。補間多項式は標本点だけから計算できる。しかし、データを追加すると最初からやり直さなければならない。また多項式の次数を高くすると、区間の中央部での近似はよくなるが、端点で振動する場合がある（ルンゲの現象）。最大の問題は標本点が増えると計算量が急激に増加することである。このような場合、つぎの多項式を直接計算した方が効率的である。

$$L(x) = \sum_{i=0}^{n-1} \alpha_i x^i$$

α_i はつぎの連立1次方程式を解いて求める。

$$V\alpha = y$$

$$V = \begin{bmatrix} 1 & x_1 & x_1^2 & \cdots & x_1^{n-1} \\ 1 & x_2 & x_2^2 & \cdots & x_2^{n-1} \\ & & \vdots & & \\ 1 & x_n & x_n^2 & \cdots & x_n^{n-1} \end{bmatrix} \quad \alpha = \begin{bmatrix} \alpha_0 \\ \alpha_1 \\ \vdots \\ \alpha_{n-1} \end{bmatrix} \quad y = \begin{bmatrix} y_1 \\ y_1 \\ \vdots \\ y_n \end{bmatrix}$$

ここで V はヴァンデルモンド行列である。この方法は丸め誤差の影響を受けやすい。

(2) ニュートン補間

ニュートン補間では、$n+1$ 個のデータ (x_i, y_i) に対して n 次多項式を内挿する。補間式はつぎのようにして求める。

$$p_n(x) = p_{n-1}(x) + \prod_{i=0}^{n-1}(x - x_i) f[x_0, x_1, \cdots\cdots, x_n] \tag{2.13}$$

ただし、

$$p_0(x) = y_0$$

$$f[x_0, x_1] = \frac{y_1 - y_0}{x_1 - x_0}$$

$$f[x_0, x_1, x_2] = \frac{\dfrac{y_2 - y_1}{x_2 - x_1} - \dfrac{y_1 - y_0}{x_1 - x_0}}{x_2 - x_0}$$

$$f[x_0, x_1, \cdots\cdots, x_n] = \frac{f[x_1, x_2, \cdots\cdots, x_n] - f[x_0, x_1, \cdots\cdots, x_{n-1}]}{x_n - x_0}$$

多項式を逐次的に定義するので、データが追加されても最初からやり直す必要はない

[例6] $x = (-2, 1, -1)$、$y = (4, 1, 6)$ とする。これらのデータに2次多項式

$$p(x) = a_0 + a_1(x - x_0) + a_2(x - x_0)(x - x_1)$$

を当てはめる。ニュートンの方法で係数を求めると

$a_0 = 4$

$a_1 = \dfrac{1 - 4}{1 - (-2)} = -1$

$a_2 = \dfrac{\dfrac{6-1}{-1-1} - \dfrac{-3}{1-(-2)}}{-1-(-2)} = -1.5$

となる。これらの係数を代入して整理すると

$$p(x) = -1.5x^2 - 2.5x + 5$$

この曲線は与えられた3つのデータ点を通る。

(3) スプライン補間

ラグランジュ補間やニュートン補間では、すべての点に一つの曲線を当てはめる。このためデータによっては様々な問題が生じる。スプライン補間では補間したい区間を小区間に分割し、各小区間ごとに別々の多項式を当てはめる。1次や2次多項式による補間もあるが、最もよく使われるのは3次スプラインである。

区間 $[a, b]$ 内に $n+1$ 個のデータ点 $a = x_1 < x_2 < \cdots\cdots < x_{n+1} = b$ が与えられているとする。$[a, b]$ を n 個の小区間 $[x_i, x_{i+1}]$ に分割し、3次スプライン曲線 $S_i(x)$ を当てはめる。

図2.2　3次スプライン曲線

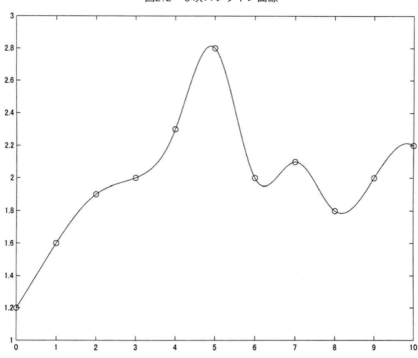

$$S_i(x) = a_i + b_i(x-x_i) + c_i(x-x_i)^2 + d_i(x-x_i)^3 \qquad x \in [x_i, x_{i+1}]$$

係数は $4n$ 個あるが、データは $n+1$ 個しかない。このためつぎの3つの条件を課す。

(1) 曲線は与えられた点を通る。一つの小区間で両端の値が決まるので $2n$ 個の条件を満たす必要がある。
(2) $x_2 \sim x_n$ で $S'(x)$ は連続である。これは $n-1$ 個の条件を与える。
(3) $x_2 \sim x_n$ で $S''(x)$ は連続である。これも $n-1$ 個の条件を与える。

全部で $4n-2$ 個の条件があり、まだ2つの条件が足りない。このため端点の (x_1, y_1) と (x_{n+1}, y_{n+1}) に境界条件を課す。最も自然な条件は、$S''(x_1) = S''(x_{n+1}) = 0$ とすることである。つまり端点で曲率はゼロとなる。

以上により係数と同数の条件が得られたので a_i、b_i、c_i、d_i が確定する。ス

プライン補間では、多項式の次数を上げなくても区間を狭くとれば近似精度がよくなり曲線は自然な曲がり方をする。ただし、データ点が増えると係数が急激に増加する。図2.2は、11個のデータ点に3次スプライン曲線を当てはめた結果を示している。各点で2階の微分係数は連続的に変化するが、3階の微分係数は連続ではない。しかし曲線はなめらかに変化している。

2.6 近似

補間ではすべてのデータ点を通る曲線を当てはめるが、問題によっては近似曲線があれば十分である。ローカルな近似にはテイラー展開が用いられる。テイラー展開は改めて説明する必要はないであろう。代わりにチェビシェフ近似、パデ近似、およびニューラルネットワークによる近似について説明しよう。

2.6.1 直交多項式

はじめに、関連するいくつかの概念について説明する必要がある。つぎの性質をもつ区間 $[a, b]$ で定義された関数 $w(x)$ を密度関数（または重み関数）という。

(i) $w(x)$ は連続関数でほとんどいたるところで $w(x) > 0$ となる。

(ii) 定積分

$$\int_a^b x^k w(x)\, dx \qquad (k = 0, 1, 2, \cdots\cdots)$$

は有界である。

2つの多項式 $p(x)$、$q(x)$ に対して、内積

$$(p, q) = \int_a^b p(x)\, q(x)\, w(x)\, dx$$

を定義する。$(p, q) = 0$ であれば $p(x)$ と $q(x)$ は直交する。関数列 $\{\varphi_i(x)\}_{i=0}^{\infty}$ が

$$(\varphi_i, \varphi_j) = 0 \qquad (i \neq j)$$

を満足していると直交多項式系という。とくに

$$(\varphi_k, \varphi_k) = 1$$

表2.3 代表的な直交多項式

多項式系	定義域	$w(x)$	定 義
ルジャンドル多項式	$[-1,1]$	1	$P_n(x) = \dfrac{(-1)^n}{2^n n!} \dfrac{d^n}{dx^n}(1-x^2)^n$
チェビシェフ多項式	$[-1,1]$	$\dfrac{1}{\sqrt{1-x^2}}$	$T_n(x) = \cos(n\cos^{-1}(x))$
ラゲール多項式	$(0, \infty)$	$\exp(-x)$	$L_n(x) = \dfrac{\exp(x)}{n!} \dfrac{d^n}{dx^n}(x^n \exp(-x))$
エルミート多項式	$(-\infty, \infty)$	$\exp(-x^2)$	$H_n(x) = (-1)^n \exp(x^2) \dfrac{d^n}{dx^n} \exp(-x^2)$

であれば正規直交多項式系という。表2.3には代表的な直交多項式が示されている。図2.3と図2.4は、チェビシェフ多項式とエルミート多項式を示している。

それぞれの多項式についてつぎの関係が成り立つ。

$$P_{n+1}(x) = \frac{2n+1}{n+1} x P_n(x) - \frac{n}{n+1} P_{n-1}(x)$$

$$T_{n+1}(x) = 2x T_n(x) - T_{n-1}(x) \tag{2.14}$$

$$L_{n+1}(x) = \frac{2n+1-x}{n+1} L_n(x) - \frac{n}{n+1} L_{n-1}(x)$$

$$H_{n+1}(x) = 2x H_n(x) - 2n H_{n-1}(x)$$

ただし $P_0(x) = T_0(x) = L_0(x) = H_0(x) = 1$、$P_1(x) = T_1(x) = x$、$L_1(x) = 1-x$、$H_1(x) = 2x$ である。例えば、ルジャンドル多項式はつぎのような関数である。

$$P_0(x) = 1$$
$$P_1(x) = x$$
$$P_2(x) = \frac{1}{2}(3x^2 - 1)$$
$$P_3(x) = \frac{1}{2}(5x^3 - 3x)$$
$$P_4(x) = \frac{1}{8}(35x^4 - 30x^2 + 3)$$

区間 $[-1,1]$ で積分すると

図2.3 チェビシェフ多項式

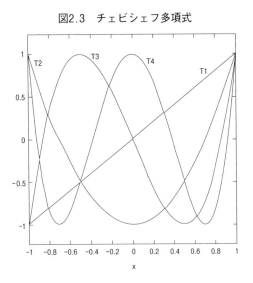

図2.4 エルミート多項式

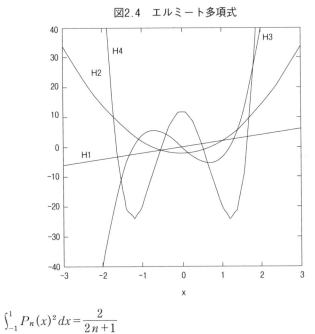

$$\int_{-1}^{1} P_n(x)^2 dx = \frac{2}{2n+1}$$

$$\int_{-1}^{1} P_i(x) P_j(x) dx = 0 \qquad (i \neq j)$$

となる。$P_n(x)$に$\sqrt{(2n+1)/2}$を掛けると正規化される。

2.6.2 最小自乗法

関数$f(x)$と$n+1$個の1次独立な関数$\varphi_0(x)$、$\varphi_1(x)$、……$\varphi_n(x)$が与えられているとき[3]、$\varphi_i(x)$の1次結合

$$f_n(x) = c_0 \varphi_0(x) + c_1 \varphi_1(x) + \cdots + c_n \varphi_n(x)$$

を作って

$$E_n = \int_a^b \left\{ f(x) - \sum_{i=0}^n c_i \varphi_i(x) \right\}^2 w(x)\, dx$$

が最小となるように係数を決める問題について考える。E_nが最小となるための1階条件は

$$\frac{\partial E_n}{\partial c_i} = 2\left\{ \sum_{j=0}^n c_j \int_a^b \varphi_j(x) \varphi_i(x) w(x)\, dx - \int_a^b \varphi_i(x) f(x) w(x)\, dx \right\} = 0$$

$$(i = 0, 1, \cdots, n)$$

である。ここで

$$a_{ji} = \int_a^b \varphi_j(x) \varphi_i(x) w(x)\, dx$$

$$b_i = \int_a^b \varphi_i(x) f(x) w(x)\, dx$$

とおく。

$$A = \begin{bmatrix} a_{00} & a_{10} & \cdots & a_{n0} \\ a_{01} & a_{11} & \cdots & a_{n1} \\ \vdots & \vdots & \vdots & \vdots \\ a_{0n} & a_{1n} & \cdots & a_{nn} \end{bmatrix} \quad c = \begin{bmatrix} c_0 \\ c_1 \\ \vdots \\ c_n \end{bmatrix} \quad b = \begin{bmatrix} b_0 \\ b_1 \\ \vdots \\ b_n \end{bmatrix}$$

とすると、1階条件は正規方程式

$$Ac = b$$

で表される。関数列が正規直交多項式系であれば、Aは単位行列となり

$$c_i = \int_a^b \varphi_i(x) f(x) w(x) \, dx$$

となる。

2.6.3 チェビシェフ近似

つぎに関数近似で重要なチェビシェフ多項式について説明する。チェビシェフ多項式 $T_k(x)$ は区間 $[-1, 1]$ で定義された k 次の多項式である。

$$T_k(x) = \cos(k \arccos(x))$$

低次式はつぎのような関数である。

$$\begin{aligned}
T_0(x) &= 1 \\
T_1(x) &= x \\
T_2(x) &= 2x^2 - 1 \\
T_3(x) &= 4x^3 - 3x \\
T_4(x) &= 8x^4 - 8x^2 + 1
\end{aligned} \tag{2.15}$$

図2.3にはいくつかの関数が示されている。

チェビシェフ多項式にはつぎの性質がある。

(1) 漸化式

$$\begin{aligned}
&T_0(x) = 1 \qquad T_1(x) = x \\
&T_k(x) = 2x T_{k-1}(x) - T_{k-2}(x) \qquad (k = 2, 3, \cdots\cdots)
\end{aligned}$$

を満足する。

(2) $k \geq 1$ のとき x^k の係数は 2^{k-1} である。

(3) k が偶数のとき $T_k(x)$ は偶関数で、k が奇数のとき奇関数である。つまり

$$T_k(-x) = (-1)^k T_k(x)$$

が成り立つ。

(4) $\max |T_k(x)| \leq 1$ である。

(5) 多項式は直交関係を満たす.

$$\int_{-1}^{1} \frac{T_i(x)\,T_j(x)}{\sqrt{1-x^2}}dx = \begin{cases} 0 & (i \neq j) \\ \pi/2 & (i = j \neq 0) \\ \pi & (i = j = 0) \end{cases}$$

(6) $T_n(x)$ の n 個の零点は

$$x_j = \cos\left(\frac{2j-1}{2n}\pi\right) \qquad (j = 1, 2, \cdots\cdots, n) \tag{2.16}$$

で与えられる.また,$T_k(x)$ は

$$x'_j = \cos\left(\frac{j\pi}{k}\right) \qquad j = 0, 1, 2, \cdots\cdots, k \quad (j = 0, k は広義の極値)$$

で交互に 1 と -1 の極値をとる.

(7) $x_1, x_2, \cdots\cdots, x_k$ を $T_k(x)$ の零点とすると

$$\sum_{j=1}^{k} T_n(x_j)\,T_m(x_j) = 0 \qquad (n \neq m,\ n, m \leq k-1)$$

が成り立つ.この性質はチェビシェフ多項式の選点直交性と呼ばれる.

チェビシェフ近似に関してつぎの定理が成り立つ.

[定理2.1] $f(x) \in C^k[-1, 1]$ が与えられている.$f(x)$ に対して近似式

$$f_n(x) = \frac{c_0}{2} + \sum_{i=1}^{n} c_i T_i(x) \tag{2.17}$$

$$c_i = \frac{2}{\pi}\int_{-1}^{1} \frac{f(x)\,T_i(x)}{\sqrt{1-x^2}}dx \qquad (i = 0, 1, 2, \cdots\cdots, n)$$

を定義する.$n \geq 2$ についてつぎの式を満足する B が存在する.

$$\max_{-1 \leq x \leq 1} |f(x) - f_n(x)| \leq \frac{B \ln n}{n^k}$$

したがって n を増やすと $f_n(x)$ は $f(x)$ に一様収束する.

係数に関するつぎの定理も有用である.

[定理2.2] $f(x) \in C^k[-1, 1]$ を

$$f(x) = \frac{c_0}{2} + \sum_{i=1}^{\infty} c_i T_i(x) \tag{2.18}$$

と展開すると,つぎの式を満たす c が存在する.

$$|c_i| \le \frac{c}{i^k} \qquad (i \ge 1)$$

したがって、$f(x)$ がなめらかな関数であれば少数の多項式で精度の高い近似が可能である。ただし積分して係数を求めるので実用的ではない。

実用性が高いのはチェビシェフ回帰である。$f(x)$ は区間 $[a,b]$ で定義された関数とする。つぎのように回帰係数を求める。

[ステップ 1] 標本数 m と多項式の次数 $n<m$ を決める。
[ステップ 2] T_m の零点

$$z_k = \cos\left(\frac{2k-1}{2m}\pi\right) \qquad (k=1,\cdots\cdots,m)$$

を計算する。
[ステップ 3] 標本点を変換する。

$$x_k = (z_k+1)\left(\frac{b-a}{2}\right)+a \qquad (k=1,2,\cdots\cdots,m)$$

[ステップ 4] 近似点の関数値を求める。

$$y_k = f(x_k) \qquad (k=1,2,\cdots\cdots,m)$$

[ステップ 5] 回帰係数を計算する。

$$a_i = \frac{2}{m}\sum_{k=1}^{m} y_k T_i(z_k) \qquad (i=0,1,\cdots\cdots,n)$$

[ステップ 6] チェビシェフ回帰式

$$f(x) = \sum_{i=0}^{n} a_i T_i\left(2\frac{x-a}{b-a}-1\right)$$

を求める。

[例 7] つぎの関数についてチェビシェフ回帰式を求める。

$$f(x) = \frac{1}{1+x^2} \qquad (-2 \le x \le 2)$$

標本数は $m=100$、多項式の次数は $n=2,6$ とする。$n=6$ のとき回帰係数は

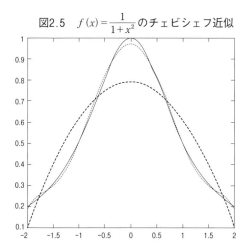

図2.5　$f(x) = \dfrac{1}{1+x^2}$ のチェビシェフ近似

$a_0 = 0.4472$　　$a_1 = 0$
$a_2 = -0.3416$　$a_3 = 0$
$a_4 = 0.1305$　　$a_5 = 0$
$a_6 = -0.0498$

となる。奇数項の係数はゼロで近似式は偶関数である。図2.5は$f(x)$と近似曲線を示している。6次多項式のフィットは良好であるが、2次多項式では大きな誤差が生じる。

2.6.4　パデ近似

パデ近似とは関数$f(x)$を有理関数

$$r(x) = \frac{p_m(x)}{q_n(x)} = \frac{p_0 + p_1(x-x_0) + p_2(x-x_0)^2 + \cdots\cdots + p_m(x-x_0)^m}{q_0 + q_1(x-x_0) + q_2(x-x_0)^2 + \cdots\cdots + q_n(x-x_0)^n} \quad (2.19)$$

により$x = x_0$のまわりで近似する方法である。$n=0$であればパデ近似は有限項で打ち切ったテイラー展開となる。簡単化のため、$q_0 = 1$と正規化する。$f(x_0)$と微分係数$f^{(1)}(x_0)$、$f^{(2)}(x_0)$、$\cdots\cdots$、$f^{(h)}(x_0)$、$h = m+n$は既知である。$f(x)$のテイラー展開を

$$t(x) = a_0 + a_1(x-x_0) + a_2(x-x_0)^2 + \cdots\cdots + a_h(x-x_0)^h$$

と書くと

$$t(x) = r(x) = \frac{p_m(x)}{q_n(x)}$$

より

$$q_n(x)\, t(x) = p_m(x)$$

となる。微分すると

$$\frac{d^l(q_n(x)\, t(x))}{dx^l} = \frac{d^l p_m(x)}{dx^l} \qquad (l=0,1,\cdots\cdots,m+n)$$

が成り立つ。この条件から (2.19) の係数を求める。$l=0$ とすると、$q_n(x_0)\, t(x_0) = p_m(x_0)$ より

$$p_0 = q_0 a_0$$

$q_0 = 1$ だから

$$p_0 - a_0 = 0$$

となる。$l=1,2,3$ とすると

$$p_1 - a_0 q_1 = a_1$$
$$p_2 - a_0 q_2 - a_1 q_1 = a_2$$
$$p_3 - a_0 q_3 - a_1 q_2 - a_2 q_1 = a_3$$

$p_j = 0$、$j > m$、$q_j = 0$、$j > n$ とすると、(2.19) の係数は連立 1 次方程式

$$p_l - \sum_{j=0}^{l-1} a_j q_{l-j} = a_l \qquad (l=1,2,\cdots\cdots,m+n)$$

を満たす。分子と分母の次数を $m=n$ または $m=n+1$ とすると近似はよくなる。テイラー展開による近似の場合、展開点から離れると精度が悪くなるが、パデ近似では広い範囲で近似精度は高い。

[例8] つぎの関数のパデ近似を求める。

$$f(x) = \frac{\sin(x)}{x}$$

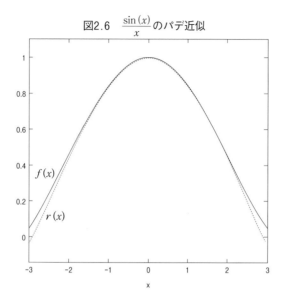

図2.6 $\dfrac{\sin(x)}{x}$ のパデ近似

$f(x)$ のテイラー展開は

$$t(x) = 1 - \frac{1}{6}x^2 + \frac{1}{120}x^4 - \frac{1}{5040}x^6 + \cdots\cdots$$

となる。多項式の次数を $m=2$、$n=3$ とすれば、近似式は

$$r(x) = \frac{p_0 + p_1 x + p_2 x^2}{1 + q_1 x + q_2 x^2 + q_3 x^3}$$

連立方程式から近似式の係数を求めると、$p_0=1$、$p_1=0$、$p_2=-7/60$、$q_1=0$、$q_2=1/20$、$q_3=0$ となる。したがってパデ近似は

$$r(x) = \frac{1 - 7x^2/60}{1 + x^2/20}$$

で与えられる。$r(x)$ は $f(x)$ と同様に偶関数である。図2.6には $\sin(x)/x$ と $r(x)$ が示されている。誤差は $x=0$ の近くでは小さいが、原点から離れるとやや大きくなる。

2.6.5 ニューラルネットワークによる近似

ニューラルネットワークは、人間の脳の神経回路をモデルにした情報処理シス

テムである。学習能力をもち、インプットされたサンプルに基づいて必要な機能を形成することができる。これまで文字認識や音声認識に用いられてきたが、最近では経済問題にも応用されている[4]。

ニューラルネットワークは複数のニューロンから構成されており、階層型ネットワークと相互結合型ネットワークに大別される。

階層型ネットワークは、適当な数のニューロンからなるいくつかの層を連結したシステムである（図2.7）。入力信号を受け取り他のニューロンへ分配する入力層と情報処理を行う中間層、および外部へ出力信号を出す出力層から構成される。データは入力層からインプットされ、出力層へ向かって進み、その間に処理されて外部へ出力される。つぎのような記号で入出力関係を表す。

入力信号ベクトル： $x = (x_1, x_2, \cdots\cdots, x_l)$
中間層出力ベクトル： $y = (y_1, y_2, \cdots\cdots, y_m)$
出力信号ベクトル： $z = (z_1, z_2, \cdots\cdots, z_n)$
教師信号ベクトル： $t = (t_1, t_2, \cdots\cdots, t_n)$
v_{ji}：入力層の i 番目のニューロンから中間層の j 番目のニューロンへの結合係数
w_{kj}：中間層の j 番目のニューロンから出力層の k 番目のニューロンへの結合係数
θ_j：中間層の j 番目のニューロンのしきい値
γ_k：出力層の k 番目のニューロンのしきい値

入出力関数を $f(\cdot)$ とすると

$$y_j = f\left(\sum_{i=1}^{l} v_{ji} x_i + \theta_j\right) \qquad (j = 1, 2, \cdots\cdots, m)$$

$$z_k = f\left(\sum_{j=1}^{m} w_{kj} y_j + \gamma_k\right) \qquad (k = 1, 2, \cdots\cdots, n)$$

と表される。入出力関数として

階段関数： $f(x) = \begin{cases} 0 & (x < 0) \\ 1 & (x \geq 0) \end{cases}$

または

図2.7 3層ニューラルネットワーク

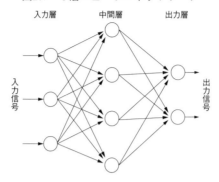

$$\text{シグモイド関数：} f(x) = \frac{1}{1+\exp(-x)}$$

が用いられる。

　こうして得られた出力信号と教師信号を使って結合係数を調整することをニューラルネットの学習という。入出力データが与えられと、つぎの方法で学習する。

(1) すべての結合係数としきい値に初期値をランダムに設定する。
(2) 最初のデータから出力ベクトルを計算する。
(3) 出力ベクトルと教師信号を用いて結号係数を修正する。
(4) つぎのデータを学習データとする。
(5) すべてのデータが終わるまで (3) へ戻る。
(6) 反復回数を更新する。
(7) 反復回数が制限回数に達すると終了し、そうでなければ (2) へ戻る。

　結号係数の修正には誤差逆伝播法が用いられる。誤差逆伝播法では、出力信号と教師信号の誤差の自乗和をつぎのように定義する。

$$E = \frac{1}{2}\sum_{k=1}^{n}(t_k - z_k)^2$$

E が0に近づくように結号係数を調整する。具体的には最急降下法の考えに基づいて勾配ベクトルと反対方向へ変化させる。つまり

図2.8　ニューラルネットによる近似

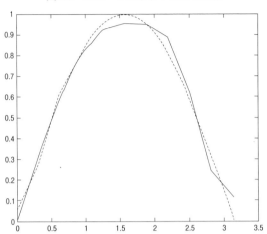

$$\Delta w = -\eta \frac{\partial E}{\partial w} \qquad (\eta > 0)$$

とする。入力 – 中間層と中間 – 出力層の結合係数はつぎのようにして決定する。

(入力 – 中間層の結合係数)

　シグモイド関数では

$$f'(x) = f(x)(1 - f(x))$$

が成り立つ。これより

$$\frac{\partial E}{\partial w_{kj}} = z_k (z_k - t_k)(1 - z_k) y_j$$

しきい値に対しては $y_j = 1$ とおく。

(中間 – 出力層の結合係数)

　結合係数は中間層を通じて出力と誤差を変化させる。したがって

$$\frac{\partial E}{\partial v_{ji}} = y_j (1 - y_j) x_i \sum_{k=1}^{n} (z_k - t_k) z_k (1 - z_k) w_{kj}$$

となる。

ニューラルネットの関数近似能力に関して、Funahashi（1989）の定理がある。この定理によると、3層ネットワークにより連続関数 $f: R^n \to (0,1)^m$ を有界閉集合上で任意の精度で近似することができる。近似能力が高いのに加えて、多くの要因を考慮できるのも大きな長所である。一般にパラメトリックモデルでは、説明変数が増えると内部相関のために係数推定は難しくなる。しかしニューラルネットでは説明変数が増えてもとくに問題はない。また質的データの分析にも適している。

具体例として、$\sin(x)$ を区間 $[0, \pi]$ で近似する問題について考えよう。入力層と出力層に1個のニューロンを配し、中間層には8個のニューロンを用いる。$x_i = \pi i/10$、$i = 0, 1, \ldots, 10$ を入力信号、$\sin(x_i)$ を教師信号とする。誤差逆伝播法で学習させると、結合係数はつぎのようになる。

$$
\begin{array}{llll}
v_1 = -3.651 & v_2 = -24.308 & v_3 = -0.246 & v_4 = 7.183 \\
v_5 = -6.470 & v_6 = 4.978 & v_7 = -0.415 & v_8 = -1.145 \\
\theta_1 = 9.394 & \theta_2 = 6.566 & \theta_3 = -0.224 & \theta_4 = -2.139 \\
\theta_5 = 6.844 & \theta_6 = -1.347 & \theta_7 = 0.229 & \theta_8 = 2.884 \\
w_1 = 4.678 & w_2 = -3.729 & w_3 = 0.860 & w_4 = 0.125 \\
w_5 = -3.916 & w_6 = 0.748 & w_7 = 1.562 & w_8 = 3.181 \\
\gamma = -5.294
\end{array}
$$

図2.8には、$\sin(x)$ とニューラルネットワークの出力値をプロットしている。全体的に当てはまり具合は良好で誤差は許容範囲にある。

2.6.6 多変数関数の近似

多変数関数の近似は1変数関数のように簡単ではない。Judd（1998）の例を引用して説明しよう。2次元平面に $(1, 0)$、$(-1, 0)$、$(0, 1)$、$(0, -1)$ の4点が与えられており、対応する関数値を z_1、z_2、z_3、z_4 とする。これらのデータに線形関数

$$f(x, y) = a + bx + cy + dxy$$

を当てはめると、正規方程式は

$$\begin{bmatrix} 1 & 1 & 0 & 0 \\ 1 & -1 & 0 & 0 \\ 1 & 0 & 1 & 0 \\ 1 & 0 & -1 & 0 \end{bmatrix} \begin{bmatrix} a \\ b \\ c \\ d \end{bmatrix} = \begin{bmatrix} z_1 \\ z_2 \\ z_3 \\ z_4 \end{bmatrix}$$

となる。しかし左辺の行列は正則行列でないので内挿は不可能である。この例からわかるように、多変数関数の近似では基底関数と標本点の選択が重要である。

基底関数として考えられるのは、1変数関数のテンソル積である。例えば$f(x, y)$を$\{1, x, x^2\}$と$\{1, y, y^2\}$のテンソル積

$$\{1, x, y, xy, x^2, y^2, x^2y, xy^2, x^2y^2\}$$

によって近似する。一般に、変数$\{x_1, x_2, \cdots\cdots, x_n\}$の関数$\{p_1^m(x_1)\}_{m=0}^{k_1}$、……、$\{p_n^m(x_n)\}_{m=0}^{k_n}$からテンソル積

$$\prod_{m_1=0}^{k_1} \cdots\cdots \prod_{m_n=0}^{k_m} p_1^{m_1}(x_1) \cdots\cdots p_n^{m_n}(x_n)$$

を作ることができる。この方法の欠点は項数が極端に多くなることである。例えば、次数nの変数がm個あれば全部で$(n+1)^m$個のテンソル積ができる。このため膨大な量のデータが必要であり、計算量は指数関数的に増加する。

この問題を解決する一つの方法は、完全多項式を使うことである。完全多項式とは次数がk以下のすべての単項式からなる多項式でつぎのように表される。

$$x_1^{k_1} \times \cdots\cdots \times x_n^{k_n} : k_1, \cdots\cdots, k_n \geq 0, \sum_{i=1}^{n} k_i \leq k$$

テイラー展開は完全多項式の一つである。例えば、$f(x, y)$のテイラー展開

$$f(x, y) \cong f(\dot{x}, \dot{y}) + f_x(\dot{x}, \dot{y})(x - \dot{x}) + f_y(\dot{x}, \dot{y})(y - \dot{y})$$
$$+ \frac{1}{2}(f_{xx}(\dot{x}, \dot{y})(x - \dot{x})^2 + 2f_{xy}(\dot{x}, \dot{y})(x - \dot{x})(y - \dot{y})$$
$$+ f_{yy}(\dot{x}, \dot{y})(y - \dot{y})^2)$$

を整理すると

$$f(x, y) \cong \alpha_0 + \alpha_1 x + \alpha_2 y + \alpha_3 x^2 + \alpha_4 y^2 + \alpha_5 xy$$

となる。これは$\{1, x, y, x^2, y^2, xy\}$を基底関数とする完全多項式である。

先に1変数のチェビシェフ回帰について説明したが、これは2変数のケースに拡張できる。区間$[a,b]\times[c,d]$で定義された関数$f(x,y)$の近似式は、つぎの方法で求める。

[ステップ1] 標本数mと多項式の次数$n<m$を決める。
[ステップ2] チェビシェフ多項式T_mの零点

$$z_k = \cos\left(\frac{2k-1}{2m}\pi\right) \qquad (k=1,\cdots\cdots,m)$$

を求める。
[ステップ3] 標本点を変換する。

$$x_k = (z_k+1)\left(\frac{b-a}{2}\right)+a \qquad (k=1,\cdots\cdots,m)$$

$$y_k = (z_k+1)\left(\frac{d-c}{2}\right)+c \qquad (k=1,\cdots\cdots,m)$$

[ステップ4] 近似点の関数値を求める。

$$w_{k,l} = f(x_k, y_l) \qquad (k=1,\cdots\cdots,m,\ l=1,\cdots\cdots,m)$$

[ステップ5] つぎの式から回帰係数を計算する。

$$a_{ij} = \frac{\sum_{k=1}^{m}\sum_{l=1}^{m} w_{k,l}\, T_i(z_k)\, T_j(z_l)}{\left(\sum_{k=1}^{m} T_i(z_k)^2\right)\left(\sum_{l=1}^{m} T_j(z_l)^2\right)}$$

[ステップ6] 近似式

$$g(x,y) = \sum_{i=0}^{n}\sum_{j=0}^{n} a_{ij}\, T_i\!\left(2\frac{x-a}{b-a}-1\right) T_j\!\left(2\frac{y-c}{d-c}-1\right)$$

を求める。

一例として、CES生産関数

$$Y = [0.3K^{-0.5} + 0.7L^{-0.5}]^{-2} \qquad (0 \leq K \leq 2,\ 0 \leq L \leq 2)$$

の近似式を求めよう。30個の標本点をとり、5次多項式を900個の分点に当てはめて回帰方程式の係数を計算した（表2.4）。多項式の次数が増えると回帰係数の

表2.4 チェビシェフ回帰係数

a_L \	0	1	2	3	4	5
0	0.7893	0.6492	−0.0857	0.0215	−0.0076	0.0033
1	0.4294	0.4077	−0.0234	0.0003	0.0013	−0.0010
2	−0.1478	−0.1234	0.0193	−0.0036	0.0007	0.0000
3	0.0652	0.0481	−0.0118	0.0032	−0.0009	0.0003
4	−0.0330	−0.0216	0.0071	−0.0024	0.0008	−0.0003
5	0.0183	0.0106	−0.0044	0.0017	−0.0007	0.0003

図2.9 近似誤差

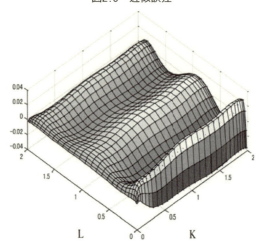

絶対値は小さくなる。このため、さらに次数を増やしても結果はほとんど変わらないであろう。資本と労働がゼロに近い分点では他の領域に比べて残差は大きくなる（図2.9）。

2.7 数値微分と数値積分

2.7.1 数値微分

コンピュータは無限小を扱うことができないので、小さいが有限な値 h を用いて

$$\frac{f(x+h)-f(x)}{h}$$

によって

$$f'(x)=\lim_{h\to 0}\frac{f(x+h)-f(x)}{h}$$

を近似する。増分の取り方により前方差分、後方差分、および中央差分の3つの方法がある。

- 前方差分：$f'(x) \cong \dfrac{f(x+h)-f(x)}{h}$

- 後方差分：$f'(x) \cong \dfrac{f(x)-f(x-h)}{h}$ (2.20)

- 中央差分：$f'(x) \cong \dfrac{f(x+h)-f(x-h)}{2h}$

$f(x)$ のテイラー展開

$$f(x+h)=f(x)+hf'(x)+\frac{h^2}{2}f''(\eta) \qquad (x\le\eta\le x+h)$$

から $f'(x)$ を求めると

$$f'(x)=\frac{f(x+h)-f(x)}{h}-\frac{h}{2}f''(\eta)$$

となる。したがって $f'(x)$ を前方差分で近似すると、$O(h)$ の打切り誤差が生じる。後方差分でも同じオーダーの誤差が発生する。2次の項まで展開すると

$$f(x+h)=f(x)+hf'(x)+\frac{h^2}{2}f''(x)+\frac{h^3}{6}f'''(\eta_1) \qquad (x\le\eta_1\le x+h)$$

$$f(x-h)=f(x)-hf'(x)+\frac{h^2}{2}f''(x)-\frac{h^3}{6}f'''(\eta_2) \qquad (x-h\le\eta_2\le x)$$

差をとると

$$f'(x)=\frac{f(x+h)-f(x-h)}{2h}+\frac{h^2}{6}f'''(\eta) \qquad (x-h\le\eta\le x+h)$$

となる。したがって中央差分の誤差は $O(h^2)$ であり、前方差分や後方差分よりも正確である。

ステップ幅を小さくとると精度はよくなるが、丸め誤差が発生する。しかしリ

チャードソンの外挿法を用いると丸め誤差は小さくなる。真の値 A と近似値 $A(h)$ の間に

$$A = A(h) + a_2 h^2 + a_4 h^4 + \cdots\cdots$$

が成り立つとする。ステップ幅を $h/2$ とすると

$$A = A(h/2) + a_2 \frac{h^2}{4} + a_4 \frac{h^4}{16} + \cdots\cdots$$

または

$$4A = 4A(h/2) + a_2 h^2 + a_4 \frac{h^4}{4} + \cdots\cdots$$

となる。最後の式から最初の式を差し引くと

$$3A = 4A(h/2) - A(h) + O(h^4)$$

または

$$A = \frac{4A(h/2) - A(h)}{3} + O(h^4)$$

となる。したがって2つの近似値を組み合わせると、$O(h^4)$ の近似値が得られる。右辺の第1項を $B(h)$ とすると

$$A = B(h) + b_4 h^4 + b_6 h^6 + \cdots\cdots$$

と表される。ステップ幅を $h/2$ にすると

$$A = B(h/2) + b_4 \frac{h^4}{16} + b_6 \frac{h^6}{64} + \cdots\cdots$$

または

$$16A = 16B(h/2) + b_4 h^4 + b_6 \frac{h^6}{4} + \cdots\cdots$$

となる。これより

$$A = \frac{16B(h/2) - B(h)}{15} + O(h^6)$$

したがって

$$C(h) = \frac{16B(h/2) - B(h)}{15}$$

の誤差は $O(h^6)$ となる。

リチャードソンの外挿法を前方差分に基づく数値微分に応用すると

$$A = f'(x)$$

$$A(h) = \frac{f(x+h) - f(x)}{h}$$

$$A(h/2) = \frac{f(x+h/2) - f(x)}{h/2}$$

これより

$$B(h) = \frac{4A(h/2) - A(h)}{3}$$

を計算すると、$O(h^4)$ の精度で $f'(x)$ を近似できる。

2次以上の数値微分は

$$f''(x) \cong \frac{f(x+h) - 2f(x) + f(x-h)}{h^2}$$

$$f'''(x) \cong \frac{f(x+2h) - 2f(x+h) + 2f(x-h) - f(h-2h)}{2h^3} \tag{2.21}$$

$$f''''(x) \cong \frac{f(x+2h) - 4f(x+h) + 6f(x) - 4f(x-h) + f(x-2h)}{h^4}$$

で与えられる。

偏微分はつぎの式から計算する。

$$f_x(x,y) \cong \frac{f(x+h, y) - f(x-h, y)}{2h}$$

$$f_y(x,y) \cong \frac{f(x, y+h) - f(x, y-h)}{2h}$$

$$f_{xx}(x,y) \cong \frac{f(x+h, y) - 2f(x, y) + f(x-h, y)}{h^2} \tag{2.22}$$

$$f_{yy}(x,y) \cong \frac{f(x, y+h) - 2f(x, y) + f(x, y-h)}{h^2}$$

$$f_{xy}(x,y) \cong$$
$$\frac{f(x+h, y+h) - f(x-h, y+h) - f(x+h, y-h) + f(x-h, y-h)}{4h^2}$$

差分近似は常微分方程式や偏微分方程式の数値計算でよく使われる。またニュートン法で関数の勾配が計算できないときは数値微分で代用する。

2.7.2 数値積分

関数の定積分を解析的に求めることができないときは数値積分を行う。数値積分は標本点における関数値の加重平均をとる。つまり関数 $f(x)$ の定積分を

$$\int_a^b f(x)\,dx \cong \sum_{i=0}^n w_i f(x_i) \tag{2.23}$$

で近似する。w_i と x_i の選び方によって 2 つの方法がある。一つは台形公式、シンプソン公式、中点公式など等間隔の標本点を用いる方法である。まとめてニュートン・コーツ公式という。もう一つは等間隔でない標本点を用いるガウスの求積法である。

(1) 台形公式

台形公式は $f(x)$ を 2 点 $(a, f(a))$、$(b, f(b))$ を通る直線で近似して積分する。つまり

$$\int_a^b f(x)\,dx \cong \frac{(b-a)}{2}[f(a)+f(b)] \tag{2.24}$$

とする。$f(x)$ は C^2 級の関数であれば

$$\int_a^b f(x)\,dx = \frac{(b-a)}{2}[f(a)+f(b)] - \frac{(b-a)^3}{12}f''(\eta) \qquad (a \leq \eta \leq b)$$

が成り立つ。したがって誤差は $-(b-a)^3 f''(\eta)/12$ となる。積分区間で $f(x)$ が大きく変化するときは大きな誤差が生じる。積分区間をいくつかの小区間に分けて台形公式を適用すれば誤差は小さくなる。つまり

$$\int_a^b f(x)\,dx \cong \frac{h}{2}\sum_{i=1}^n [f(x_{i-1})+f(x_i)]$$

$$x_k = a + kh \qquad h = \frac{b-a}{n} \qquad (k = 0, 1, \cdots\cdots, n)$$

を計算する。

(2) シンプソン公式

シンプソン公式では $f(x)$ を 3 点 $(a, f(a))$、$(b, f(b))$、$(c, f(c))$ を通る 2 次多項式 $P(x)$ で近似する（ただし、$c = (a+b)/2$）。ラグランジュ補間を行うと

$$P(x) = \frac{(x-c)(x-b)}{(a-c)(a-b)} f(a) + \frac{(x-a)(x-b)}{(c-a)(c-b)} f(c) + \frac{(x-a)(x-c)}{(b-a)(b-c)} f(b)$$

となる。これより

$$\int_a^b f(x)\,dx \cong \int_a^b P(x)\,dx = \frac{b-a}{6}\left[f(a) + 4f\left(\frac{a+b}{2}\right) + f(b)\right] \tag{2.25}$$

$f(x)$ が C^4 級であれば誤差は

$$E = \frac{h^5}{90} f^4(\eta) = \frac{b-a}{180} h^4 f^4(\eta) \le \frac{b-a}{180} h^4 \max_{a \le \xi \le b} |f^4(\xi)| \qquad (a \le \eta \le b)$$

で与えられる。すなわち誤差は $O(h^4)$ であり、$f(x)$ が 3 次以下の多項式であれば誤差はゼロとなる。

複合シンプソン公式では、$[a, b]$ を複数の小区間に分割してシンプソン公式を適用する。例えば、区間を 4 等分すると

$$\int_a^b f(x)\,dx \cong \frac{h}{3}[f(a) + 4f(x_1) + 2f(x_2) + 4f(x_3) + f(b)]$$

$$h = \frac{b-a}{4} \qquad x_i = a + ih \qquad (i = 1, 2, 3)$$

となる。

(3) 中点公式

中点公式では $f(x)$ を $f((a+b)/2)$ で近似して積分する。

$$\int_a^b f(x)\,dx \cong (b-a) f\left(\frac{a+b}{2}\right) \tag{2.26}$$

$f(x)$ は C^2 級であれば

$$\int_a^b f(x)\,dx = (b-a)f\left(\frac{a+b}{2}\right) + \frac{(b-a)^3}{24} f''(\eta) \qquad (a \leq \eta \leq b)$$

と表される。中点公式の打切り誤差は $(b-a)^3 f''(\eta)/24$ である。

[例9] $\int_0^2 e^{-x^2} dx = 0.8821$ の数値積分を求める。

台形公式: $S = \dfrac{2-0}{2}(e^0 + e^{-4}) = 1.0183$

シンプソン公式: $S = \dfrac{2-0}{6}(e^0 + 4e^{-1} + e^{-4}) = 0.8299$

中点公式: $S = (2-0)f(1) = 2e^{-1} = 0.7358$

シンプソン公式は誤差が0.0522で最も正確である。

つぎに無限区間の定積分

$$\int_{-\infty}^{\infty} f(x)\,dx = \lim_{\substack{a \to -\infty \\ b \to \infty}} \int_a^b f(x)\,dx$$

について考える。$f(x)$ が積分可能であれば、$\lim_{x \to -\infty} f(x) = 0$, $\lim_{x \to \infty} f(x) = 0$ となる。したがって a と b に大きな負と正の値にとると、定積分は $\int_a^b f(x)\,dx$ で近似できる。この方法は簡単でわかりやすいが、問題によっては大きな誤差が生じる。

もう一つの方法は、変数変換して積分区間を有限にすることである。これはつぎの定理に基づく。

[定理2.3] $f(x)$ は区間 $[a,b]$ において連続とする。変数を $x = \varphi(y)$ と変換すると、$a = \varphi(\alpha)$、$b = \varphi(\beta)$、$\varphi'(y)$ は連続で $\varphi(y)$ は単調増加関数とする。このとき

$$\int_a^b f(x)\,dx = \int_\alpha^\beta f[\varphi(y)]\varphi'(y)\,dy \tag{2.27}$$

が成り立つ。

この定理を使うと広義積分は通常の積分に変換できる。$x = \varphi(y)$ は定理の条件を満たし、$\varphi(0) = -\infty$、$\varphi(1) = \infty$ とすると

$$\int_{-\infty}^{\infty} f(x)\,dx = \int_0^1 f[\varphi(y)]\varphi'(y)\,dy$$

となる.右辺の定積分はこれまで説明した方法で求める.変換式は積分が正確に計算できるように選ぶ必要がある.よく使われるのは

$$\varphi(y) = \log\left(\frac{y}{1-y}\right)$$

である.

$$\varphi'(y) = \frac{1}{y(1-y)}$$

より

$$\int_{-\infty}^{\infty} f(x)\,dx = \int_0^1 f\left(\log\left(\frac{y}{1-y}\right)\right)\frac{1}{y(1-y)}\,dy$$

となる.ただし $\lim_{y\to 1} 1/(y-y^2) = \infty$ であり,どの関数にも使えるわけではない.

ニュートン・コーツ公式では標本点を等間隔にとるが,ガウスの求積法では不等間隔にとる.この方法のもとになるのはつぎの定理である[5].

[定理2.4] $\{\varphi_i(x)\}_{i=0}^{\infty}$ は直交多項式系であり,$\varphi_n(x) = q_n x^n + q_{n-1} x^{n-1} + \cdots\cdots + q_0$ の零点を $x_i, i=1,\cdots\cdots, n$ とする.$a < x_1 < \cdots\cdots < x_n < b$,$f \in C^{2n}[a,b]$ ならば

$$\int_a^b w(x) f(x)\,dx = \sum_{i=1}^n w_i f(x_i) + \frac{f^{2n}(\zeta)}{q_n^2 (2n)!} \qquad (a \leq \zeta \leq b) \qquad (2.28)$$

が成り立つ.ただし,

$$w_i = -\frac{q_{n+1}}{q_n \varphi_n'(x_i) \varphi_{n+1}(x_i)} > 0$$

である.

この定理によると,ガウスの求積法により $2n-1$ 次多項式の積分は正確に計算できる.ウェイトと標本点は数表で与えられている.表2.3の直交多項式に対応して,つぎの求積法がある.

(a) ガウス・チェビシェフ求積

これは $w(x) = 1/\sqrt{1-x^2}$ とチェビシェフ多項式を使う方法である

$$\int_{-1}^1 \frac{f(x)}{\sqrt{1-x^2}}\,dx = \frac{\pi}{n}\sum_{i=1}^n f(x_i) + \frac{\pi}{2^{2n-1}}\frac{f^{(2n)}(\zeta)}{(2n)!} \qquad (-1 \leq \zeta \leq 1) \qquad (2.29)$$

$$x_i = \cos \frac{(2i-1)\pi}{2n} \qquad (i=1,\cdots\cdots,n)$$

となる。積分区間が$[a,b]$ならば

$$x = \frac{2z}{b-a} - \frac{a+b}{b-a} \qquad (a \le z \le b)$$

と変換して

$$\int_a^b f(z)\,dz = \int_{-1}^1 f\left(\frac{x(b-a)+a+b}{2}\right)\left(\frac{b-a}{2}\right)\frac{\sqrt{1-x^2}}{\sqrt{1-x^2}}\,dx$$

$$\cong \frac{(b-a)\pi}{2n}\sum_{i=1}^n f\left(\frac{x_i(b-a)+a+b}{2}\right)\sqrt{1-x_i^2}$$

とする。

(b) ガウス・ルジャンドル求積

関数$f(x) = a_3 x^3 + a_2 x^2 + a_1 x + a_0$の定積分を2点の関数値で表す問題について考える。つまり

$$\int_{-1}^1 f(x)\,dx = w_1 f(x_1) + w_2 f(x_2)$$

となるようにウェイトw_1、w_2と標本点x_1、x_2を決める。それには4つの条件が必要である。$f(x)=1, x, x^2, x^3$として積分すると

$$\int_{-1}^1 1\,dx = 2 = w_1 + w_2$$

$$\int_{-1}^1 x\,dx = 0 = w_1 x_1 + w_2 x_2$$

$$\int_{-1}^1 x^2\,dx = \frac{2}{3} = w_1 x_1^2 + w_2 x_2^2$$

$$\int_{-1}^1 x^3\,dx = 0 = w_1 x_1^3 + w_2 x_2^3$$

これはx_1、x_2、w_1、w_2を未知数とする連立方程式であり

$$w_1 = w_2 = 1$$

表2.5 ガウス・ルジャンドル求積のウェイトと標本点

n	x_i	w_i
2	−0.577350	1.000000
	0.577350	1.000000
3	−0.774596	0.555555
	0.000000	0.888888
	0.774596	0.555555
4	−0.861136	0.347854
	−0.339981	0.652145
	0.339981	0.652145
	0.861136	0.347854
5	−0.906179	0.236926
	−0.538469	0.478628
	0.000000	0.568888
	0.538469	0.478628
	0.906179	0.236926

(出所) Judd (1989), Table 7.2

$$-x_1 = x_2 = \frac{1}{\sqrt{3}}$$

となる。標本点はルジャンドルの多項式 $P_2(x) = (3x^2 - 1)/2$ の零点に等しい。$f(x)$ が C^4 級の関数であれば

$$\int_{-1}^{1} f(x)\,dx = f\left(-\frac{1}{\sqrt{3}}\right) + f\left(\frac{1}{\sqrt{3}}\right) + \frac{f^{(4)}(\zeta)}{135} \qquad (-1 \leq \zeta \leq 1)$$

が成り立つ。標本点は2個で2点ガウス求積という。n 点ガウス・ルジャンドル求積は

$$\int_{-1}^{1} f(x)\,dx = \sum_{i=1}^{n} w_i f(x_i) + \frac{2^{2n+1}(n!)^4}{(2n+1)!(2n)!} \frac{f^{(2n)}(\zeta)}{(2n)!} \qquad (-1 \leq \zeta \leq 1)$$

(2.30)

と表される。表2.5はガウス求積のウェイトと標本点を示している。積分区間が $[a, b]$ であれば

$$\int_{a}^{b} f(z)\,dz \cong \frac{b-a}{2} \sum_{i=1}^{n} w_i f\left(\frac{x_i(b-a) + a + b}{2}\right)$$

となる。

[例10] 4点ガウス求積でつぎの定積分を求める。

$$I = \int_{-1}^{1} \frac{1+x}{1+x^2} dx$$

表2.5からウェイトと標本点はつぎのようになる。

$x_1 = -0.861136$ $w_1 = 0.347854$
$x_2 = -0.339981$ $w_2 = 0.652145$
$x_3 = 0.339981$ $w_3 = 0.652145$
$x_4 = 0.861136$ $w_4 = 0.347854$

積分公式を適用すると

$$I = \frac{0.347854(1-0.861136)}{1+0.861136^2} + \frac{0.652145(1-0.339981)}{1+0.339981^2}$$
$$+ \frac{0.652145(1+0.339981)}{1+0.339981^2} + \frac{0.347854(1+0.861136)}{1+0.861136^2} = 1.568626$$

となる。解析解は$\pi/2$であり、少ない標本点で正確な近似値が得られる。

(c) ガウス・エルミート求積

この方法は(2.28)で$w(x)=e^{-x^2}$、$a=-\infty$、$b=\infty$としたケースである。近似式は

$$\int_{-\infty}^{\infty} f(x)e^{-x^2} dx = \sum_{i=1}^{n} w_i f(x_i) + \frac{n!\sqrt{\pi}}{2^n} \frac{f^{(2n)}(\zeta)}{(2n)!} \qquad \zeta \in (-\infty, \infty) \quad (2.31)$$

と表される。ウェイトと標本点は表2.6で与えられる。

ガウス・エルミート求積は正規分布の積率計算に用いられる。Xは$N(\mu, \sigma^2)$の正規分布に従う確率変数とする。Xの関数$f(X)$の期待値は

$$E(f(X)) = \frac{1}{\sqrt{2\pi\sigma^2}} \int_{-\infty}^{\infty} f(x) \exp\left(-\frac{(x-\mu)^2}{2\sigma^2}\right) dx$$

で与えられる。

$$y = \frac{x-\mu}{\sigma\sqrt{2}}$$

表2.6 ガウス・エルミート求積のウェイトと標本点

n	x_i	w_i
2	-0.7071067811	0.8862269254
	0.7071067811	0.8862269254
3	-0.01224744871	0.2954089751
	0.00000000000	0.0118163590
	0.01224744871	0.2954089751
4	-0.01650680123	0.08131283544
	-0.5246476232	0.8049140900
	0.01650680123	0.08131283544
	0.5246476232	0.8049140900
5	-0.0202018287	0.01995324205
	-0.9585724646	0.3936193231
	0.00000000000	0.9453087204
	0.0202018287	0.01995324205
	0.9585724646	0.3936193231

(出所) Judd (1989), Table 7.4

に変換すると

$$E(f(X)) = \frac{1}{\sqrt{\pi}} \int_{-\infty}^{\infty} f(\sigma\sqrt{2}\,y + \mu) \exp(-y^2)\,dy$$

右辺の定積分にガウス・エルミート公式を適用すると

$$E(f(X)) \cong \frac{1}{\sqrt{\pi}} \sum_{i=1}^{n} w_i f(\sigma\sqrt{2}\,y_i + \mu)$$

となる。

動学的一般均衡モデルの数値計算では、$AR(1)$モデルに従う確率変数を離散近似する。その方法について説明しよう。確率変数λはつぎの$AR(1)$に従うとする。

$$\lambda' = (1-\rho)\mu_\lambda + \rho\lambda + \varepsilon \qquad \varepsilon \sim N(0, \sigma_\lambda^2)$$

λを与えると、λ'は平均が$(1-\rho)\mu_\lambda + \rho\lambda$、分散$\sigma_\lambda^2$の正規分布となる。したがって

$$\frac{1}{\sigma_\lambda\sqrt{2\pi}} \int_{-\infty}^{\infty} \exp\left\{-\frac{1}{2}\left(\frac{\lambda' - (1-\rho)\mu_\lambda - \rho\lambda}{\sigma_\lambda}\right)^2\right\} d\lambda' = \int_{-\infty}^{\infty} f(\lambda' \mid \lambda)\,d\lambda' = 1$$

となる。この定積分を

$$\int_{-\infty}^{\infty} \frac{f(\lambda'|\lambda)}{f(\lambda'|\mu_\lambda)} f(\lambda'|\mu_\lambda) d\lambda' = 1$$

で置き換える。ここで $f(\lambda'|\mu_\lambda)$ は $\lambda = \mu_\lambda$ としたときの λ' の密度関数であり

$$\frac{f(\lambda'|\lambda)}{f(\lambda'|\mu_\lambda)} = \exp\left\{-\frac{1}{2}\left[\left(\frac{\lambda' - (1-\rho)\mu_\lambda - \rho\lambda}{\sigma_\lambda}\right)^2 - \left(\frac{\lambda' - \mu_\lambda}{\sigma_\lambda}\right)^2\right]\right\}$$

となる。$x = (\lambda - \mu_\lambda)/(\sigma_\lambda \sqrt{2})$ と変換すると

$$\frac{1}{\sqrt{\pi}} \int_{-\infty}^{\infty} \exp\left[-((x'-\rho x)^2 - (x')^2)\right] \exp(-(x')^2) dx' = 1$$

が成り立つ。$\Phi(x', x) = \exp[-((x'-\rho x)^2 - (x')^2)]$ としてガウス・エルミート公式を適用すれば

$$\frac{1}{\sqrt{\pi}} \sum_{j=1}^{n} w_j \Phi(x'_j, x_i) \cong 1$$

となる。このままでは近似誤差のため等号は成り立たない。Tauchen = Hussey (1991) は

$$\hat{\pi}_{ij} = \frac{w_j \Phi(x'_j, x_j)}{\sqrt{\pi} \, s_i}$$

$$s_i = \frac{1}{\sqrt{\pi}} \sum_{j=1}^{n} w_j \Phi(x_j, x_i)$$

により遷移確率 $\pi_{ij} = \Pr(x' = x_j | x = x_i)$ を近似する方法を提案した。元の変数に戻すと、$\hat{\pi}_{ij}$ は $\lambda_i = \sqrt{2} \, \sigma_\lambda x_i + \mu_\lambda$ の条件付き確率である。例えば $\mu_\lambda = 0$、$\rho = 0.8$、$\sigma_\lambda = 0.02$ であるとき $n = 4$ として離散近似すると、λ の標本点と遷移行列はつぎのようになる。

$$\lambda = (-0.0467, -0.0148, 0.0148, 0.0467)$$

$$\Pi = \begin{bmatrix} 0.6503 & 0.3290 & 0.0206 & 0.0001 \\ 0.1538 & 0.5915 & 0.2451 & 0.0096 \\ 0.0096 & 0.2451 & 0.5915 & 0.1538 \\ 0.0001 & 0.0206 & 0.3290 & 0.6503 \end{bmatrix}$$

(d) ガウス・ラゲール求積

これは重み関数が $w(x)=e^{-x}$ で、積分区間が $[0,\infty)$ のときに適用される。

$$\int_0^\infty f(x)e^{-x}dx = \sum_{i=1}^n w_i f(x_i) + \frac{(n!)^2 f^{(2n)}(\zeta)}{(2n)!} \qquad \zeta \in [0,\infty) \qquad (2.32)$$

標本点はラゲール多項式の零点である。半無限区間 $[a,\infty)$ で積分するときは、$x=r(y-a)$ と変換すれば

$$\int_a^\infty f(y)e^{-ry}dy \cong \frac{e^{-ra}}{r}\sum_{i=1}^n w_i f\left(\frac{x_i}{r}+a\right)$$

となる。

2.7.3 モンテカルロ積分

モンテカルロ積分は確率論に基づくサンプリング法である。計算結果は確率的に変化するが、誤差の分布から近似精度を調べることができる。マクロモデルの数値解析では、複雑な関数の期待値を求めるのに用いられる。

モンテカルロ積分の考え方を簡単な例で説明しよう。$x-y$ 平面上で積分区間を含んだ範囲を設定し、その面積を S とする。コンピュータで m 個の乱数を発生させ、積分領域に入った数 n をカウントする。サンプル数を増やすと、大数の法則によって $P=nS/m$ は定積分に近づく。したがって積分領域を含んだ範囲の面積とサンプル数を計算するだけで積分が求められる。一例として、区間 $[0,2]$ で $f(x)=\exp(-x^2)$ の積分を求める。$x=2t$ と変換すると

$$\int_0^2 \exp(-x^2)dx = 2\int_0^1 \exp(-4t^2)dt$$

となる。図2.10において、定積分は影の付いた部分の面積に等しい。$S=1$ で $P=n/m$ となる。一様分布のサンプルを100万個発生させると、440,957個が影の部分に入る。$P=440,957/1000,000$ であり、2倍すると 0.8819 となる。これは解析解の 0.8821 にほぼ等しい。サンプル数を増やすと精度はさらによくなる。

一般にモンテカルロ積分では、区間 $[0,1]$ で定義された関数 $f(x)$ の定積分を

$$I = \int_0^1 f(x)dx \cong \frac{1}{n}\sum_{i=1}^n f(x_i) \qquad (2.33)$$

によって近似する。x_i は $[0,1]$ の一様乱数である。I の近似値を $\hat{I}$ で表すことにす

図2.10 モンテカルロ積分

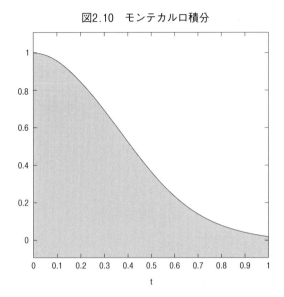

る。$\hat{I}$は不偏推定量であり、分散は

$$\sigma_{\hat{I}}^2 = \frac{1}{n}\int_0^1 (f(x)-I)^2 dx = \frac{\sigma_f^2}{n}$$

で与えられる。したがってサンプル数を増やすと誤差は小さくなる。分散は

$$\hat{\sigma}_{\hat{I}}^2 = \frac{1}{n-1}\sum_{i=1}^{n}(f(x_i)-\hat{I})^2$$

で推定する。標準誤差は

$$S.E = \frac{\hat{\sigma}_{\hat{I}}}{\sqrt{n}}$$

である。

例えば、つぎの定積分を求めることにしよう。

$$\int_0^1 e^{-x}dx = 1 - \frac{1}{e}$$
$$= 0.63212055$$

表2.7はモンテカルロ積分の結果を示している。標準誤差を1桁下げるには、サンプル数を100倍に増やす必要がある。このように単純モンテカルロ積分は効率

表2.7 単純モンテカルロ積分の結果

n	I	S.E
10	0.59133025	0.05901482
10^2	0.61319382	0.01748452
10^3	0.63097444	0.00575619
10^4	0.62919194	0.00181811
10^5	0.63172488	0.00057323
10^6	0.63188335	0.00018095

表2.8 負相関変量法による積分

n	I	S.E
10	0.63261375	0.00636116
10^2	0.63090438	0.00145279
10^3	0.63221641	0.00080165
10^4	0.63237217	0.00022879
10^5	0.63219721	0.00007299
10^6	0.63212319	0.00002284

が悪くほとんど利用されない。つぎのような改善策が提案されている。

(1) 負相関変量法

負相関変量法は負の相関をもつ確率変数の平均をとると分散が減少する性質を利用する。$f(X)$は確率変数Xの単調増加関数であるとすると、$f(X)$と$f(1-X)$は負の相関をもつ。そこで両者の平均をとって

$$\hat{I}_A = \frac{1}{2n}\sum_{i=1}^{n}(f(x_i)+f(1-x_i))$$

を推計値とする。分散は

$$Var(\hat{I}_A) = \frac{\sigma_f^2 + \text{cov}(F(X), F(1-X))}{2n} < \frac{\sigma_f^2}{n}$$

となる。一例として、$\int_0^1 e^{-x}dx$を求めることにしよう。e^{-x}は減少関数であるが、$f(x)=-e^{-x}$とすれば増加関数となる。表2.8は負相関変量法を適用した結果である[6]。推定量の分散が大幅に減少し、誤差も小さくなっている。

(2) 層化抽出法

層化抽出法では積分区間をいくつかの小区間に分割し、各区間からサンプルを抽出する。単純モンテカルロ積分ではサンプリングが特定の区間に偏る可能性がある。最も簡単な方法では適当に $\lambda \in (0,1)$ を選び、$n_1 = \lambda n$ 個のサンプルを区間 $[0,\lambda]$ から、$n_2 = (1-\lambda)n$ 個のサンプルを $[\lambda,1]$ から抽出して

$$\hat{I}_s = \frac{1}{n_1}\sum_{i=1}^{n_1} f(x_{i,1}) + \frac{1}{n_2}\sum_{i=1}^{n_2} f(x_{i,2})$$

を計算する。分散は

$$Var(\hat{I}_s) = \frac{\lambda Var_1(f(X)) + (1-\lambda)Var_2(f(X))}{n}$$

となる。ただし、$Var_1(f(X))$ は $f(X)$ の区間 $[0,\lambda]$ における分散である。

(3) 制御変量法

制御変量法では積分がわかっている別の関数を利用する。関数 $g(X)$ は $f(X)$ と相関があり、積分は既知とする。

$$\int_0^1 f(x)\,dx = \int_0^1 (f(x)-g(x))\,dx + \int_0^1 g(x)\,dx$$

が成り立つ。$f(X)-g(X)$ の分散は、$Var(f(X))+Var(g(X))-2Cov(f(X),g(X))$ となる。共分散が大きいと、$Var(f(X)-g(X))<Var(f(X))$ となる。このため $f(X)$ の代わりに $f(X)-g(X)$ の積分を求めると誤差は小さくなる可能性がある。

(4) インポータンス・サンプリング

インポータンス・サンプリングでは、積分区間から一様にサンプルをとる代わりに関数値が大きい部分に重みのかかった密度関数からサンプリングする。つまり

$$\int_0^1 f(x)\,dx = \int_0^1 \frac{f(x)}{w(x)} w(x)\,dx$$
$$\cong \frac{1}{n}\sum_{i=1}^n \frac{f(\xi_i)}{w(\xi_i)}$$

とする。ここで ξ_i は $w(x)$ に従うサンプルである。推定量の分散は

表2.9 インポータンス・サンプリングによる積分

n	I	S.E
10	0.63343485	0.00261395
10^2	0.63740010	0.00025033
10^3	0.63376113	0.00002433
10^4	0.63211097	0.00000240
10^5	0.63219008	0.00000024
10^6	0.63211681	0.00000002

$$Var(\hat{I}_{IS}) = \frac{1}{n}\left(\int_0^1 \frac{f(x)^2}{w(x)}dx - \left(\int_0^1 f(x)dx\right)^2\right)$$

で与えられる。したがって$w(x)$が$|f(x)|$に比例すると分散は小さくなる。$f(x) = \exp(-x)$の積分を求めるために、$w(x) = a + bx$とする。ただしaとbは$(0,1)$と$(1, 1/e)$を通るように決める。表2.9はインポータンス・サンプリングによる推定結果である。定積分そのものは他の方法と変わらないが、分散は著しく小さくなっている。インポータンス・サンプリングはきわめて有効な方法であるが、重み関数に問題がある。$f(x)$が複雑な関数であれば、簡単に乱数を発生できる重み関数を見つけることは難しい。

2.7.4 準モンテカルロ積分

準モンテカルロ法は疑似乱数ではなく、一様分布列と呼ばれる決定論的な数列を用いる。疑似乱数はランダムに変化するが、効率的に一様に分布しない。対照的に一様分布列はランダムに変化しながら一様に分布する。準モンテカルロ法を用いると少数のサンプルで正確な積分が得られる。

一様分布列としてWeyl列やNiederreiter列などがある[7]。以下のようなステップで一様分布列を生成する。

Weyl列：$p = \sqrt{primes(n+1)}$
$\quad\quad x_i = i \times p \quad (i = 1, 2, \cdots\cdots, m)$
$\quad\quad z_i = x_i - fix(x_i)$
$\quad\quad n$：次元数、m：サンプル数

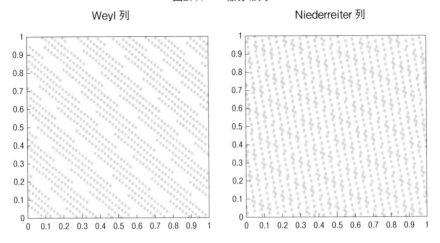

図2.11 一様分布列

Niederreiter列： $p = \begin{bmatrix} 2^{\frac{1}{1+n}} & 2^{\frac{2}{1+n}} & 2^{\frac{n}{1+n}} \end{bmatrix}$

$x_i = i \times p \qquad (i = 1, 2, \cdots, m)$

$z_i = x_i - fix(x_i)$

図2.11は2次元Weyl列とNiederreiter列の標本点をプロットしている。標本点は$[0,1] \times [0,1]$の区間におおむね均等に分布しているのが見てとれる。

準モンテカルロ法を用いて、関数$f(x_1, x_2) = e^{x_1 + x_2}$の定積分

$$I = \int_0^1 \int_0^1 e^{x_1 + x_2} dx_1 dx_2$$

を求めよう。解析解は

$$I = (e - 1)^2 = 2.952492$$

である。サンプル数を$m = 1,000$とすると、Weyl列では2.956169、Niederreiter列では2.948038となる。一方、単純モンテカルロ法を用いると2.964773となる。サンプル数を$m = 100,000$に増やすと、それぞれ2.952487、2.952514、2.950228となる。明らかに一様分布列を用いた方が正確である。また乱数を使わないので時間もかからない。サンプル数をmとすると、単純モンテカルロ積分では誤差は$1/\sqrt{m}$のオーダーで小さくなる。一方、準モンテカルロ積分では$1/m$のオー

ダーで誤差は減少する。単純モンテカルロ法で精度を2倍にするにはサンプル数を4倍にしなけれならないが、準モンテカルロ法ではサンプル数を2倍にするだけでよい。

2.8 最適化法

非線形関数の最小値（または最大値）を求める問題は経済学でもしばしば現れる。最初に制約問題の付かない問題を取り上げ、その後で制約条件の付いた最適化問題を考える。ただし、目的関数と制約条件が1次式である線形計画法は取り上げない。線形計画法に関する専門書を参照されたい。

2.8.1 1変数関数の最小化

関数の最小値を見つける一つの方法は、最小点の1階条件を表す式を解くことである。もう一つの方法は、最小点がある区間を徐々に狭めていく区間縮小法である。区間の狭め方により3分割法、黄金分割法、3次補間多項式法などがある。ここでは黄金分割法についてのみ説明する。

関数$f(x)$は区間$[a,b]$でただ一つの最小点をもつとする。図2.12に示したように

$$x_1^{(k)} - a = \gamma(b-a)$$
$$x_2^{(k)} - a = (1-\gamma)(b-a)$$

となる内分点$x_1^{(k)}$、$x_2^{(k)}$をとる。ここで、

$$\gamma = \frac{3-\sqrt{5}}{2} \cong 0.38197$$

は黄金分割比である。もし$f(x_1^{(k)}) \leq f(x_2^{(k)})$であれば区間を$[a, x_2^{(k)}]$に縮小し、$f(x_1^{(k)}) > f(x_2^{(k)})$ならば$[x_1^{(k)}, b]$に縮小する。つぎに新しい区間について内分点と関数値を計算してさらに区間を縮小する。同じ操作を区間の幅が十分に狭くなるまでくり返す。誤差範囲がε以下となる回数はつぎの式を満たす。

$$(b-a)(1-\gamma)^n < \varepsilon$$

図2.12 黄金分割法

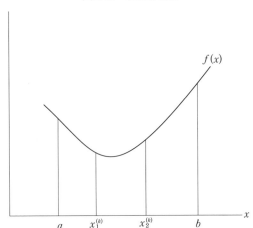

これより

$$n > \frac{\log(\varepsilon) - \log(b-a)}{\log(1-\gamma)}$$

となる。例えば $b-a=1$、$\varepsilon=0.001$ であれば、15回以上くり返す必要がある。

この方法を使って、関数 $f(x) = x^2 - \sin(x)$ の最小点を求めることにしよう。探索区間を $[0,1]$ として区間縮小法を適用すると、表2.10のようになる。20回探索すると区間は $[0.450157, 0.450223]$ となる。最小点の1階条件から、$x=0.450183$ のとき最小値 -0.232465 をとる。$n=50$ とすると区間の両端は解析解と一致する。

2.8.2　1変数関数のニュートン法

関数 $f(x)$ が C^2 級であればニュートン法で最小点を見つけることができる。$f(x)$ を x_0 のまわりでテイラー展開すると

$$f(x) \cong f(x_0) + f'(x_0)(x-x_0) + \frac{1}{2}f''(x_0)(x-x_0)^2$$

となる。右辺の放物線の最小点は

$$x_1 = x_0 - \frac{f'(x_0)}{f''(x_0)}$$

表2.10 黄金分割による探索結果

探索回数	a	b	$f(a)$	$f(b)$	$|a-b|$
0	0.000000	1.000000	0.000000	0.158529	1.000000
1	0.000000	0.618033	0.000000	-0.197468	0.618033
2	0.236067	0.618033	-0.178153	-0.197468	0.381966
3	0.381966	0.618033	-0.226847	-0.197468	0.236067
4	0.381966	0.527864	-0.226847	-0.225049	0.145898
5	0.381966	0.472135	-0.226847	-0.231877	0.090169
6	0.4164078	0.472135	-0.231082	-0.231877	0.055727
7	0.4376941	0.472135	-0.232276	-0.231877	0.034441
8	0.4376941	0.458980	-0.232276	-0.232371	0.021286
9	0.4458247	0.458980	-0.232442	-0.232371	0.013155
10	0.4458247	0.453955	-0.232442	-0.232448	0.008130

である。つぎに x_1 のまわりで展開して最小点を x_2 とする。一般に放物線の最小点は

$$x_{k+1} = x_k - \frac{f'(x_k)}{f''(x_k)} \qquad (k=0,1,2,\cdots\cdots) \tag{2.34}$$

で与えられる。収束条件を

$$\left|\frac{f'(x_k)^2}{f''(x_k)}\right| < \varepsilon$$

とする。もし $x_{k+1} = x_k = x^*$ であれば $f'(x^*) = 0$ となり、1階条件は満たされる。$f''(x^*) > 0$ であれば最小値、$f''(x^*) < 0$ なら最大値となる。収束に関するつぎの定理は有用である[8]。

[定理2.5] $f(x)$ は x^* で最小となる C^3 級の関数で、$f''(x^*) \neq 0$ とする。x^* の近くに初期値をとると点列は x^* に収束して

$$\lim_{k \to \infty} \frac{|x_{k+1} - x^*|}{|x_k - x^*|^2} = \frac{1}{2} \left| \frac{f'''(x^*)}{f''(x^*)} \right|$$

が成り立つ。

解の近くでは

$$|x_{k+1} - x^*| < M|x_k - x^*|^2 \qquad (0 < M < 1)$$

となり、$k+1$ 番目の近似値は k 番目に比べて 2 乗のオーダーで精度がよくなる。

2.8.3 多変数関数のニュートン法

多変数関数 $f(x)$ を x_k のまわりでテイラー展開すると

$$f(x) \cong f(x_k) + \nabla f(x_k)^T (x - x_k) + \frac{1}{2}(x - x_k)^T H(x_k)(x - x_k)$$

ここで、

$$\nabla f(x_k) = \begin{bmatrix} \dfrac{\partial f}{\partial x_1} & \cdots & \dfrac{\partial f}{\partial x_n} \end{bmatrix}$$

$$H(x_k) = \begin{bmatrix} \dfrac{\partial^2 f}{\partial x_1^2} & \dfrac{\partial^2 f}{\partial x_1 \partial x_2} & \cdots & \dfrac{\partial^2 f}{\partial x_1 \partial x_n} \\ \dfrac{\partial^2 f}{\partial x_2 \partial x_1} & \dfrac{\partial^2 f}{\partial x_2^2} & \cdots & \dfrac{\partial^2 f}{\partial x_2 \partial x_n} \\ \vdots & \vdots & \vdots & \vdots \\ \dfrac{\partial^2 f}{\partial x_n \partial x_1} & \dfrac{\partial^2 f}{\partial x_n \partial x_2} & \cdots & \dfrac{\partial^2 f}{\partial x_n^2} \end{bmatrix}$$

$H(x_k)$ が正定値行列であれば上の近似式は凸 2 次関数となる。そこで 2 次関数の最小点を新しい探索点として

$$x_{k+1} = x_k - H(x_k)^{-1} \nabla f(x_k)^T \tag{2.35}$$

とする。$f(x)$ が C^3 級で最小点における $H(x^*)$ が正則行列であれば、x^* の近傍に初期値をとると点列は 2 次収束する。とくに $f(x)$ が 2 次関数であれば 1 回の計算で収束する。問題は逆行列であるが、実際には計算する必要はない。方向ベクトルを $d_k = x_{k+1} - x_k$ とすると、$H(x_k) d_k = -\nabla f(x_k)^T$ が成り立つ。この連立 1 次方程式を解いて $x_{k+1} = x_k + d_k$ とすればよい。

[例11] つぎの関数の最小点を求めよう。

$$f(x, y) = 100(y - x^2)^2 + (1 - x)^2$$

表2.11 ニュートン法による探索結果

探索回数	x	y	dx	dy	$f(x,y)$
0	-3.000000	2.000000	0.002855	6.982869	4916
1	-2.997144	8.982869	3.990638	-23.921037	15.977167
2	0.993493	-14.938168	0.000002	15.925202	25361.194
3	0.993496	0.987034	0.006503	0.012923	$4.2302E-05$
4	0.999999	0.999957	0.000000	0.000042	$1.7894E-07$
5	0.999999	0.999999	0.000000	0.000000	$2.0619E-27$
6	1.000000	1.000000	0.000000	0.000000	0.000000
7	1.000000	1.000000	0.000000	0.000000	0.000000
8	1.000000	1.000000	0.000000	0.000000	0.000000

初期値を$x_0=(-3,2)$にとる。勾配ベクトルは

$$\nabla f = \begin{bmatrix} -400x(y-x^2)+2x-2 \\ 200(y-x^2) \end{bmatrix}$$

ヘッセ行列は

$$H = \begin{bmatrix} 1200x^2-400y+2 & -400x \\ -400x & 200 \end{bmatrix}$$

x_0において

$$\nabla f = \begin{bmatrix} -8408 \\ -1400 \end{bmatrix} \qquad H = \begin{bmatrix} 10002 & 1200 \\ 1200 & 200 \end{bmatrix}$$

であり、方向ベクトルは

$$d = -\begin{bmatrix} 10002 & 1200 \\ 1200 & 200 \end{bmatrix}^{-1} \begin{bmatrix} -8408 \\ -1400 \end{bmatrix} = \begin{bmatrix} 0.00285 \\ 6.98286 \end{bmatrix}$$

となる。つぎの探索点は

$$x_1 = x_0 + d = \begin{bmatrix} -3 \\ 2 \end{bmatrix} + \begin{bmatrix} 0.00285 \\ 6.98286 \end{bmatrix} = \begin{bmatrix} -2.99715 \\ 8.98286 \end{bmatrix}$$

表2.11は途中の計算結果を示している。最小点の近傍に初期値をとっているので、最小点である$(1,1)$に急速に収束する。

2.8.4 準ニュートン法

準ニュートン法では、(2.35) のヘッセ行列を適当な正定値行列で近似する。つぎのステップを実行する。

［ステップ1］ 初期値ベクトル x_0 と微小な正数 ε を選び、$H_0 = I$ （単位行列）、$k=0$ とする。
［ステップ2］ $\nabla f(x_k)$ を計算し、$\|\nabla f(x_k)\| < \varepsilon$ ならば終了する。
［ステップ3］ $H_k d_k = -\nabla f(x_k)^T$ から方向ベクトル d_k を求める。
［ステップ4］ $f(x_k + \alpha d_k)$ を最小化する α を求めて、$x_{k+1} = x_k + \alpha d_k$ とする。
［ステップ5］ つぎのいずれかの方法で H_k を更新する。

$$DFP 法 : H_{k+1} = H_k + \frac{y_k y_k^T}{y_k^T z_k} - \frac{H_k z_k z_k^T H_k}{z_k^T H_k z_k}$$

$$BFGS 法 : H_{k+1} = H_k + \frac{(y_k - H_k z_k) y_k^T + y_k (y_k - H_k z_k)^T}{y_k^T z_k}$$
$$- \frac{z_k^T (y_k - H_k z_k) y_k y_k^T}{(y_k^T z_k)^2}$$

$$z_k = x_{k+1} - x_k$$
$$y_k = \nabla f(x_{k+1})^T - \nabla f(x_k)^T$$

［ステップ6］ $k = k+1$ としてステップ2へ戻る。

単位行列を初期値にとると H_k は正定値行列となる。この方法ではヘッセ行列の計算は不要であり、方向ベクトルは常に目的関数の降下方向と一致する。欠点は初期値をうまく設定しないと収束しないことである。

2.8.5 最急降下法

最急降下法では、方向ベクトルとして $f(x)$ の勾配ベクトルを用いる。つまり

$$d_k = -\left[\frac{\partial f(x)}{\partial x_1}, \ldots, \frac{\partial f(x)}{\partial x_n}\right]$$

とする。勾配と反対方向へ進むと関数値は減少する。このためマイナス符号をつ

ける。計算アルゴリズムはつぎの通りである。

［ステップ１］初期値x_0と小さな正数εを決めて$k=0$とする。
［ステップ２］$\nabla f(x_k)$を計算し、$\|\nabla f(x_k)\| < \varepsilon$ならば終了する。そうでなければ$f(x_k + \alpha d_k)$を最小化する$\alpha$を求める。
［ステップ３］$x_{k+1} = x_k + \alpha d_k$を計算する。$k = k+1$としてステップ２へ戻る。

アルゴリズムは簡単であり、いくつかの条件が満たされると大域的に収束する。しかし複数の極小点がある場合、大域的な極小点に収束する保証はない。

［例12］最急降下法を用いて、つぎの関数の最小点を見つける。

$$f(x, y) = x^2 + y^2 + x - 2y - xy + 1$$

勾配ベクトルは

$$\nabla f(x, y) = \begin{bmatrix} 2x - y + 1 \\ -x + 2y - 2 \end{bmatrix}$$

初期点を$(-3, 8)$とすると

$$\nabla f(-3, 8) = \begin{bmatrix} -13 \\ 17 \end{bmatrix}$$

となる。ステップ幅をαとすれば

$$\begin{bmatrix} x_1 \\ y_1 \end{bmatrix} = \begin{bmatrix} -3 \\ 8 \end{bmatrix} + \alpha \begin{bmatrix} 13 \\ -17 \end{bmatrix} = \begin{bmatrix} -3 + 13\alpha \\ 8 - 17\alpha \end{bmatrix}$$

これより

$$f(x_1, y_1) = 679\alpha^2 - 458\alpha + 79$$

となり、$f(x_1, y_1)$は$\alpha = 0.33726$のときに最小となる。つぎの探索点を$(x_1, y_1) = (1.3844, 2.2666)$とする。この操作を収束条件が満たされるまでくり返すと最小点は$(x^*, y^*) = (0, 1)$であり、$f(x^*, y^*) = 0$となる。この場合、どの初期値からスタートしても収束する。

2.8.6 制約付き最適化問題

これまで制約条件のないケースを取り上げたが、経済問題の多くは何らかの制約条件が付いている。そこで制約条件の付いたつぎの最適化問題について考えることにする。

$$\begin{aligned}
&\text{最小化}: f(x) \\
&\text{制約条件}: g_i(x)=0 \quad (i=1,\cdots\cdots,m) \\
&\qquad\qquad\quad h_j(x)\leq 0 \quad (j=1,\cdots\cdots,l)
\end{aligned} \qquad (2.36)$$

通常は制約条件の付かない問題に変換する。よく使われるのはラグランジュの未定乗数法であるが、ここではペナルティ法について説明する。これは制約条件を満たさない度合い応じてペナルティを課して最適化する方法である。具体的には拡張された目的関数

$$F(x)=f(x)+rp(x)$$
$$p(x)=\sum_{i=1}^{m}(\max\{0,g_i(x)\})^2+\sum_{j=1}^{l}|h_j(x)|^2$$

を定義して最小化する。$r>0$ はペナルティ係数で、$p(x)$ は罰金関数と呼ばれる。ペナルティ係数を大きくすれば、$F(x)$ の最適解は元の問題の最適解に近づく。ただし、最適解を求める反復計算は数値的に不安定となる恐れがある。

等号制約があるときはSUMT（Sequential Unconstrained Minimization Technique）法が利用できる。SUMT法では、つぎのように目的関数を変換する。

$$F(x)=f(x)+r\sum_{i=1}^{m}\frac{1}{g_i(x)}$$

ペナルティ係数は計算の過程で減少させる。最初は最適点から離れた場所で最小値が得られるが、係数が小さくなると最適点に近づく。

2.8.7 遺伝的アルゴリズム

これまで説明したニュートン法や最急降下法はローカルな方法であり、グローバルな最適化には向かない。大域的最適化を行うには、遺伝的アルゴリズム

(Genetic Algorithm；GA）が有効である。GA は解析解がない問題や目的関数の勾配情報が得られない問題にも適用できる。染色体の表現を工夫すれば多変数システムにも適用可能である。とくに組合せ最適化のような離散型の問題で有効である。最近では経済学にも応用されているので簡単に説明しておこう[9]。

　生物の細胞に含まれる染色体は、4種類の塩基の組合せで遺伝情報を表現している。遺伝子座に書きこまれた情報が固体の遺伝特質を決定する。GA では配列のアドレスが遺伝子座に相当する。実際の生物を模して、遺伝子型と表現型という2つのデータ構造を区別する。遺伝型データは固定長の0と1のビット列で遺伝情報を表現している。表現型データは遺伝情報を特定のルールにしたがって翻訳したものである。自然淘汰説によると、環境に適応した個体は生存競争に打ち勝って子孫を残し、適応に失敗した個体は死滅する。GA でも環境に対する適応度を定義し、適応度の高い個体ほど子孫を残す確率が高くなるように設計する。

　GA は解空間の複数の点を同時並行して探索する方法で、遺伝子に対して選択、交叉、突然変異の操作を行う。数学的にはこれらは縮小写像であり、世代交代をくり返すうちに最適点に収束する。つぎのようなステップを実行する。

［ステップ1］第1世代の生成
　世代交代のカウンターを $t=1$ とする。乱数を用いて第1世代を生成する。遺伝子型データはつぎのような固定長の数字列で表される。

　　　1　0　0　1　0　1　0　1

質的変数は0、1で表現できるが、量的変数は10進数に変換する。このため表現可能な数の総数はビット長によって決まる。

［ステップ2］適応度の計算
　各個体の遺伝子型データを翻訳して表現型に変換し、環境に対する適応度を求める。GA は適応度を最大化するアルゴリズムであり、適応度は目的に応じて定義する必要がある。制約条件がある場合は、条件を満たさない個体は適応度をゼロにして排除する。

［ステップ3］選択
　適応度に応じて次の世代へ子孫を残す個体を選択する。適応度を f_i とすると、ある個体が子孫を残す確率は

$$p_i = f_i / \sum_{j=1}^{n} f_j$$

とする（ルーレット方式）。この他にも期待値方式、ランク方式、エリート保存方式、トーナメント方式などがある。

［ステップ４］交叉

　生成された世代の中から２つの個体をランダムに選んで子孫を残す。実数値GA では $P_1 = (p_1^1, p_1^2, \cdots\cdots, p_1^n)$、$P_2 = (p_2^1, p_2^2, \cdots\cdots, p_2^n)$ の両親から $C_1 = (c_1^1, c_1^2, \cdots\cdots, c_1^n)$ と $C_2 = (c_2^1, c_2^2, \cdots\cdots, c_2^n)$ の子供が生まれる[10]。交叉はつぎのような方法で行う。

・単純交叉

　ランダムに位置を選んで数字を入れ換える。子供は

$$C_1 = (p_1^1, p_1^2, \cdots\cdots, p_1^i, p_2^{i+1}, \cdots\cdots, p_2^n)$$
$$C_2 = (p_2^1, p_2^2, \cdots\cdots, p_2^i, p_1^{i+1}, \cdots\cdots, p_1^n)$$

となる。

・シャッフル交叉

　$i = 1, 2, \cdots\cdots, n$ について乱数 $\lambda \in [0, 1]$ を発生させる。もし $\lambda < 0.5$ なら

$$c_1^i = p_1^i \qquad c_2^i = p_2^i$$

そうでなければ

$$c_1^i = p_2^i \qquad c_2^i = p_1^i$$

とする。

・線形交叉

　つぎのようにして３人の子供が生まれる。

$$c_1^i = \frac{1}{2} p_1^i + \frac{1}{2} p_2^i$$

$$c_2^i = \frac{2}{3} p_1^i - \frac{1}{2} p_2^i$$

$$c_3^i = -\frac{1}{2} p_1^i + \frac{3}{2} p_2^i$$

このうち有能な 2 人が生き残る。
・平均交叉
　乱数 $\lambda \in [0, 1]$ を発生させて

$$c_1^i = \lambda p_1^i + (1-\lambda) p_2^i$$
$$c_2^i = (1-\lambda) p_1^i + \lambda p_2^i$$

とする。

[ステップ 5] 突然変異

　突然変異は遺伝子座の中から 1 ビットをランダムに選び、一定の確率で 0 を 1 に、1 を 0 に変更する操作である。突然変異率を大きくしすぎるとランダム探索と変わらなくなるが、逆に小さくしすぎると大域的探索の利点が失われる。最初のうちは高くして次第に低くする方法が有効である。

[ステップ 6] 最終解

　$t = ngen$ であれば終了して最終世代の最良個体を解とする。$t < ngen$ であればステップ 2 へ戻る。

2.9　常微分方程式の数値解法

　常微分方程式は自然科学の分野で使われるだけでなく、経済学でも景気変動や経済成長の分析に利用されている。特殊なケースを除くと解析解は存在しない。このため数値的な方法で解を求めるしかない。常微分方程式の数値解法には差分近似、関数展開、有限要素法などがあり問題に応じて適当に使い分ける。ここでは最もよく使われる差分近似について説明しよう。

2.9.1　1 変数の常微分方程式

(1) オイラー法

　常微分方程式の初期値問題

$$\frac{dy}{dx} = f(x, y) \qquad (a \leq x \leq b) \tag{2.37}$$

　初期条件：$y(x_0) = y_0$

について考える。$f(x,y)$ はリプシッツ条件を満たし、一意的な解があるとする。オイラー法では、微分を前進差分で置き換えて

$$y_{k+1} = y_k + hf(x_k, y_k) \tag{2.38}$$

によって近似する。実際には h をきざみ幅とみなし、$[a,b]$ を n 等分して

$$x_k = a + kh \qquad (k=0, 1, \cdots\cdots, n)$$

とする。一つ前の分点 (x_k, y_k) が与えられると、(2.38) からつぎの分点の y_{k+1} が計算できる。

厳密解を $y(x)$ として x のまわりでテイラー展開すると

$$y(x+h) = y(x) + y'(x)h + \frac{1}{2}y''(x)h^2 + \frac{1}{3!}y'''(x)h^3 + \frac{1}{4!}y^{(4)}(x)h^4 + \cdots\cdots \tag{2.39}$$

となる。1階微分まで考慮しているので、局所打切り誤差は $O(h^2)$ である。きざみ幅を狭くすると誤差は小さくなるが計算量は増える。

(2) ルンゲ・クッタ法

オイラー法の計算は簡単であるが、誤差が大きく実際にはほとんど使われない。誤差の原因はテイラー展開を最初の2項で打ち切ったことにある。3項以降も考慮すれば精度はよくなる。ルンゲ・クッタ法では高次の項まで考慮する。何次の項まで含めるかで、いくつかのバリエーションがある。

2次のルンゲ・クッタ法は第3項まで含める。y_k を所与として、y_{k+1} をつぎのように計算する。

$$\begin{aligned}
k_1 &= hf(x_k, y_k) \\
k_2 &= hf(x_k + \alpha h, y_k + \beta k_1) \\
y_{k+1} &= y_k + \lambda_1 k_1 + \lambda_2 k_2
\end{aligned} \tag{2.40}$$

ここで λ_1、λ_2、α、β は近似誤差が $O(h^3)$ となるように決める。k_2 を (x_k, y_k) のまわりでテイラー展開すると

$$k_2 = h\left\{f(x_k, y_k) + \alpha h \frac{\partial f}{\partial x}(x_k, y_k) + \beta k_1 \frac{\partial f}{\partial y}(x_k, y_k) + O(h^2)\right\}$$

3番目の式にk_1とk_2を代入して整理すると

$$y_{k+1} = y_k + h(\lambda_1 + \lambda_2) f(x_k, y_k)$$
$$+ h^2 \lambda_2 \left\{\alpha \frac{\partial f}{\partial x}(x_k, y_k) + \beta \frac{\partial f}{\partial y}(x_k, y_k) f(x_k, y_k)\right\} + O(h^3)$$

一方、y_{k+1}を(x_k, y_k)のまわりで展開すれば

$$y_{k+1} = y_k + h f(x_k, y_k) + \frac{1}{2} h^2 \left\{\frac{\partial f}{\partial x}(x_k, y_k) + \frac{\partial f}{\partial y}(x_k, y_k) f(x_k, y_k)\right\} + O(h^3)$$

2つの式の係数を比較すると

$$\lambda_1 + \lambda_2 = 1$$

$$\alpha \lambda_2 = \frac{1}{2}$$

$$\beta \lambda_2 = \frac{1}{2}$$

であれば誤差は$O(h^3)$となる。条件式は未知数より少ないので、一つの係数は自由に決定できる。例えば$\lambda_1 = 1/2$とすると、$\lambda_2 = 1/2$、$\alpha = 1$、$\beta = 1$となる。これらの値を (2.40) に代入すると

$$\begin{aligned}k_1 &= hf(x_k, y_k) \\ k_2 &= hf(x_k + h, y_k + k_1) \\ y_{k+1} &= y_k + \frac{1}{2}(k_1 + k_2)\end{aligned} \qquad (2.41)$$

となる。2次のルンゲ・クッタ法はこの式から計算する。

4次のルンゲ・クッタ法も同じ方法で導出できるが、計算が複雑で結果だけを示すことにする。

$$k_1 = hf(x_k, y_k)$$

$$k_2 = hf\left(x_k + \frac{h}{2}, y_k + \frac{k_1}{2}\right)$$

$$k_3 = hf\left(x_k + \frac{h}{2}, y_k + \frac{k_2}{2}\right)$$

$$k_4 = hf(x_k + h, y_k + k_3)$$

$$y_{k+1} = y_k + \frac{1}{6}(k_1 + 2k_2 + 2k_3 + k_4) \tag{2.42}$$

誤差は$O(h^4)$となり、4次のルンゲ・クッタ法と呼ばれる。ルンゲ・クッタ・ギル法は標準的なルンゲ・クッタ法の改良版であり、つぎのように計算する。

$$k_1 = hf(x_k, y_k)$$

$$k_2 = hf\left(x_k + \frac{h}{2}, y_k + \frac{k_1}{2}\right)$$

$$k_3 = hf\left(x_k + \frac{h}{2}, y_k + \frac{\sqrt{2}-1}{2}k_1 + \frac{2-\sqrt{2}}{2}k_2\right)$$

$$k_4 = hf\left(x_k + h, y_k - \frac{\sqrt{2}}{2}k_2 + \frac{2+\sqrt{2}}{2}k_3\right)$$

$$y_{k+1} = y_k + \frac{1}{6}\left(k_1 + (2-\sqrt{2})k_2 + (2+\sqrt{2})k_3 + k_4\right) \tag{2.43}$$

表2.12は微分方程式$\frac{dy}{dx}=0.05y$を4次のルンゲ・クッタ法で解いた結果である。数値解は解析解$y(x)=2\exp(0.05x)$とほとんど等しい。

2.9.2 連立微分方程式

つぎに連立微分方程式について考える。

$$\frac{dx}{dt} = f(t, x, y) \qquad (a \leq t \leq b)$$

$$\frac{dy}{dt} = g(t, x, y) \tag{2.44}$$

表2.12 $\dfrac{dy}{dx}=0.05y$、$y(0)=2$の数値解

x_k	数値解 y_k	解析解 $y(x_k)$	誤差 $y(x_k)-y_k$
0.0	2.0000000000	2.0000000000	0
0.5	2.0506302409	2.0506302410	$1.6300E-10$
1.0	2.1025421924	2.1025421928	$3.3500E-10$
1.5	2.1557683013	2.1557683018	$5.1500E-10$
2.0	2.2103418354	2.2103418362	$7.0500E-10$
2.5	2.2662969052	2.2662969061	$9.0300E-10$
3.0	2.3236684843	2.3236684855	$1.1100E-09$
3.5	2.3824924319	2.3824924332	$1.3300E-09$
4.0	2.4428055148	2.4428055163	$1.5600E-09$
4.5	2.5046454306	2.5046454324	$1.8000E-09$
5.0	2.5680508313	2.5680508334	$2.0500E-09$

$$x(t_0)=x_0 \qquad y(t_0)=y_0$$

x と y の増分は

$$dx=f(x,y,t)dt$$
$$dy=g(x,y,t)dt$$

で与えられる。1変数の微分方程式と同様に、増分をつぎのように近似する。

$$x_{k+1}=x_k+hf(t_k,x_k,y_k)$$
$$y_{k+1}=y_k+hg(t_k,x_k,y_k) \qquad (2.45)$$

初期条件から始めて、$t=b$ となるまで x_{k+1} と y_{k+1} を計算する。

4次のルンゲ・クッタ法はつぎのようになる。

$$k_1=f(t_k,x_k,y_k)$$
$$l_1=g(t_k,x_k,y_k)$$
$$k_2=hf\left(t_k+\dfrac{h}{2},x_k+\dfrac{k_1}{2},y_k+\dfrac{l_1}{2}\right)$$
$$l_2=hg\left(t_k+\dfrac{h}{2},x_k+\dfrac{k_1}{2},y_k+\dfrac{l_1}{2}\right)$$

$$k_3 = hf\left(t_k+\frac{h}{2}, x_k+\frac{k_2}{2}, y_k+\frac{l_2}{2}\right) \tag{2.46}$$

$$l_3 = hg\left(t_k+\frac{h}{2}, x_k+\frac{k_2}{2}, y_k+\frac{l_2}{2}\right)$$

$$k_4 = hf(t_k+h, x_k+k_3, y_k+l_3)$$

$$l_4 = hg(t_k+h, x_k+k_3, y_k+l_3)$$

$$x_{k+1} = x_k + \frac{1}{6}(k_1+2k_2+2k_3+k_4)$$

$$y_{k+1} = y_k + \frac{1}{6}(l_1+2l_2+2l_3+l_4)$$

高階微分方程式は連立微分方程式に書き直して上の方法を適用する。例えば2階微分方程式

$$x'' = f(t, x, x')$$
$$x(t_0) = x_0 \qquad x'(t_0) = y_0$$

を解くには、新たに変数

$$y(t) = x'(t)$$

を定義する。$y'(t) = x''(t)$ であり、元の微分方程式は

$$\frac{dx}{dt} = y$$

$$\frac{dy}{dt} = f(t, x, y) \qquad x(t_0) = x_0 \qquad y(t_0) = y_0$$

と書き直される。

[例13] グッドウィン（1951）の景気循環モデルは、つぎの微分方程式で表される。

$$\varepsilon\theta y'' + [\varepsilon + (1-\alpha)\theta]y' - \varphi(y') + (1-\alpha)y = 0$$

y は国民所得の均衡値からの乖離を表し、ε、θ、α は正の定数である。$\varphi(y')$ は投資関数である。パラメータは $\varepsilon=0.5$、$\theta=1.0$、$\alpha=0.6$ とする。投資関数は

図2.13 グッドウィンモデルの数値解

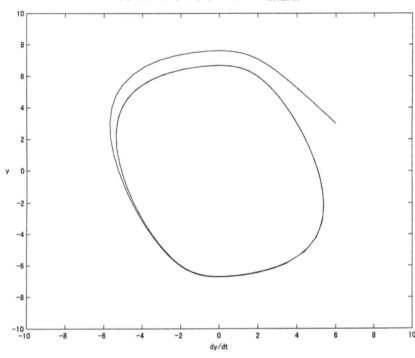

$$\varphi(y') = \frac{8}{1+\exp(-y')} - 4$$

と仮定する。$\varphi'(0)=2$ であり、$\varphi(\infty)=4$、$\varphi(-\infty)=-4$ となる。パラメータの値を代入すると

$$y'' + 1.8y' - \frac{16}{1+\exp(-y')} + 0.8y + 8 = 0$$

$$y(0) = 3 \qquad y'(0) = 6$$

となる。y_1 と y_2 を用いて連立微分方程式に書き直すと

$$y_1' = y_2$$

$$y_2' = -1.8y_2 + \frac{16}{1+\exp(-y_2)} - 0.8y_1 - 8$$

$$y_1(0)=3 \qquad y_2(0)=6$$

となる。図2.13はyとy'の挙動を表している。$y=3$、$y'=6$の点からスタートした解曲線は時間とともに閉軌道に引き込まれる。長期的に所得は一定の振幅と周期で均衡値のまわりを循環的に変動する。

2.9.3 境界値問題

境界値問題とは、境界条件を満足する常微分方程式の解を求めることである。例えば、2階微分方程式の境界値問題は

$$y''=f(x,y,y') \qquad (a \le x \le b)$$
$$y(a)=\alpha \qquad y(b)=\beta$$

と表される。ここでは2階線形微分方程式の境界値問題

$$y''=p(x)y'(x)+q(x)y(x)+r(x) \tag{2.47}$$
$$y(a)=\alpha \qquad y(b)=\beta$$

について考える。ここで$p(x)$、$q(x)$、$r(x)$は既知の関数である。この問題の解法としてシューティング法と差分法がある。

(1) シューティング法

はじめに、つぎの2つの初期値問題の解を求める。

$$u''=p(x)u'(x)+q(x)u(x)+r(x) \qquad u(a)=\alpha \qquad u'(a)=0$$
$$v''=p(x)v'(x)+q(x)v(x) \qquad v(a)=0 \qquad v'(a)=1$$

これらの解を用いて、元の問題の解は

$$y(x)=u(x)+Cv(x) \tag{2.48}$$

$$C=\frac{\beta-u(b)}{v(b)}$$

で与えられる。$u(x)$と$v(x)$はそれぞれ非同次方程式と同次方程式の解である。

C は $y(b)=\beta$ から決まる。

(2) 差分法

1 階と 2 階の微分を差分式

$$y'(x) \cong \frac{y(x+h)-y(x-h)}{2h}$$

$$y''(x) \cong \frac{y(x+h)-2y(x)+y(x-h)}{h^2}$$

で近似すると、分点の $x_1, x_2, \cdots\cdots, x_{n-1}$ において

$$\frac{y_{k+1}-2y_k+y_{k-1}}{h^2} = p_k \frac{y_{k+1}-y_{k-1}}{2h} + q_k y_k + r_k \tag{2.49}$$

が成り立つ。ここで $p_k=p(x_k)$、$q_k=q(x_k)$、$r_k=r(x_k)$ である。両辺に h^2 を掛けて整理すると

$$\left(1-\frac{h}{2}p_k\right)y_{k+1} - (2+h^2 q_k)y_k + \left(1+\frac{h}{2}p_k\right)y_{k-1} = h^2 r_k$$

となる。簡単化のために

$$a_k = 1 - \frac{h}{2} p_k$$
$$b_k = -2 - h^2 q_k$$
$$c_k = 1 + \frac{h}{2} p_k$$
$$d_k = h^2 r_k$$

とおくと、(2.47) に対応する差分方程式は

$$a_k y_{k+1} + b_k y_k + c_k y_{k-1} = d_k$$

となる。行列で表すと

$$\begin{pmatrix} b_1 & a_1 & & & & \\ c_2 & b_2 & a_2 & & 0 & \\ \ddots & \ddots & \ddots & & & \\ & & & c_{n-2} & b_{n-2} & a_{n-2} \\ & 0 & & & c_{n-1} & b_{n-1} \end{pmatrix} \begin{pmatrix} y_1 \\ y_2 \\ \vdots \\ y_{n-2} \\ y_{n-1} \end{pmatrix} = \begin{pmatrix} d_1 - c_1 \alpha \\ d_2 \\ \vdots \\ d_{n-2} \\ d_{n-1} - a_{n-1} \beta \end{pmatrix} \tag{2.50}$$

となる。係数行列は3重対角行列である。

[例14] 消費のライフサイクルモデルによると、消費者は資産制約のもとで生涯効用の現在価値を最大化する。

$$\max \int_0^T e^{-\rho t} u(c) \, dt$$
$$s.t. \quad \dot{A} = g(A) + w - c$$
$$A(0) = A(T) = 0$$

ここで ρ は割引率、$A(t)$ は t 時点の資産、w は賃金率、c は消費、$u(c)$ は効用関数、$g(A)$ は資産からの収益である。効用最大化の条件は

$$u'(c) = \lambda$$
$$\dot{A} = g(A) + w - c$$
$$\dot{\lambda} = (\rho - g'(A))\lambda$$
$$A(0) = A(T) = 0$$

である。1番目と3番目の式から

$$\dot{c} = -\frac{u'(c)}{u''(c)}(g'(A) - \rho)$$

が成り立つ。$u(c) = \log(c)$、$g(A) = rA$、$r > \rho$ とすると

$$\dot{c} = (r - \rho)c$$

となる。資本の運動式は

$$\ddot{A} = (2r - \rho)\dot{A} + r(\rho - r)A + (\rho - r)w$$

で与えられる。

シューティング法を適用して、補助方程式の解を求めると

$$u(t) = \frac{w}{\rho} \exp((r - \rho)t) + \left(\frac{w}{r} - \frac{w}{\rho}\right) \exp(rt) - \frac{w}{r}$$

$$v(t) = -\frac{1}{\rho} \exp((r - \rho)t) + \frac{1}{\rho} \exp(rt)$$

となる。これより資産の運動式は

$$A(t) = \frac{w-C}{\rho}\exp((r-\rho)t) + \left(\frac{w}{r} - \frac{w-C}{\rho}\right)\exp(rt) - \frac{w}{r}$$

で与えられる。$T=3$、$r=0.1$、$\rho=0.05$、$w=2$ とすれば

$$C = -\frac{u(3)}{v(3)} = 0.1393$$

となる。これらの値を代入すると、資産の解析解は

$$A = 37.2142\exp(0.05t) - 17.2142\exp(0.1t) - 20$$

消費は

$$c = 1.8607\exp(0.05t)$$

で与えられる。

計画期間を $T=6$ に延長すると

$$A = 34.8164\exp(0.05t) - 14.8164\exp(0.1t) - 20$$
$$c = 1.7408\exp(0.05t)$$

となる。

つぎに $h=0.1$ として差分法を適用すると、(2.50) は

$$\begin{pmatrix} -1.9999 & 0.9925 & & & \\ 1.0075 & -1.9999 & 0.9925 & & 0 \\ & \ddots & \ddots & \ddots & \\ & 0 & 1.0075 & -1.9999 & 0.9925 \\ & & & 1.0075 & -1.9999 \end{pmatrix} \begin{pmatrix} y_1 \\ y_2 \\ \vdots \\ y_{28} \\ y_{29} \end{pmatrix} = \begin{pmatrix} -0.001 \\ -0.001 \\ \vdots \\ -0.001 \\ -0.001 \end{pmatrix}$$

$p(x)$、$q(x)$、$r(x)$ はすべて定数で、係数行列の要素は変化しない。図2.14には、差分法で求めた資産の動きが示されている。最初のうちは資産からの収益が消費を上回って資産は増加するが、やがて収益は消費を下回って資産は減少する。解析解と比較すると誤差は 10^{-6} のオーダーであり、差分法から求めた解はきわめて正確である。

これまで取り上げたのは有限期間の境界値問題であるが、マクロ経済学では無限期間の問題を扱うことが多い。そこで企業の投資理論を用いて無限期間の境界

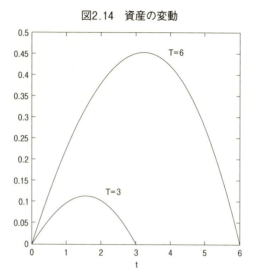

図2.14 資産の変動

値問題を検討しよう。Eisner = Strotz（1963）によると[11]、企業は利潤の現在価値が最大となるように投資を決定する。式で表すと

$$\max_{I} \int_0^\infty e^{-\rho t}\left[\pi(K) - I - \psi\left(\frac{I}{K}\right)I\right]dt$$

s.t. $\dot{K} = I$

$K(0) = K_0$

ここで K は資本ストック、I は投資、$\pi(\cdot)$ は売上高、$\psi(\cdot)$ は資本の調整費用である。投資に関する1階条件は

$$q = 1 + \psi\left(\frac{I}{K}\right) + \frac{I}{K}\psi'\left(\frac{I}{K}\right)$$

である。これはトービンの q と呼ばれる。$\psi(\cdot)$ が一定の条件を満たすと

$$\frac{I}{K} = \tau(q)$$

または

$$\dot{K} = \tau(q)K$$

と書ける。$\tau'(q) > 1$、$\tau(1) = 0$であり、$q > 1$なら投資はプラスで、$q < 1$ならマイナスとなる。qの運動方程式は

$$\dot{q} = \rho q - \pi'(K) - \left(\frac{I}{K}\right)^2 \psi'\left(\frac{I}{K}\right)$$

で与えられる。横断性条件は

$$\lim_{t \to \infty} e^{-\rho t} q(t) K(t) = 0$$

である。1階条件と横断性条件から最適投資が導かれる。上の2つの式から

$$\dot{q} = \zeta(q, K)$$

と表される。定常状態における値を(q^*, K^*)とする。$\dot{q} = 1$で、資本ストックは

$$\pi'(K^*) = \rho$$

を満たす。Kを横軸、qを縦軸にとって位相図を描くと、均衡点に至る安定的な経路が存在する。これを$q = q(K)$と表すことにする。$q_0 = q(K_0)$からスタートすると、qとKは定常状態へ単調に収束する。問題は$q(K)$を求めることである。理論的な分析では、定常状態のまわりで線形近似して、線形システムの挙動を調べる。ここではJudd (1998) にならってリバース・シューティングを適用する。これは変数の動きが反対となるように、システムを変更する方法である。新しいシステムで(q^*, K^*)の近くから出発すれば元のシステムの鞍点経路に接近する。新しいシステムは

$$\dot{K} = -\tau(q) K$$
$$\dot{q} = -\zeta(q, K)$$

で表される。図2.15はqとKの挙動を示している。直線$q = 1$と右下がりの曲線$\dot{q} = 0$の交点が均衡点である。均衡点から発する2つの不安定な経路が$q(K)$である。$q(K)$は

$$q'(K) = \frac{\dot{q}}{\dot{K}} = \frac{\zeta(q, K)}{\tau(q) K}$$

を満足する。リバース・シューティングでは、$q'(K^*)$を計算する必要がある。しかし、$\tau(1) = 0$、$\zeta(1, K^*) = 0$で分子と分母はゼロとなる。このためロピタルの

図2.15 資本と q の変動

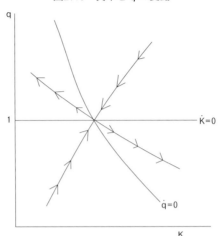

定理を適用する。$K<K^*$ のケースと $K>K^*$ のケースに分けて $g(K)$ を計算する。均衡点の右側の領域では、$K=K^*+h$、$q=1+hq'(K^*)$ を初期値として上の微分方程式の解を求める。ただし $K=K^*+ih$、$i=2,3,\cdots\cdots$ を分点とする。均衡点の左側の領域では、$K=K^*-h$、$q=1-hq'(K^*)$ を初期値、$K=K^*-ih$、$i=2,3,\cdots\cdots$ を分点とする。

政策関数を求めるには、$\pi(\cdot)$ と $\psi(\cdot)$ の関数形が必要である。ここでは

$$\pi = K - 0.475 K^2$$
$$\psi = 3\left(\frac{I}{K}\right) + \left(\frac{I}{K}\right)^2$$

と仮定する。$\rho = 0.05$ とすると、$\pi'(K^*) = \rho$ から $K^* = 1$ となる。また

$$\tau(q) = \frac{-3 + \sqrt{6+3q}}{3}$$
$$\zeta(q, K) = \rho q - 1 + 0.95 K - 3\tau(q)^2 - 2\tau(q)^3$$

である。$q'(K)$ にロピタルの定理を適用すると

$$q'(K^*) = \frac{\rho q'(K^*) - \pi''(K^*)}{\tau'(q^*) q'(K^*)}$$

図2.16 投資の policy function

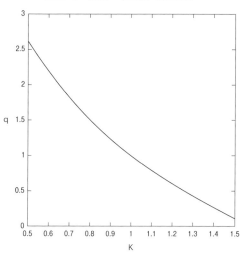

したがって $q'(K^*)$ は 2 次方程式の根となる。明らかに $q' < 0$ であり、負の根を採用すべきである。計算すると

$$q'(K^*) = \frac{\rho - \sqrt{\rho^2 - 4\tau'(q^*)\pi''(K^*)}}{2\tau'(q^*)}$$

となる。$q^* = K^* = 1$、$\rho = 0.05$ を代入すると

$$q'(K^*) = -2.2422$$

となる。図2.16は2つの微分方程式を解いて求めた $q(K)$ を示している。$h = 10^{-6}$ であるが、ステップ幅を大きくしても結果はほとんど変わらない。予想した通り $q(K)$ は右下がりの曲線で表される。(q_i, K_i) に適当な関数を当てはめると、曲線の式が得られる。曲線の形から多項式を当てはめると十分である。6次の多項式を当てはめると

$$q(K) = 7.9147 - 20.5039K + 31.7863K^2 - 32.2654K^3 + 19.8179K^4 - 6.7118K^5 + 0.9620K^6$$

となる。$q(1) = 0.9999$ であり曲線は均衡点を通る。

2.10 偏微分方程式の数値解法

偏微分方程式とは、例えば

$$\frac{\partial^2 u}{\partial x^2} + \frac{\partial^2 u}{\partial y^2} = 0$$

のような形で表される方程式である。物理の分野では、電磁気学におけるマクスウェル方程式、量子力学におけるシュレディンガー方程式など様々な偏微分方程式が現れる。ファイナンスの分野では、金融派生商品の価格に関するブラック・ショールズ式は2階偏微分方程式である。

偏微分方程式の数値解析では差分近似が基本となる。この節では拡散方程式（熱伝導方程式とも呼ばれる）を例にとり、差分近似による数値解法について説明する。拡散方程式は

$$\frac{\partial u}{\partial t} = c\frac{\partial^2 u}{\partial x^2} \qquad c > 0 \qquad 0 < x < a \qquad 0 < t \leq T$$

初期条件：$u(x, 0) = f(x) \qquad 0 < x < a$ 　　　　　　　　(2.51)

境界条件：$u(0, t) = g_1(t) \qquad u(a, t) = g_2(t)$

と表される。$u(x, t)$は位置x、時間tにおける物体の温度である。方程式は$t > 0$での熱の伝わり方を表している。初期条件は$t = 0$での温度分布であり、境界条件は$x = 0, a$における温度の推移を示す。

差分法では$x - t$平面をメッシュに区切り、点(x_i, t_j)におけるuの値$u(x_i, t_j)$のみを考える。つまりxの区間$[0, a]$を幅$h = a/n$でn個の小区間に分割する。分点は$x_0 = 0$、$x_i = ih\,(i = 1, 2, \cdots\cdots, n-1)$、$x_n = a$である。同じように、$t$の区間$[0, T]$を幅$k = T/m$で$m$個の小区間に分割する。分点は$t_0 = 0$、$t_j = jk\,(j = 1, 2, \cdots\cdots, m-1)$、$t_m = T$である。点$(x_i, t_j)$における関数値を$u_{i,j}$で表し、初期条件を$f_i = f(x_i)$、境界条件を$g_{1j} = g_1(t_j)$、$g_{2j} = g_2(t_j)$とする。

偏微分$\partial u/\partial t$を前方差分で近似して

$$u_t(x_i, t_j) \cong \frac{u_{i,j+1} - u_{i,j}}{k}$$

とする。2階偏微分は中央差分で

$$cu_{xx}(x_i,t_j) \cong \frac{c(u_{i-1,j}-2u_{i,j}+u_{i+1,j})}{h^2}$$

と近似する。すると（2.51）の近似式はつぎのようになる。

$$\frac{u_{i,j+1}-u_{i,j}}{k}=\frac{c(u_{i-1,j}-2u_{i,j}+u_{i+1,j})}{h^2}$$

簡単化すると

$$u_{i,j+1}=ru_{i-1,j}+(1-2r)u_{i,j}+ru_{i+1,j} \qquad r=\frac{ck}{h^2} \tag{2.52}$$

この差分方程式は$O(k)+O(h^2)$の精度をもつ。したがって時間の間隔を狭くすると近似精度は上がる。ただし、数値的に不安定化しないように位置の間隔も調整する必要がある。

初期条件から、$t=t_1$では

$$u_{1,1}=ru_{0,0}+(1-2r)u_{1,0}+ru_{2,0}$$
$$u_{i,1}=ru_{i-1,0}+(1-2r)u_{i,0}+ru_{i+1,0} \qquad (i=2,3,\cdots\cdots,n-1)$$
$$u_{n-1,1}=ru_{n-2,0}+(1-2r)u_{n-1,0}+ru_{a,0}$$

残りの分点では

$$u_{1,j}=rg_1(t_{j-1})+(1-2r)u_{1,j-1}+ru_{2,j-1} \qquad (j=2,3,\cdots\cdots,m)$$
$$u_{i,j}=ru_{i-1,j-1}+(1-2r)u_{i,j-1}+ru_{i+1,j-1}$$
$$\qquad\qquad (i=2,3,\cdots\cdots,n-2,\ j=2,3,\cdots\cdots,m)$$
$$u_{n-1,j}=ru_{n-2,j-1}+(1-2r)u_{n-1,j-1}+rg_2(t_{j-1}) \qquad (j=2,3,\cdots\cdots,m)$$

となる。初期条件と境界条件から、時間と空間の領域を囲む3辺におけるuの値は既知である。したがって$t=0$の値から$t=t_1$における値が決まり、$t=t_1$の値から$t=t_2$での値が決まるというようにリカーシブに関数値を決定する。なお、

$$r=\frac{ck}{h^2}\leq\frac{1}{2}$$

であれば計算誤差が極端に増大する現象は生じない。したがって空間メッシュを細かくし過ぎると誤差が累積する恐れがある。

[例15] つぎの熱伝導方程式を前方差分法で解く。

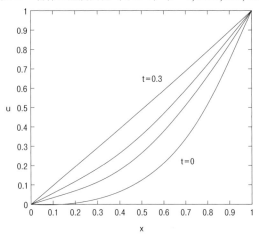

図2.17 物体の温度変化（その1）（$t=0, 0.05, 0.1, 0.3$）

$u_t(x,t) = u_{xx}(x,t)$　　　$0 < x < 1$　　　$0 < t < 1$

初期条件：$f(x) = x^3$

境界条件：$u(0,t) = 0$　　　$u(1,t) = 1$

分点数は $n=10$、$m=200$ で、$h=0.1$、$k=0.005$ とする。$r=0.5$ となり安定条件を満たしている。この場合、(2.52) は

$$u_{i,j+1} = \frac{u_{i-1,j} + u_{i+1,j}}{2}$$

となる。図2.17は、物体の温度が時間とともに変化していく様子を示している。時間がたつにつれて定常状態の温度分布 $u(x,\infty) = x$ に収束する。$t=0.3$ の時点でほとんど定常状態に達している。

これまで説明した方法では、解の安定性と精度の間にトレードオフが存在する。安定的で精度のよい解を得るには膨大な量の計算が必要である。この点を改良したのがクランク・ニコルソン法である。計算は複雑になるが、無条件に安定的である。この方法では、u_{xx} の近似に $j+1$ 時点と j 時点の差分の平均値を用いる。つぎの近似式を使う。

$$\frac{u_{i,j+1} - u_{i,j}}{k} = \frac{c(u_{i-1,j} - 2u_{i,j} + u_{i+1,j} + u_{i-1,j+1} - 2u_{i,j+1} + u_{i+1,j+1})}{2h^2}$$

$r = ck/h^2$ とおいて整理すると

図2.18 物体の温度変化（その2）

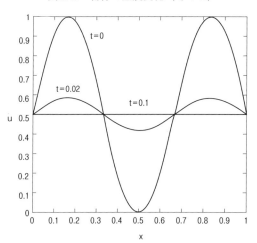

$$-ru_{i-1,j+1} + (2+2r)u_{i,j+1} - ru_{i+1,j+1} = ru_{i-1,j} + (2-2r)u_{i,j} + ru_{i+1,j}$$
$$(i = 2, 3, \cdots, n-1) \tag{2.53}$$

となる。右辺の項はすべて既知であり、線形方程式 $Au = b$ を解けばよい。係数行列 A は3重対角行列である。誤差は $O(k^2) + O(h^2)$ と小さくなる。$r = 1$、$k = h^2/c$ とするとつぎのように簡単化される。

$$-u_{i-1,j+1} + 4u_{i,j+1} - u_{i+1,j+1} = u_{i-1,j} + u_{i+1,j}$$

［例16］つぎの熱伝導方程式をクランク・ニコルソン法で解く。

$u_t(x,t) = u_{xx}(x,t)$　　　　$0 < x < 1$　　　$0 < t < 0.1$
初期条件：$f(x) = \sin(3\pi x)$
境界条件：$u(0,t) = 0$　　　$u(1,t) = 0$

分点数は $n = 30$、$m = 100$ で、$h = 0.0333$、$k = 0.001$、$r = 0.9$ とする。図2.18は温度変化の推移を示している。時間とともに振幅は小さくなるのがわかる。解析解は $u(x,t) = \sin(3\pi x)e^{-9\pi^2 t}$ であり、定常状態では $u(x, \infty) = 0$ となる。

他の形の方程式、例えば波動方程式やラプラス方程式も変数を離散化し、分点

上で数値的に解くことができる。これらの偏微分方程式の解法については数値計算のテキストを参照されたい。

補論　マルコフチェーン

補論では本書でしばしば使用するマルコフチェーンについて説明する。一般に任意の $k \geq 1$ と任意の $x_t, x_{t-1}, \cdots\cdots, x_{t-k}$ について

$$\Pr(X_{t+1}=x_{t+1} | X_t=x_t, X_{t-1}=x_{t-1}, \cdots\cdots, X_{t-k}=x_{t-k})$$
$$=\Pr(X_{t+1}=x_{t+1} | X_t=x_t) \tag{A.1}$$

が成り立つとき、$\{X_t\}$ をマルコフチェーンという。この場合、未来の状態は過去の状態とは無関係で現在の状態のみに依存する。$\Pr(X_{t+1}=x_{t+1} | X_t=x_t)$ は時間的に一様であるとする。$\{X_t\}$ は状態ベクトルと遷移行列、および初期分布によって決まる。遷移行列は

$$p_{ij}=\Pr(X_{t+1}=x_j | X_t=x_i)$$

を要素とする n 次正方行列である。遷移確率はつぎの条件を満たす。

$$0 \leq p_{ij} \leq 1 \quad (i, j=1, 2, \cdots\cdots, n) \qquad \sum_{j=1}^{n} p_{ij}=1 \quad (i=1, 2, \cdots\cdots, n)$$

例えば、2つの状態があり

$$P=\begin{bmatrix} 0.3 & 0.7 \\ 0.2 & 0.8 \end{bmatrix}$$

とする。状態1から状態2へ移る確率は0.7で、状態2から状態1へ移る確率は0.2である。対角要素は同じ状態にとどまる確率である。初期分布を $\pi_0=[\pi_{01}, \pi_{02}, \cdots\cdots, \pi_{0n}]$ と表す。ただし

$$\pi_{0i}=\Pr(X_0=x_i) \qquad (i=1, 2, \cdots\cdots, n)$$

$$0 \leq \pi_{0i} \leq 1 \qquad \sum_{i=1}^{n} \pi_{0i}=1$$

である。

遷移確率は現在の状態から1期先の状態へ移る確率を表す。状態 i から2期先

の状態 j へ移る確率は

$$\Pr(X_{t+2}=x_j \mid X_t=x_i) = \sum_{k=1}^{n} \Pr(X_{t+2}=x_j \mid X_{t+1}=x_k)\Pr(X_{t+1}=x_k \mid X_t=x_i)$$
$$= \sum_{k=1}^{n} p_{kj} p_{ik}$$
$$= (P^2)_{ij}$$

で与えられる。ここで $(P^2)_{ij}$ は行列 $P \times P$ の (i,j) 要素である。一般につぎの関係が成り立つ。

$$\Pr(X_{t+m}=x_j \mid X_t=x_i) = (P^m)_{ij} \tag{A.2}$$

X_t の確率分布を π_t とすると

$$\pi'_1 = \pi'_0 P$$
$$\pi'_2 = \pi'_1 P = \pi'_0 P^2$$

一般に

$$\pi'_t = \pi'_{t-1} P = \pi'_0 P^t \tag{A.3}$$

となる。これより X_t の期待値は

$$E(X_t) = \pi'_0 P^t x \tag{A.4}$$

で与えられる。$X_t = x_i$ であるとき、X_{t+1} の条件付き期待値は

$$E(X_{t+1} \mid X_t=x_i) = p_i x \tag{A.5}$$

となる。ただし p_i は P の第 i 行である。

(A.3) からつぎの関係が成り立つ。

$$\pi'_t = \pi'_{t-1} P$$

π が

$$\pi' = \pi' P \tag{A.6}$$

または
$$(P'-I)\pi = 0$$

を満たすとき定常分布という。定常分布はPの固有値$\lambda=1$に対応する固有ベクトルである。定常分布が存在するとは限らないし、存在してもただ一つとは限らない。

［例］遷移行列
$$P = \begin{bmatrix} 1-a & a \\ b & 1-b \end{bmatrix}$$

の定常分布を求める。$\pi = [\pi_1 \ \ \pi_2]$とおけば、(A.6)から

$$\pi_1 = (1-a)\pi_1 + b\pi_2$$
$$\pi_2 = a\pi_1 + (1-b)\pi_2$$

となる。これは

$$a\pi_1 - b\pi_2 = 0$$

と同値である。$\pi_1 + \pi_2 = 1$と連立させて解くと

$$\pi_1 = \frac{b}{a+b} \qquad \pi_2 = \frac{a}{a+b}$$

となる。

定常分布は一つとは限らない。例えば遷移行列
$$P = \begin{bmatrix} 1 & 0 & 0 \\ 0.2 & 0.5 & 0.3 \\ 0 & 0 & 1 \end{bmatrix}$$

の固有値は0.5と1であり、$\pi = [1 \ \ 0 \ \ 0]$と$\pi = [0 \ \ 0 \ \ 1]$の二つの定常分布がある。定常分布に関してつぎの定理が成り立つ。

［定理A1］Pのすべての要素が正であれば定常分布はただ一つ存在し、任意のπ_0について$\lim_{t \to \infty} \pi'_0 P^t$は定常分布に収束する。

［定理A2］ある正の整数$k \geq 1$に対してP^kのすべての要素が正であれば、唯一の定常分布が存在し、任意のπ_0について$\pi'_0 P^\infty$は定常分布となる。

就業者、失業者、非労働力の変化

期末	E	U	N	失業率（%）
1	60.0	3.2	36.8	5.1
2	59.3	2.5	38.2	4.0
3	58.4	2.2	39.4	3.6
5	56.9	2.0	41.1	3.3
10	54.9	1.8	43.3	3.2
20	53.7	1.8	44.5	3.2
30	53.6	1.8	44.6	3.2
∞	53.6	1.8	44.6	3.2

多くの経済問題で定常分布が必要となる。例えば労働者は就業（E）、失業（U）、非労働力（N）のいずれかの状態にあるとする。労働力の移動は$E \to E$、$E \to U$、$E \to N$、$U \to E$、$U \to U$、$U \to N$、$N \to E$、$N \to U$、$N \to N$に分類される。状態ベクトルと遷移行列を

$$S_t = \begin{bmatrix} E_t \\ U_t \\ N_t \end{bmatrix} \qquad P = \begin{bmatrix} p_{ee} & p_{eu} & p_{en} \\ p_{ue} & p_{uu} & p_{un} \\ p_{ne} & p_{nu} & p_{nn} \end{bmatrix}$$

とすれば

$$S_{t+1} = P' S_t$$

が成り立つ。労働状態の初期分布と遷移確率は

$$S_0 = \begin{bmatrix} 60 \\ 5 \\ 35 \end{bmatrix} \qquad P = \begin{bmatrix} 0.90 & 0.02 & 0.08 \\ 0.50 & 0.40 & 0.10 \\ 0.10 & 0.00 & 0.90 \end{bmatrix}$$

とする。100万人のうち就業者は60万人、失業者は5万人、非労働力は35万人で、失業率は7.7%である。上の表は1期以降に就業者、失業者、非労働力が変化する様子を示している。1期には就業者と失業者の間で1.2万人が失業して2.5万人が就職する。また失業者のうち0.5万人が非労働力となる。失業者は1.8万人減少して3.2万人となる。非労働力と就業者の間では3.5万人が就職し、4.8万人が非労働力となる。1.3万人の失業者が就職する一方で、同数の就業者が非労働力となり就業者数は変わらない。これらの移動によって失業率は5.1%に低下する。30期経過するとグループ間の移動数は変化しなくなる。定常状態の就業者は

53.6万人、失業者は1.8万人、非労働力は44.6万人で失業率は3.2%である。定常状態の失業率は自然失業率と考えられる。(A.6) から定常分布を求めると、

$$\pi = [0.5357 \quad 0.0179 \quad 0.4464]$$

となる。これを100倍すると表と同じ値となる。

[注]

1) リアルビジネスサイクルに関するプログラムを集めた Quantitative Macroeconomics & Real Business Cycles のサイトが有名である。
2) 証明は Atkinson (1978), pp. 105-106 を参照。
3) 関数 $g_1(x), g_2(x), \ldots, g_m(x)$ が与えられたとき

$$a_1 g_1(x) + a_2 g_2(x) + \cdots + a_m g_m(x) = 0$$

がすべての x で成り立つのは

$$a_1 = a_2 = \cdots = a_m$$

のときだけであれば、$g_1(x), g_2(x), \ldots, g_m(x)$ は1次独立である。
4) 例えば釜 (2001) の11、12章を参照。
5) Judd (1998) の定理7.2.1を参照せよ。
6) 正確を期すために表2.7と同じ乱数を使っている。
7) その他の方法については、Judd (1998) の第9章を参照せよ。
8) Judd (1989) を参照せよ。
9) 詳しくは北野編『遺伝的アルゴリズム』と安居院・長尾『ジェネティックアルゴリズム』を参照せよ。
10) 詳しくは Heer = Maussner (2005) pp. 476-485を参照。
11) Eisner = Strotz (1963) を参照。

[参考文献]

安居院猛、長尾智晴 (1993)『ジェネティックアルゴリズム』昭晃堂。
釜国男 (2001)『経済行動の数量分析』多賀出版。
北野宏明編 (1993)『遺伝的アルゴリズム』産業図書。
Atkinson, K. E. (1978) *Introduction to Numerical Analysis*, New York: John Wiley.
Eisner, R. and R. H, Strotz. (1963) "Determinants of Business Investment", in *Impacts of Monetary Policy*, NJ: Prentice-Hall, Englewood Cliffs.
Funahashi, K. (1989) "On the Approximate Realization of Continuous Mappings by Neural

Networks", *Neural Networks*, Vol, 2, 183-192.

Goodwin, R. M. (1951) "The Nonlinear Accelerator and the Persistence of Business Cycles", *Econometrica*, Vol. 19, 1-17.

Heer, B. and A. Maussner. (2005) *Dynamic General Equilibrium Modelling*, Springer Berlin Heidelberg.

Judd, K. L. (1998) *Numerical Methods in Economics*, MA: MIT Press.

Tauchen, G. and R. Hussey. (1991) "Quadrature-Based Methods for Obtaining Approximate Solutions to Nonlinear Asset Pricing Models", *Econometrica*, Vol. 59, 371-396.

第3章　ホモトピー法とその応用

　ミクロ経済学やマクロ経済学の問題には方程式の解を求めるものが少なくない。例えば、需要関数は需要量を未知数とする価格と限界効用の方程式から導かれる。実質賃金と限界生産力の均等条件から労働需要が決定される。一般均衡は価格を未知数とする方程式体系で表される。ゲーム理論でも方程式が現れる。

　このように多くの経済問題で方程式を扱うが、解析解が存在するとは限らない。そのような場合は数値計算で近似解を求める。方程式の数値解法については第2章で説明した。様々な方法が利用できるが、ニュートン法をはじめとする反復法がよく使われる。反復法の計算は簡単であるが、初期値の選択が難しいという問題がある。変数が少ないときは試行錯誤で選んでもかまわないが、変数が多くなるとこの方法は使えない。効率が悪いだけでなくほとんどのケースで発散するからである。確実に収束する初期値を見つける方法が必要である。そのために考案されたのがホモトピー法である。基本的なアイデアは簡単な問題から始めて徐々に興味ある問題に近づけることである。このようなアプローチは複雑な問題を解くときによく用いられる。その意味で特別な方法ではないが、多くの例で示すように応用範囲はきわめて広い。この章ではホモトピー法のアルゴリズムと応用例について説明する。

3.1　基本原理

　ホモトピー法は元の方程式を補助方程式に連続的に変形し、解集合のパスを追跡して目的の解を求める方法である。計算アルゴリズムと具体例を示した後、一般的に議論する。つぎのようなステップを実行する。

［ステップ1］パラメータ t を含んだ補助方程式を定義する。
［ステップ2］$t=0$ として補助方程式の解を求める。
［ステップ3］t を小さなステップ幅で増やしながら補助方程式の解を求める。

[ステップ 4] $t=1$ として補助方程式の解を求める。

最後のステップで得られた補助方程式の解は元の方程式の解と一致する。具体的な問題に適用するとわかりやすい。つぎの方程式の解を求めよう。

$$\arctan(x)=0 \tag{3.1}$$

$\arctan(0)=0$ で、$x=0$ はこの方程式の解である。ニュートン法では、初期値を $-1.3917 < x_0 < 1.3917$ の範囲にとらないと収束しない。簡単な方程式であれば収束範囲の見当はつくが、複雑な方程式ではランダムに探索する以外に方法はない。しかしランダム探索は極端に効率が悪く実用的ではない。ホモトピー法では、はじめに

$$H(x,t) = \arctan(x) - (1-t)\arctan(6) \tag{3.2}$$

という関数を定義する。これはパラメータに依存する関数であり、$H(x,0) = \arctan(x) - \arctan(6)$、$H(x,1) = \arctan(x)$ となる。したがって $H(x,1)=0$ と (3.1) の解は一致する。上のステップ 4 で求めた補助方程式の解は (3.1) を満たす。ステップ 3 で求めた解を初期値として用いるので、ニュートン法はほぼ確実に収束する。図 3.1 は $H(x,t)=0$ の解集合を表し解曲線またはホモトピーパスと呼ばれる。パラメータ t が 1 に近づくと、解曲線は (3.1) の解に接近する。解曲線の傾きは

$$\frac{dx}{dt} = -(1+x^2)\arctan(6) \tag{3.3}$$

で与えられる。積分すると

$$x = -\tan(at+aC) \qquad a = \arctan(6)$$

となる。$x(0)=6$ から $C=-1$ となる。したがって解曲線はつぎのようになる。

$$x = \tan((1-t)a) \tag{3.4}$$

$x(1) = \tan(0) = 0$ より (3.1) の解は $x=0$ である。解曲線の式がわかっていると原方程式の解は簡単に見つかる。式で表せないときは数値計算で解を求める。

上の例のように、簡単な方程式は t を連続的に変化させる方法が有効である。

図3.1　$H(x,t)=0$ の解曲線

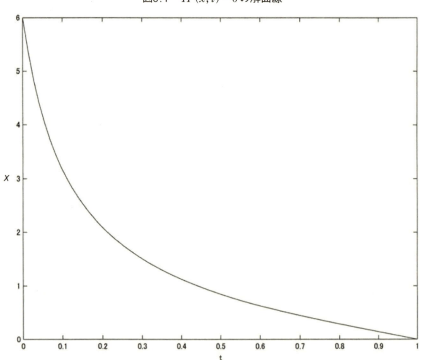

しかし問題によってはこの方法はうまくいかない。Judd (1998) の例を使って説明しよう。つぎの方程式について考える。

$$2x-4+\sin(2\pi x)=0 \tag{3.5}$$

ホモトピー関数

$$H(x,t)=2x-4+\sin(2\pi x)-(1-t)(-4)=0 \tag{3.6}$$

を定義する。(3.6) は周期関数を含んでおり複数の解が存在する。解集合は点 $(0,0)$ と $(1,2)$ を結ぶ連続曲線で表される (図3.2)。曲線には A 点 $(0.3878, 0.3016)$、B 点 $(0.1122, 0.6984)$、C 点 $(0.8878, 1.3016)$、および D 点 $(0.6122, 1.6984)$ の4つの折り返し点がある。このため、$0.1122 \leq t \leq 0.3878$ と $0.6122 \leq t \leq 0.8878$ の区間では複数の零点がある。t を 0 から 1 に連続的に変化させると、A 点と C 点でジ

図3.2 方程式の解曲線

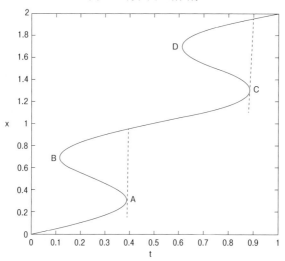

ャンプする。A 点に達したあとバックすればスムーズに変化するが、t は常に増加するのでジャンプする。同じ理由で C 点でも不連続となる。しかし $t=1$ のとき $x=2$ となり、原方程式の解と一致する。A と C は特異点で接線の傾きは無限大となる。解曲線は区分的に微分可能で

$$\frac{dx}{dt} = \frac{2}{1+\pi \cos(2\pi x)} \tag{3.7}$$

である。2つの折り返し点では分母はゼロとなる。このため (3.6) を微分方程式に変換してもうまくいかない。対照的に (3.3) の右辺は常にマイナスで特異点は存在しない。この例からわかるように、連続法を適用するにはホモトピー関数はいくつかの条件を満たす必要がある。この条件について後で説明する。

方程式の解は一つとは限らない。例えば、つぎの2次方程式が与えられているとする。

$$x^2 + x - 2 = 0$$

ホモトピー関数を

$$H(x,t) = t(x^2 + x - 2) + (1-t)x^2$$

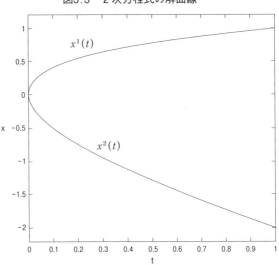

図3.3　2次方程式の解曲線

と定義する。$t=0$ とおくと

$$H(x,0)=x^2=0$$

となる。ホモトピーパスは、$x^1(0)=0$ と $x^2(0)=0$ の2つの点からスタートする。$H(x,t)=0$ の解は

$$x^1(t)=\frac{-t+\sqrt{t^2+8t}}{2}$$

$$x^2(t)=\frac{-t-\sqrt{t^2+8t}}{2}$$

で与えられる。$x^1(t)$ は0と1を結ぶ右上がりのなめらかな曲線で、$x^2(t)$ は0からスタートして-2に達する（図3.3）。この場合、$H(x,t)=0$ は2つの曲線から構成される。元の方程式の解は $x^1(1)=1$ と $x^2(1)=-2$ である。2つの初期値をとり曲線に沿って移動すると求める解が得られる。

　未知数が複数個あっても基本的な考え方は変わらない。つぎの連立方程式の解を求めることにしよう。

$$x^2+y^2-1=0$$

図3.4（a） x の解曲線
図3.4（b） y の解曲線

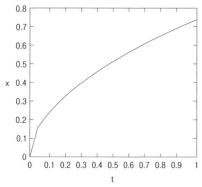
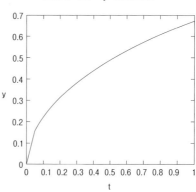

$$\sin(x) - y = 0 \tag{3.8}$$

この方程式には $x=0.7391$、$y=0.6736$ と $x=-0.7391$、$y=-0.6736$ の2組の解がある。ホモトピー法を適用するため、つぎの2つの関数を定義する。

$$H_1(x, y, t) = x^2 + y^2 - 1 - (1-t)(0.02^2 + 0.02^2 - 1) = 0$$
$$H_2(x, y, t) = \sin(x) - y - (1-t)(\sin(0.02) - 0.02) = 0 \tag{3.9}$$

$t=0$ からスタートして、t を0.05の刻みで増やしながら（3.9）の解を求める。図3.4は x と y の解曲線である。2つの曲線は単調に増加し、$t=1$ のとき $x=0.7391$、$y=0.6736$ となる。解曲線をトレースすれば（3.8）の解に到達する。曲線の傾きは

$$\frac{dx}{dt} = \frac{0.9992}{2x + 2y\cos(x)}$$

$$\frac{dy}{dt} = \frac{0.9992\cos(x)}{2x + 2y\cos(x)} \tag{3.10}$$

で与えられる。いずれもプラスである。$t=0$ のとき x と y が負であれば、曲線は単調に減少して $x=-0.7391$、$y=-0.6736$ に収束する。

これまで1変数と2変数のケースを取り上げたが、以上の結果を n 変数のケースに一般化しよう。簡単化のため

$$x = \begin{bmatrix} x_1 \\ x_2 \\ \vdots \\ x_n \end{bmatrix} \qquad F(x) = \begin{bmatrix} f_1(x) \\ f_2(x) \\ \vdots \\ f_n(x) \end{bmatrix} \qquad 0 = \begin{bmatrix} 0 \\ 0 \\ \vdots \\ 0 \end{bmatrix}$$

と記す。問題は方程式

$$F(x) = 0 \tag{3.11}$$

の零点を求めることである。つぎの3つのホモトピー関数が使われる。

(a) ニュートンホモトピー

ニュートンホモトピーではつぎの関数を使用する。

$$H(x,t) = F(x) - (1-t)F(x_0) \tag{3.12}$$

ここで x_0 は適当に選んだ初期値である。方程式 $H(x,t)=0$ を満たす x は t の関数であり、$x(t)$ と表すことにする。

$$\begin{aligned} H(x,0) &= F(x) - F(x_0) & (t=0) \\ H(x,t) &= F(x) - (1-t)F(x_0) & (0 < t < 1) \\ H(x,1) &= F(x) & (t=1) \end{aligned} \tag{3.13}$$

であり、$H(x,t)=0$ を満足する x と t の集合

$$H^{-1}(0) = [(x,t) \mid H(x,t) = 0,\ 0 \leq t \leq 1] \tag{3.14}$$

は解曲線である。$H(x,0)=0$ は自明な解 $x(0)=x_0$ をもつ。また、$H(x(1),1)=0$ である。x を含む項と t を含む項が分かれているので (3.12) は数学的に扱いやすい。この章で取り上げる例はどれもニュートンホモトピーを使用している。

(b) 不動点ホモトピー

不動点ホモトピーでは関数

$$H(x,t) = (1-t)(x-x_0) + tF(x) \tag{3.15}$$

を定義する。$x(0)=x_0$ であり $H(x,1)$ は $F(x)$ に等しい。$F(x)=x-f(x)$ とする

と，$H(x,1) = x - f(x) = 0$ から $x(1)$ は $f(x)$ の不動点となる。このため不動点ホモトピーと呼ばれる。

(c) 線形ホモトピー

線形ホモトピーはつぎのように定義される。

$$\begin{aligned} H(x,t) &= tF(x) + (1-t)E(x) \\ &= E(x) + t(F(x) - E(x)) \end{aligned} \tag{3.16}$$

$E(x) = x - x_0$ とすると，不動点ホモトピーとなる。また $E(x) = F(x) - F(x_0)$ とすると，ニュートンホモトピーとなる。線形ホモトピーの関数形は最も一般的である。

3.2 ホモトピーパスの存在条件[1]

もし $x(0)$ と $x(1)$ を結ぶなめらかな連続曲線があると，この曲線に沿って移動することによって $F(x) = 0$ の解に到達できるはずである。解に連結したパスだけであれば問題ないが，実際には様々な形のパスが存在する。図3.5は4つのケースを示している。(a) のケースは問題ない。この場合は連続法が適用可能である。(b) のケースには折り返し点がある。この点を除くと曲線は微分可能である。(c) のパスはスタートしたあとバックして x 軸に戻る。(d) のパスは途中で分枝している。分枝点では $H(x,t)$ のヤコビ行列は特異である。

この他にも，いつまでも解に到達しないパスも存在する。$H(x,t)$ に条件を課すとこのようなケースは排除できる。その条件は陰関数定理から導かれる。$H(x,t)$ のヤコビ行列を

$$Hx = \begin{bmatrix} \frac{\partial H_1}{\partial x_1} & \cdots & \frac{\partial H_1}{\partial x_n} \\ \vdots & & \vdots \\ \frac{\partial H_n}{\partial x_1} & \cdots & \frac{\partial H_n}{\partial x_n} \end{bmatrix} \qquad Ht = \begin{bmatrix} \frac{\partial H_1}{\partial t} \\ \vdots \\ \frac{\partial H_n}{\partial t} \end{bmatrix}$$

とする。このときつぎの定理が成り立つ[2]。

図3.5 ホモトピーパス

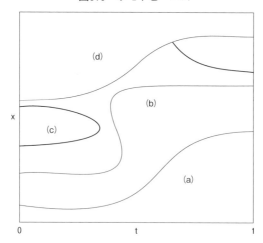

[陰関数定理]

$H: R^{n+1} \to R^n$ は連続微分可能で、$H^{-1}(0)$ の点 $(\bar{x}, \bar{t})$ において $Hx(\bar{x}, \bar{t})$ は正則とする。このとき、$(\bar{x}, \bar{t})$ の近傍で $H(x,t)=0$ を満たす点は $(\bar{x}, \bar{t})$ を通る一つの連続微分可能な曲線上にある。

陰関数定理の条件が満たされると、ホモトピーパスは分岐点や交叉点や無限スパイラルなどを含まない。陰関数定理からつぎのパス定理が導かれる[3]。

[パス定理]

$H: R^{n+1} \to R^n$ は連続微分可能で、任意の $y=(x,t)$ において $Hy(x,t)$ はフルランクであるとする。この場合、$H^{-1}(0)$ のパスは連続微分可能である。

[例1] つぎの方程式が与えられている。

$x^2 + t = 0$

一つの解は $x=t=0$ である。$Hx(0,0)=0$ より、$(0,0)$ の近傍に $x^2(t)+t=0$ を満たす関数 $x(t)$ は存在しない。

[例2] 上の方程式をつぎのように変更する。

$$x + t^2 = 0$$

この場合、$x = t = 0$ は陰関数定理の条件を満たし、解曲線は $x(t) = -t^2$ である。

3.3 微分方程式によるパスフォロー

(3.12) は x を t の関数として陰伏的に定義している。連続法の適用可能性はホモトピー曲線の傾き

$$\frac{dx}{dt} = -F_x(x)^{-1} F(x_0) \tag{3.17}$$

に依存している。この符号が一定であれば、微分方程式を解くことによって $F(x) = 0$ の解が得られる。しかし符号が変化して解曲線が反転したり分枝したりすると、微分方程式に基づく方法は使えない。このような場合はつぎの方法が有効である。解曲線の長さを s とすれば、曲線上の点は $y(s)$ と表される。つまり

$$y(s) = \begin{bmatrix} y_1(s) \\ y_2(s) \\ \vdots \\ y_n(s) \\ y_{n+1}(s) \end{bmatrix} = \begin{bmatrix} x_1(s) \\ x_2(s) \\ \vdots \\ x_n(s) \\ t(s) \end{bmatrix}$$

$y_i(s)$ の微分を

$$\dot{y}_i = \frac{dy_i}{ds} \qquad (i = 1, 2, \cdots, n+1)$$

と記す。$y(s)$ は $H^{-1}(0)$ に属するので

$$H(y(s)) = 0$$

が成り立つ。s で微分すると

$$\sum_{i=1}^{n+1} \frac{\partial H}{\partial y_i} \dot{y}_i = 0 \tag{3.18}$$

ここで $\partial H / \partial y_i$ は Hy の列ベクトルである。(3.18) は $(\dot{y}_1, \cdots, \dot{y}_{n+1})$ を未知数とする連立方程式である。$n+1$ 個の未知数に対して方程式は n 個しかないので、(3.18) を満たす $y(s)$ は無数にある。しかしどれも同じ解曲線を表す。つぎの式

で表される解は (3.18) を満足する[4]。

$$\dot{y}_i = (-1)^i \det\left(\frac{\partial H}{\partial y}(y)_{-i}\right) \qquad (i=1, 2, \cdots\cdots, n+1) \qquad (3.19)$$

ここで $(\cdot)_{-i}$ は $\partial H/\partial y$ から i 番目の列を除いた行列である。$H^{-1}(0)$ のすべての点で H_y のランクが n であれば、$F(x)=0$ の解に達するパスは (3.19) を満足する。

[例 3] もう一度、$\arctan(x)=0$ について考える。(3.2) から

$$H_y(x, t) = [1/(1+x^2) \quad \arctan(6)]$$

となり、(3.19) から

$$\dot{x} = -\arctan(6)$$

$$\dot{t} = \frac{1}{1+x^2}$$

最初の式を積分すると

$$x = -\arctan(6)s + C$$

$s=0$ のとき $x=6$ だから $C=6$ となる。したがって

$$x = -\arctan(6)s + 6$$

であり、2 番目の式に代入して積分すると

$$t = 1 - \frac{\arctan(-\arctan(6)s+6)}{\arctan(6)} + C$$

となる。$s=0$、$t=0$ から $C=0$ である。したがって t のパスは

$$t = 1 - \frac{\arctan(-\arctan(6)s+6)}{\arctan(6)}$$

で与えられる。$t=1$ を代入すると、$s=6/\arctan(6)$ となる。これを x の式に代入すると $x=0$ となり先に求めた答えと一致する。

[例 4] (3.8) の方程式をもう一度考える。

$$x_1^2 + x_2^2 - 1 = 0$$
$$\sin(x_1) - x_2 = 0$$

初期値を $x_0 = (0, 0)$ とすると

$$H_1(x_1, x_2, t) = x_1^2 + x_2^2 - t$$
$$H_2(x_1, x_2, t) = \sin(x_1) - x_2$$

となる。ヤコビ行列は

$$Hy(x_1, x_2, t) = \begin{bmatrix} 2x_1 & 2x_2 & -1 \\ \cos(x_1) & -1 & 0 \end{bmatrix}$$

これより

$$\det\left(\frac{\partial H}{\partial y}(y)_{-1}\right) = -1$$

$$\det\left(\frac{\partial H}{\partial y}(y)_{-2}\right) = \cos(x_1)$$

$$\det\left(\frac{\partial H}{\partial y}(y)_{-3}\right) = -2x_1 - 2x_2\cos(x_1)$$

したがってつぎの式が成り立つ。

$$\dot{x}_1 = 1$$
$$\dot{x}_2 = \cos(x_1)$$
$$\dot{t} = 2x_1 + 2x_2\cos(x_1)$$

最初の式から

$$x_1 = s + C_1$$

となる。$s = 0$ のとき $x_1 = 0$ だから $C_1 = 0$ となる。したがって

$$x_1 = s$$

これを 2 番目の式に代入すると

$$\dot{x}_2 = \cos(s)$$

となり、積分すると

$$x_2 = \sin(s) + C_2$$

初期条件から $C_2=0$ である。したがって

$$x_2 = \sin(s)$$

となる。最後に x_1 と x_2 を3番目の式に代入すると

$$\dot{t} = 2s + 2\sin(s)\cos(s)$$

積分すると

$$t = s^2 + \sin(s)^2 + C_3$$

初期条件から C_3 はゼロである。したがって

$$t = s^2 + \sin(s)^2$$

これより $t=1$ となる s を求めると、$s=0.7391$ となる。したがって求める解は $x_1=0.7391$、$x_2=0.6736$ である。なお、s がゼロから -0.7391 に減少すると、t はゼロから1に増加してもう一つの解 $x_1=-0.7391$、$x_2=-0.6736$ が得られる。

[例5] つぎの連立1次方程式の解を求める。

$$2x_1 - x_2 + x_3 + 1 = 0$$
$$x_1 + 2x_2 - x_3 - 6 = 0$$
$$x_1 - x_2 + 2x_3 + 3 = 0$$

初期値を $x_0=(0,0,0)$ とすると、ホモトピー関数は

$$H(x,t) = \begin{bmatrix} 2x_1 - x_2 + x_3 + 1 - (1-t) \\ x_1 + 2x_2 - x_3 - 6 + 6(1-t) \\ x_1 - x_2 + 2x_3 + 3 - 3(1-t) \end{bmatrix}$$

となる。微分すると

$$H_y(x,t) = \begin{bmatrix} 2 & -1 & 1 & 1 \\ 1 & 2 & -1 & -6 \\ 1 & -1 & 2 & 3 \end{bmatrix}$$

となり、ホモトピーパスは

$$\dot{x}_1 = 6$$
$$\dot{x}_2 = 12$$
$$\dot{x}_3 = -6$$
$$\dot{t} = 6$$

を満たす。積分すると

$$x_1 = 6s + C_1$$
$$x_2 = 12s + C_2$$
$$x_3 = -6s + C_3$$
$$t = 6s + C_4$$

となる。初期条件から積分定数はすべてゼロである。したがって $s=1/6$ のときに $t=1$ となる。$s=1/6$ を代入すると、$x_1=1$、$x_2=2$、$x_3=-1$ となる。$x_1=t$、$x_2=2t$、$x_3=-t$ であり、解曲線は直線となる。逆行列を用いて計算すると

$$\begin{bmatrix} x_1 \\ x_2 \\ x_3 \end{bmatrix} = \begin{bmatrix} 2 & -1 & 1 \\ 1 & 2 & -1 \\ 1 & -1 & 2 \end{bmatrix}^{-1} \begin{bmatrix} -1 \\ 6 \\ -3 \end{bmatrix}$$

となる。係数の行列式を $|A|$ とすると、未知数が偶数個あれば $t=-|A|s$、奇数個あれば $t=|A|s$ となる。これより、$s=-1/|A|$ または $s=1/|A|$ のときに $t=1$ となる。また x_i は s に比例するので $x_i = k_i/|A|$ と表される（k_i は比例定数）。ところで逆行列の要素は余因子を $|A|$ で割ったものであり、逆行列と係数ベクトルの積は $k_i/|A|$ となる。したがってホモトピー法で実行しているのは行列計算である。

3.4 線形計画問題への応用

ホモトピー法は線形計画問題にも適用可能である[5]。線形計画法は限られた資源を効率的に利用する方法として用いられる。通常は単体法や内点法が使われるが、ホモトピー法で解くこともできる。

線形計画問題はつぎのように定式化される。

$$
\text{主問題 } (P) \quad \min_{x} c^T x \\
\text{s.t.} \quad Ax = b \\
x \geq 0
\tag{3.20}
$$

ここで $x \in R^n$、$b \in R^m$、$c \in R^n$ で A は $m \times n$ 行列である。主問題に対して双対問題はつぎのように表される。

$$
\text{双対問題 } (D) \quad \max_{y} b^T y \\
\text{s.t.} \quad A^T y + z = c \\
z \geq 0
\tag{3.21}
$$

ここで $y \in R^m$、$z \in R^n$ である。線形計画問題の双対定理により、(P) に最適解が存在すると (D) にも最適解が存在し、最適値は等しくなる。このとき

$$c^T x - b^T y = (A^T y + z)^T x - (Ax)^T y = z^T x = 0$$

が成立する。この条件と非負条件から、相補性条件

$$Xz = 0$$

が成り立つ。X は x の要素を対角成分としてもつ n 次対角行列である。要約すると、主問題と双対問題の解はつぎの条件を満たす。

$$
Ax = b \\
A^T y + z = c \\
Xz = 0 \\
x \geq 0 \qquad z \geq 0
\tag{3.22}
$$

図3.6 区分的線形近似

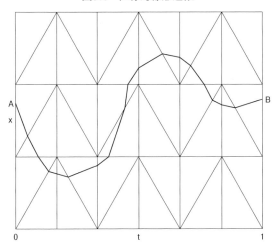

逆に、(x, y, z) がこれらの条件を満たすならば、x と (y, z) は主問題と双対問題の解となる。

$$F(x, y, z) = \begin{bmatrix} Ax - b \\ A^T y + z - c \\ Xz \end{bmatrix}$$

と定義すれば、最適解は

$$F(x, y, z) = 0 \qquad x \geq 0 \qquad z \geq 0$$

を満足する。ホモトピー関数を定義すると、解曲線は t の単調増加関数となる。最適解が存在すると解曲線は有界で $t = 1$ に対応する点が最適である。

3.5 区分的線形近似[6]

微分方程式を用いる方法は変数が多くなると計算が煩雑で実用的ではない。このような場合は、ホモトピー関数を区分的に線形近似する方法が有効である。つまり図3.6に示したように、$H(x, t)$ を関数

$$\hat{H}(x, t) = \sum_{i=1}^{m} \alpha_i \Phi_i(x, t)$$

で近似して(x,t)平面をm個の三角形の領域に分割する。a_iはi番目の領域では1で他の領域では0とする。$\Phi_i(x,t)=a_ix+b_it+c_i$で、係数は三角形の3つの頂点における$H(x,t)$の値から計算する。解曲線が$k$番目の領域にあると、直線$a_kx+b_kt+c_k=0$で近似する。$A$点と$B$点を結ぶ折れ線は近似解の集合

$$\hat{H}^{-1}(0)=[(x,t)\,|\,\hat{H}(x,t)=0, 0\leq t\leq 1]$$

である。B点におけるxの値が$F(x)=0$の解を与える。この点を含む領域の近似式を$\Phi_j(x,t)$とすると、一般に$F(x)\neq a_jx+b_j+c_j$である。したがって$x^*=-(b_j+c_j)/a_j$は厳密な解ではない。しかし近似解を初期値としてニュートン法を適用すれば正確な解が得られる。また領域を細かく分割すれば近似精度は高くなる。この方法はヤコビ行列を計算する必要がないので多変数の問題にも適用可能である。

3.6 結論

本章では補助方程式を連続的に変形し、解集合のパスを追跡して原方程式の解を求めるホモトピー法について説明した。ホモトピー法は代数方程式だけでなく線形計画問題や非線形計画問題にも適用可能である。説明の便宜上、目的関数と制約条件は一定と仮定した。しかし実際にはこの仮定は必要ではない。計算は複雑になるが、目的関数や制約条件が時間とともに変化してもかまわない。ホモトピー法は一般均衡理論、ゲーム理論、ネットワーク理論などの不動点問題に応用されている。計算機の性能が向上すれば他の問題にも応用されるようになるであろう。

[注]

1） この節の内容はGarcia = Zangwill (1981)、pp. 14-20に負っている。また小島 (1981)、Allgower = Kurt (1987)、大石 (1997) も参照した。
2） 陰関数定理の証明は高木貞治 (1938)、pp. 294-299を参照。
3） 証明はGarcia = Zangwill (1981) を参照せよ。
4） 証明はGarcia = Zangwill (1981)、pp. 27-28で与えられている。

5) 以下の内容は水野「ホモトピー法と内点法」、「数理計画」1998年第46巻第2号、pp. 335-343に基づいている。
6) この節は Judd（1998）、pp. 185-187を参照した。

[参考文献]

小島政和（1981）『相補性と不動点』産業図書。
大石進一（1997）『非線形解析入門』コロナ社。
高木貞治（1938）『解析概論』岩波書店。
Allgower, E. and G, Kurt. (1987) *Introduction to Numerical Continuation Methods*, Society for Industrial and Applied Mathematics.
Garcia, C. B. and W. I. Zangwill. (1981) *Pathways to Solutions, Fixed Points, and Equilibria*, NJ: Prentice-Hall, Englewood Cliffs.
Judd. K. L. (1998) *Numerical Methods in Economics*, MIT Press.

第4章 合理的期待モデル

　合理的期待仮説は、今では多くの経済学者が受け入れているマクロ経済学の重要な概念である。1960年代初頭にムースによって考案されたこの仮説は、1972年のルーカス論文でマクロ経済学に取り入れられた。当初は一部の経済学者にしか支持されなかったが、時とともに多くの学者が受け入れるようになった。マクロ経済学の発展を展望した論文で、マンキューは「合理的期待仮説が広く受け入れられたことは、おそらく過去20年間におけるマクロ経済学の最大の変化である」と述べている[1]。現在では合理的期待はマクロ経済学の共有財産となっている。この章では合理的期待の基本的な性質と期待を含むモデルの解を求める方法について説明する。また動学的労働需要の決定問題に応用する。

4.1 合理的期待仮説

　合理的期待とは、人びとが利用可能なすべての情報を用いて最適に期待を形成することである。この考えを最初に打ち出したムースによると、最適期待形成とは予測変数の条件付き期待値をとることである。合理的期待を仮定すると、主観的予想は客観的予想と一致して

$$x_t^e = E(x_t | I_t)$$

となる。I_t は予測時点で利用可能な情報集合である。一般に情報集合には予測変数の過去の実現値が含まれる。例えば将来の株価を予想する場合、投資家は企業業績に加えて過去の株価を参考にするであろう。

　合理的期待にはつぎのような性質がある。

（a）予測誤差の平均はゼロとなる。予測誤差を $e_t = x_t - x_t^e$ とすると

$$E_{t-1}(e_t) = 0$$

となる。つまり人びとは期待形成にあたって何度も同じ過ちを犯さない。

(b) 予測誤差は系列相関をもたない。t期と$t-1$期の誤差の共分散は

$$Cov(e_t, e_{t-1}) = E_{t-1}(e_t e_{t-1}) - E_{t-1}(e_t) E_{t-1}(e_{t-1})$$
$$= E_{t-1}(e_t) e_{t-1} - E_{t-1}(e_t) e_{t-1}$$
$$= 0$$

となる。

(c) 期待値の反復法則が成り立つ。情報が時間とともに増大して、$I_t \supset I_{t-1}$であれば

$$E(E(x_t | I_t) | I_{t-1}) = E(x_t | I_{t-1})$$

が成り立つ。つまり将来の期待についての期待値は変数の現在の期待値に等しくなる。

つぎに合理的期待を最初に提案したMuth (1961) のモデルについて説明しよう。Muthが分析したのはつぎの農産物市場のモデルである。

$$D_t = -\beta p_t$$
$$S_t = \gamma p_t^e + u_t$$
$$D_t = S_t$$

ここでD_tは需要量、S_tは供給量、p_tは価格、p_t^eは予想価格である。u_tは供給量に影響する天候その他の要因を表す。変数は均衡値からの乖離で定義されている。農家は将来の予想価格に基づいて生産計画を立てる。需要曲線、供給曲線と市場均衡条件から、価格は

$$p_t = -\frac{\gamma}{\beta} p_t^e - \frac{1}{\beta} u_t$$

で与えられる。$Eu_t = 0$ならば

$$Ep_t = -\frac{\gamma}{\beta} p_t^e$$

となる。合理的期待を仮定すると予想価格はモデルの価格と等しくなる。

$$Ep_t = p_t^e$$

$\gamma/\beta \neq -1$ より $p_t^e = 0$ となり、予想価格は均衡価格と等しい。価格と生産量は

$$p_t = -\frac{1}{\beta} u_t$$

$$S_t = u_t$$

となる。したがって価格と生産量は均衡値のまわりでランダムに変化する。

合理的期待の代わりに静学的期待を仮定すると

$$p_t^e = p_{t-1}$$

となり、価格は

$$p_t = -\frac{\gamma}{\beta} p_{t-1} - \frac{1}{\beta} u_t$$

$$E p_t = -\frac{\gamma}{\beta} p_t^e$$

で与えられる。この場合、価格は負の系列相関をもつ。

もう一つは適応期待である。

$$p_t^e = p_{t-1}^e + \lambda (p_{t-1} - p_{t-1}^e) \qquad (0 < \lambda < 1)$$

つまり予想は前期の誤差に基づいて修正される。均衡価格は

$$p_t = \frac{\beta(1-\lambda) - \gamma\lambda}{\beta} p_{t-1} + \frac{1-\lambda}{\beta} u_{t-1} - \frac{1}{\beta} u_t$$

$$E p_t = -\frac{\gamma}{\beta} p_t^e$$

で与えられる。この場合も価格は系列相関をもつ。この節では農産物市場のモデルを用いて合理的期待の考えを説明した。以下の節では、一般的な合理的期待モデルについて議論する。

4.2　簡単な合理的期待モデル

つぎの式で表される簡単なモデルについて考えよう。

$$x_t = aE_t x_{t+1} + bz_t \tag{4.1}$$

ここで $E_t x_{t+1}$ は x_{t+1} の条件付き期待値で z_t は外生変数である。このようなモデルとして、Cagan のハイパーインフレーション・モデルがある。Cagan はハイパーインフレーションの研究で、つぎのような貨幣需要関数を仮定した。

$$\frac{M_t}{P_t} = \exp\left[-\alpha\left(\frac{E_t(P_{t+1}) - P_t}{P_t}\right)\right]$$

M_t は貨幣供給で P_t は物価水準である。期待インフレが上昇すると、貨幣の流通速度が高くなり貨幣需要は減少する。対数線形近似すると

$$m_t - p_t = -\alpha(E_t p_{t+1} - p_t)$$

となり、物価水準は

$$p_t = aE_t p_{t+1} + (1-a) m_t$$

ただし、$a = \dfrac{\alpha}{1+\alpha}$

この式は (4.1) と同じ形をしている。

(4.1) の解はつぎの3つの方法で求めることができる。ただし、$|a| < 1$ と仮定する。

(1) 逐次代入法

これは前方へ逐次代入をくり返して解を求める方法である。

$$\begin{aligned}
x_t &= aE_t x_{t+1} + bz_t \\
&= aE_t(E_{t+1}(ax_{t+2} + bz_{t+1})) + bz_t \\
&= a^2 E_t x_{t+2} + abE_t z_{t+1} + bz_t \\
&= a^2 E_t(E_{t+2}(ax_{t+3} + bz_{t+2})) + abE_t z_{t+1} + bz_t \\
&= a^3 E_t x_{t+3} + a^2 bE_t z_{t+2} + abE_t z_{t+1} + bz_t
\end{aligned}$$

同じ操作をくり返すと

$$x_t = b\sum_{i=0}^{\infty} a^i E_t z_{t+i} \tag{4.2}$$

となる。x_t は外生変数の期待値を割引いて合計した値に等しい。ケーガンのモデルでは、物価水準は

$$p_t = \frac{1}{1+\alpha} \sum_{i=0}^{\infty} \left(\frac{\alpha}{1+\alpha}\right)^i E_t m_{t+i}$$

で与えられる。貨幣供給が急激に増加しない限り右辺は一定値に収束する。

z_t はつぎの $AR(1)$ モデルで表されるとする。

$$z_t = (1-\rho)\mu + \rho z_{t-1} + \varepsilon_t \qquad |\rho| < 1 \qquad \varepsilon_t \sim idd. \, N(0, \sigma^2) \qquad (4.3)$$

これより

$$\begin{aligned}
E_t z_{t+1} &= (1-\rho)\mu + \rho z_t \\
E_t z_{t+2} &= (1-\rho)\mu + \rho E_t z_{t+1} = (1-\rho)(1+\rho)\mu + \rho^2 z_t \\
E_t z_{t+3} &= (1-\rho)\mu + \rho E_t z_{t+2} = (1-\rho)(1+\rho+\rho^2)\mu + \rho^3 z_t \\
&\vdots \\
E_t z_{t+i} &= (1-\rho)(1+\rho+\rho^2+\cdots\cdots+\rho^{i-1})\mu + \rho^i z_t = (1-\rho^i)\mu + \rho^i z_t
\end{aligned}$$

となり、(4.2) に代入すると

$$\begin{aligned}
x_t &= b \sum_{i=0}^{\infty} a^i ((1-\rho^i)\mu + \rho^i z_t) \\
&= b \left[\sum_{i=0}^{\infty} (a\rho)^i (z_t - \mu) + \sum_{i=0}^{\infty} a^i \mu \right] \\
&= b \left[\frac{z_t - \mu}{1-a\rho} + \frac{\mu}{1-a} \right] \\
&= \frac{b}{1-a\rho} z_t + \frac{ab(1-\rho)}{(1-a)(1-a\rho)} \mu
\end{aligned}$$

となる。

(2) 因数分解

はじめにフォワード・オペレータ F をつぎのように定義する。

$$F^i E_t x_t = E_t x_{t+i} \qquad (i = 1, 2, \cdots\cdots)$$

つまり F^i を適用すると予測期間が i 期先に延びる。(4.1) はフォワード・オペ

レータを用いてつぎのように表すことができる。

$$(1-aF)E_t x_t = bE_t z_t$$

これより x_t の期待値は

$$E_t x_t = \frac{b}{1-aF} E_t z_t$$

で与えられる。

$$\frac{1}{1-aF} = 1 + aF + a^2 F^2 + \cdots\cdots$$

と展開すると

$$x_t = b\sum_{i=0}^{\infty} a^i F^i E_t z_t$$

$$= b\sum_{i=0}^{\infty} a^i E_t z_{t+i}$$

となる。これは先に求めた解と一致する。

(3) 未定係数法

未定係数法では解の形を推測してその係数を決める。モデルの解は線形式で表されると推測される。

$$x_t = \alpha_0 + \alpha_1 z_t \tag{4.4}$$

この式が (4.1) の解となるように係数を決める。(4.1) に代入すると

$$\alpha_0 + \alpha_1 z_t = aE_t(\alpha_0 + \alpha_1 z_{t+1}) + bz_t$$

となる。$E_t z_{t+1} = (1-\rho)\mu + \rho z_t$ より

$$\alpha_0 + \alpha_1 z_t = a\alpha_0 + a\alpha_1(1-\rho)\mu + a\alpha_1 \rho z_t + bz_t$$
$$= a\alpha_0 + a\alpha_1(1-\rho)\mu + (a\alpha_1 \rho + b)z_t$$

両辺の係数を比較すると

$$\alpha_0 = a\alpha_0 + a\alpha_1(1-\rho)\mu$$

$$\alpha_1 = a\alpha_1\rho + b$$

これより

$$\alpha_1 = \frac{b}{1-a\rho}$$

$$\alpha_0 = \frac{ab(1-\rho)}{(1-a)(1-a\rho)}\mu$$

したがってモデルの解は

$$x_t = \frac{b}{1-a\rho}z_t + \frac{ab(1-\rho)}{(1-a)(1-a\rho)}\mu$$

となる。

　これまで、予想は急激に変化しないという条件を課してきた。この条件を外すと（4.2）の他にも解がある。（4.2）の解を x_t とすると、（4.1）の一般解は

$$\tilde{x}_t = x_t + b_t$$

で与えられる。x_t は経済の基礎的条件で決まり、ファンダメンタル解と呼ばれる。b_t はバブルである。$\tilde{x}_t$ を（4.1）に代入すると

$$x_t + b_t = aE_t x_{t+1} + aE_t b_{t+1} + bz_t$$

これより

$$b_t = aE_t b_{t+1} \tag{4.5}$$

または

$$E_t b_{t+1} = \frac{1}{a}b_t$$

となる。（4.5）が成り立つと $\tilde{x}_t$ は（4.1）の解となる。ブランシャールとフィッシャー（1989）は、確定的バブルと確率的バブルを区別している。

(a) 確定的バブル
　確定的バブルはタイムトレンドに沿って増大する。

図4.1 確率的バブル

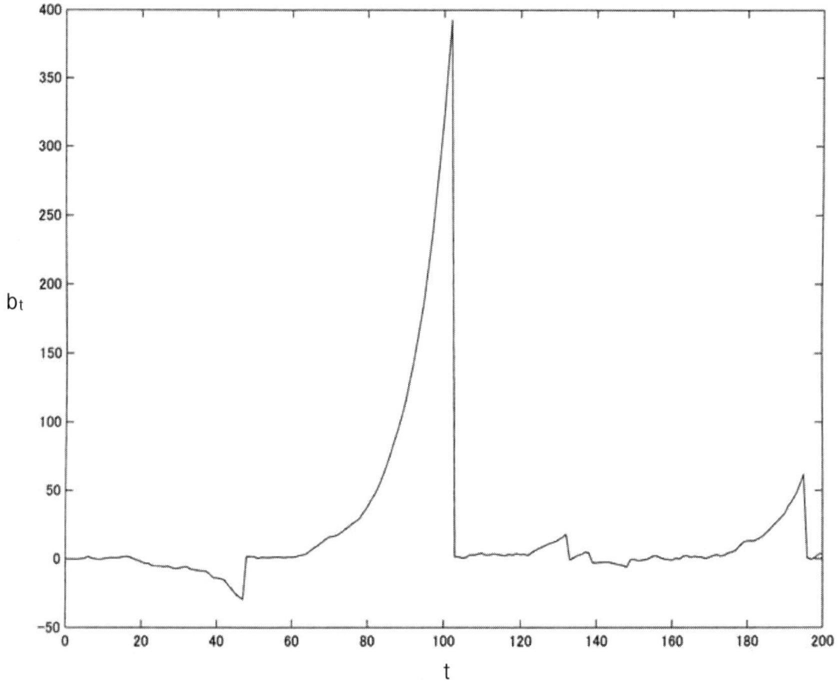

$$b_t = b_0 a^{-t}$$

b_0 は任意の値である。$b_0>0$、$0<a<1$ であれば、バブルは時間とともに指数関数的に膨らむ。

(b) 確率的バブル

確率的バブルはつぎの確率過程に従う。

π の確率：$b_{t+1} = \dfrac{1}{a\pi} b_t + u_{t+1}$

$1-\pi$ の確率：$b_{t+1} = u_{t+1}$

$E_t u_{t+1} = 0$

$1-\pi$ の確率でバブルは破裂し、π の確率で継続する。撹乱項があるため、いったん消滅した後、バブルが再発する可能性がある。図4.1は計算機で発生させた確

率的バブルである[2]。バブルが発生しても破裂し、新しいバブルが生じている。

4.3 複雑な合理的期待モデル

前節では簡単な合理的期待モデルを分析したが、この節ではやや複雑なモデルを取り上げる。モデルはつぎの式で表される。

$$x_t = aE_t x_{t+1} + bx_{t-1} + cz_t \tag{4.6}$$

このモデルはいくつかの方法で解けるが、ここでは未定係数法と因数分解に基づく方法を取り上げる。

(1) 未定係数法

先に検討した $b=0$ のケースでは、x_t は外生変数の期待値の和に等しくなる。このため（4.6）の解は x_{t-1} を含んだつぎの式で表される。

$$x_t = \phi x_{t-1} + \sum_{i=0}^{\infty} \theta_i E_t z_{t+i} \tag{4.7}$$

（4.6）に代入すると

$$\phi x_{t-1} + \sum_{i=0}^{\infty} \theta_i E_t z_{t+i} = aE_t\left[\phi x_t + \sum_{i=0}^{\infty} \theta_i E_{t+1} z_{t+1+i}\right] + bx_{t-1} + cz_t$$

$$= a\phi E_t x_t + a\sum_{i=0}^{\infty} \theta_i E_t z_{t+1+i} + bx_{t-1} + cz_t$$

$$= a\phi\left[\phi x_{t-1} + \sum_{i=0}^{\infty} \theta_i E_t z_{t+i}\right] + a\sum_{i=0}^{\infty} \theta_i E_t z_{t+1+i} + bx_{t-1} + cz_t$$

$$= (a\phi^2 + b)x_{t-1} + a\phi\sum_{i=0}^{\infty} \theta_i E_t z_{t+i} + a\sum_{i=0}^{\infty} \theta_i E_t z_{t+1+i} + cz_t$$

両辺の係数を比較すると

$$\phi = a\phi^2 + b$$
$$\theta_0 = a\phi\theta_0 + c$$
$$\theta_i = a\phi\theta_i + a\theta_{i-1} \qquad (i=1, 2, \cdots\cdots)$$

1番目の式から ϕ は2次方程式

$$\phi^2 - \frac{1}{a}\phi + \frac{b}{a} = 0$$

を満たす。この式にはϕ_1とϕ_2の2つの解があり、$|\phi_1|<1$、$|\phi_2|>1$とする。ϕ_1は収束解を与えるので$\phi=\phi_1$とする。ϕが決まると2番目の式から

$$\theta_0 = \frac{c}{1-a\phi_1}$$

となる。3番目の式から

$$\theta_i = \frac{a}{1-a\phi_1}\theta_{i-1}$$

$$= \frac{1}{a^{-1}-\phi_1}\theta_{i-1}$$

となり、$\theta_1 + \theta_2 = a^{-1}$から

$$\theta_i = \frac{1}{\phi_2}\theta_{i-1} \qquad (i=1,2,\cdots\cdots)$$

$|\phi_2|>1$より、iが大きくなるとθ_iはゼロに近づく。モデルの解は

$$x_t = \phi_1 x_{t-1} + \frac{c}{1-a\phi_1}\sum_{i=0}^{\infty}\phi_2^{-i}E_t z_{t+i}$$

で与えられる。

(2) 因数分解

(4.6)はフォワード・オペレータを使ってつぎのように書き直される。

$$(aF^2 - F + b)E_t x_{t-1} = -cE_t z_t$$

両辺をaで割ると

$$\left(F^2 - \frac{1}{a}F + \frac{b}{a}\right)E_t x_{t-1} = -\frac{c}{a}E_t z_t$$

左辺の多項式を

$$F^2 - \frac{1}{a}F + \frac{b}{a} = (F-\phi_1)(F-\phi_2)$$

と因数分解すると

$$(F-\phi_1)(F-\phi_2)E_t x_{t-1} = -\frac{c}{a}E_t z_t$$

となる。ただし、

$$\phi_1+\phi_2=\frac{1}{a} \qquad \phi_1\phi_2=\frac{b}{a} \qquad (|\phi_1|<1, |\phi_2|>1)$$

である。ϕ_1とϕ_2は未定係数法で求めた値と同じである。上の式をつぎのように書き直す。

$$(F-\phi_1)E_t x_{t-1} = -\frac{c}{a}(F-\phi_2)^{-1}E_t z_t$$

$$= \frac{c}{a\phi_2}(1-\phi_2^{-1}F)^{-1}E_t z_t$$

$$= \frac{c}{a\phi_2}\sum_{i=0}^{\infty}\phi_2^{-i}E_t z_{t+i}$$

$\phi_1+\phi_2=1/a$ より

$$x_t = \phi_1 x_{t-1} + \frac{c}{1-a\phi_1}\sum_{i=0}^{\infty}\phi_2^{-i}E_t z_{t+i}$$

これは未定係数法で求めた解と一致する。

4.4 多変数合理的期待モデル

1変数モデルの結果を多変数モデルに一般化しよう。多変数モデルの解法には、Blanchard = Kahn (1980) と King = Watson (1998) の方法、Christiano (2002) の未定係数法、Sims の方法 (2002) などがある。ここでは Christiano と Sims の方法を取り上げることにする。

(1) 未定係数法

つぎのモデルについて考える。

$$\begin{aligned}
& AE_t x_{t+1} + Bx_t + Cx_{t-1} + Dz_t = 0 \qquad (t=0,1,2,\cdots\cdots) \\
& z_t = Rz_{t-1} + \varepsilon_t \qquad \varepsilon_t \sim iid.\ N(0,\Sigma) \\
& x_{-1} \quad \text{given}
\end{aligned} \qquad (4.8)$$

ここで x_t は $n \times 1$ の内生変数のベクトル、z_t は $k \times 1$ の外生変数のベクトルである。A、B、C は $n \times n$ 行列、D は $n \times k$ 行列、R は $k \times k$ 行列である。

1変数モデルと同様に、x_t は x_{t-1} と z_t の線形式で表される。

$$x_t = Px_{t-1} + Qz_t \tag{4.9}$$

P と Q は未知の係数行列である。

x_t と x_{t+1} に (4.9) を代入すると、(4.8) は

$$(AP^2 + BP + C)x_{t-1} + ((AP+B)Q + AQR + D)z_t = 0$$

となる。この式は任意の x_{t-1} と z_t に対して成り立つ。したがって係数行列は

$$\begin{aligned} & AP^2 + BP + C = 0 \\ & (AP+B)Q + AQR + D = 0 \end{aligned} \tag{4.10}$$

を満たさなければならない。最初の式は P に関する2次の行列方程式である。P が決まると2番目の式から Q が定まる。以下、解の存在と一意性について検討しよう。

(a) P の決定

外生変数が常にゼロであれば、モデルはつぎのように表される。

$$\Psi_0 Y_{t+1} + \Psi_1 Y_t = 0 \qquad (t = 0, 1, 2, \cdots)$$

ただし、

$$Y_t \equiv \begin{bmatrix} x_t \\ x_{t-1} \end{bmatrix} \qquad \Psi_0 \equiv \begin{bmatrix} A & O_{n \times n} \\ O_{n \times n} & I_n \end{bmatrix} \qquad \Psi_1 \equiv \begin{bmatrix} B & C \\ -I_n & O_{n \times n} \end{bmatrix}$$

ここで I_n は $n \times n$ の単位行列で、$O_{n \times n}$ は $n \times n$ のゼロ行列である。逆行列 Ψ_0^{-1} が存在すれば

$$Y_{t+1} = WY_t$$

となる。ただし、

$$W = -\Psi_0^{-1}\Psi_1$$

W が $2n$ 個の相異なる固有値をもつと

$$W = S\Lambda S^{-1}$$

と分解される。Λ は W の固有値を対角要素としてもち、S は固有ベクトルから成る行列である。固有値を絶対値の小さい順に並べ換えて

$$\Lambda = \begin{bmatrix} \Lambda_1 & O \\ O & \Lambda_2 \end{bmatrix}$$

とする。Λ_1 は m 個の安定根を対角要素とする行列である。Λ_2 は $2n-m$ 個の不安定根を対角要素とする行列である。固有値分解を行うと、$S^{-1}Y_t = \Lambda S^{-1} Y_{t-1}$ となる。

$$M_t = S^{-1} Y_t$$

とおくと、$M_t = \Lambda M_{t-1}$ となる。後方展開して M_t を求めると

$$M_t = \begin{bmatrix} \Lambda_1^t & O \\ O & \Lambda_2^t \end{bmatrix} M_0$$

Λ_2 の対角要素は絶対値が 1 より大きい。このため M_0 の対応する要素をゼロとする。もし $m=n$ であれば、

$$\begin{bmatrix} M_{10} \\ M_{20} \end{bmatrix} = \begin{bmatrix} S^{11} & S^{12} \\ S^{21} & S^{22} \end{bmatrix} \begin{bmatrix} x_0 \\ x_{-1} \end{bmatrix}$$

と書ける。S^{ij} は S^{-1} の ij ブロックである。定常解の条件は

$$M_{20} = 0$$

つまり

$$S^{21} x_0 + S^{22} x_{-1} = 0$$

となることである。S^{21} に逆行列 $(S^{21})^{-1}$ が存在すると

$$x_0 = -(S^{21})^{-1} S^{22} x_{-1}$$

したがって (4.9) のフィードバック項の係数は

$$P = -(S^{21})^{-1} S^{22} x_{-1} \tag{4.11}$$

とする。

(b) Q の決定
(4.10) の2番目の式は Q に関して線形である。P が決まると Q は

$$vec(Q) = -[I_k \otimes (AP+B) + R' \otimes A]^{-1} vec(D) \qquad (4.12)$$

で与えられる。ここで $vec(Q)$ は Q を列方向に伸ばして生成した列ベクトルで、$\otimes$ はクロネッカー積である。

ここでは $m=n$ と仮定したが、$m<n$ であれば安定的な解は存在しない。また $m>n$ なら無限個の解がある。

(2) シムズの方法
シムズの方法は予想誤差を含んだモデルに適用される。

$$\begin{aligned} \Gamma_0 x_t &= \Gamma_1 x_{t-1} + \Psi z_t + \Pi \eta_t \qquad (t=0,1,2,\cdots\cdots) \\ x_{-1} &\quad \text{given} \end{aligned} \qquad (4.13)$$

ここで x_t は $n \times 1$ の内生変数のベクトル、z_t は $k \times 1$ の撹乱項のベクトル、Γ_0 と Γ_1 は $n \times n$ の係数行列である。η_t は $r \times 1$ の予想誤差のベクトルで、$E_t \eta_{t+1} = 0$ とする。x_t の一部は内生変数の期待値である。

簡単化のため、z_t はホワイトノイズと仮定する。逆行列 Γ_0^{-1} が存在すれば、(4.13) はつぎのように書き直される。

$$\begin{aligned} x_t &= A x_{t-1} + \Gamma_0^{-1}(\Psi z_t + \Pi \eta_t) \\ A &\equiv \Gamma_0^{-1} \Gamma_1 \end{aligned} \qquad (4.14)$$

A は n 個の相異なる固有値をもつならば

$$A = S\Lambda S^{-1}$$

と分解される。(4.14) の両辺に S^{-1} を掛けると

$$w_t = \Lambda w_{t-1} + Q(\Psi z_t + \Pi \eta_t) \qquad (4.15)$$

ただし、

$$w_t = S^{-1} x_t$$
$$Q = S^{-1} \Gamma_0^{-1}$$

Λ の固有値を絶対値の小さい順に並べ換えて

$$\Lambda = \begin{bmatrix} \Lambda_1 & O \\ O & \Lambda_2 \end{bmatrix}$$

とする。Λ_1 の対角要素は絶対値が1より小さい固有値である。こうすれば (4.15) は2つのブロックに分けられる。

$$\begin{bmatrix} w_{1,t} \\ w_{2,t} \end{bmatrix} = \begin{bmatrix} \Lambda_1 & O \\ O & \Lambda_2 \end{bmatrix} \begin{bmatrix} w_{1,t-1} \\ w_{2,t-1} \end{bmatrix} + \begin{bmatrix} Q_1 \\ Q_2 \end{bmatrix} (\Psi z_t + \Pi \eta_t)$$

上のブロックは安定的であるが、下のブロックは発散する。ここで $w_{2,t}=0$ となることを示そう。下のブロックはつぎのように書き直される。

$$w_{2,t} = \Lambda_2^{-1} w_{2,t+1} - \Lambda_2^{-1} Q_2 (\Psi z_{t+1} + \Pi \eta_{t+1})$$

前方展開して期待値をとると

$$w_{2,t} = \lim_{T \to \infty} \Lambda_2^{-T} E_t w_{2,t+T} - \sum_{i=1}^{\infty} \Lambda_2^{-i} Q_2 E_t (\Psi z_{t+i} + \Pi \eta_{t+i})$$

定常状態では $E_t w_{2,t+T}$ は有界で第1項はゼロとなる。$E_t z_{t+i} = E_t \eta_{t+i} = 0$ から第2項もゼロとなる。したがって $w_{2,t}=0$ となる。このため

$$Q_2 (\Psi z_t + \Pi \eta_t) = 0 \tag{4.16}$$

が成り立つ。$Q_2 \Pi$ が非特異であれば

$$\eta_t = -(Q_2 \Pi)^{-1} Q_2 \Psi z_t$$

となる。この式は予想誤差とランダムショックの関係を示している。

安定的なブロックは

$$\begin{aligned} w_{1,t} &= \Lambda_1 w_{1,t-1} + Q_1 (\Psi z_t + \Pi \eta_t) \\ &= \Lambda_1 w_{1,t-1} + Q_1 (\Psi - \Pi (Q_2 \Pi)^{-1} Q_2 \Psi) z_t \end{aligned}$$

で与えられる。結果を要約すると、(4.15) は

$$\begin{bmatrix} w_{1,t} \\ w_{2,t} \end{bmatrix} = \begin{bmatrix} \Lambda_1 & O \\ O & O \end{bmatrix} \begin{bmatrix} w_{1,t-1} \\ w_{2,t-1} \end{bmatrix} + \begin{bmatrix} Q_1((\Psi - \Pi(Q_2\Pi)^{-1}Q_2\Psi)) \\ O \end{bmatrix} z_t$$

と書ける。元の変数で表すと

$$x_t = S \begin{bmatrix} \Lambda_1 & O \\ O & O \end{bmatrix} S^{-1} x_{t-1} + S \begin{bmatrix} Q_1(\Psi - \Pi(Q_2\Pi)^{-1}Q_2\Psi) \\ O \end{bmatrix} z_t \tag{4.17}$$

となる。

4.5 労働需要への応用

これまでの議論を応用して企業の労働需要を分析しよう。企業は利潤の現在価値が最大となるように労働需要を決定する。つまり

$$E_t \sum_{i=0}^{\infty} b^i \left\{ f_0 n_{t+i} - \frac{f_1}{2} n_{t+i}^2 - \frac{d}{2} (n_{t+i} - n_{t+i-1})^2 - w_{t+i} n_{t+i} \right\}$$

を最大化する。f_0、f_1、$d > 0$、$0 < b < 1$ であり、w_{t+i} と n_{t+i} は $t+i$ 期の実質賃金と労働需要を表す。$d(n_{t+i} - n_{t+i-1})^2/2$ は労働の調整費用である。利潤最大の条件は

$$f_0 - f_1 n_t - w_t - d(n_t - n_{t-1}) + db(E_t n_{t+1} - n_t) = 0$$

となる。$d = 0$ であれば労働の限界生産力は実質賃金と等しくなる。この式をつぎのように書き換える。

$$E_t n_{t+1} - \phi n_t + \frac{1}{b} n_{t-1} + \frac{1}{bd}(f_0 - w_t) = 0 \tag{4.18}$$

$$\phi = \frac{f_1 + (1+b)d}{bd}$$

横断性条件は

$$\lim_{T \to \infty} b^T d(n_T - n_{T-1}) n_T = 0$$

である。

フォワード・オペレータを使って (4.18) をつぎのように書き直す。

$$(F^2 - \phi F + \frac{1}{b}) n_{t-1} = \frac{1}{bd}(w_t - f_0)$$

左辺を因数分解すると

$$(F-\lambda_1)(F-\lambda_2)n_{t-1}=\frac{1}{bd}(w_t-f_0)$$

ここで $0<\lambda_1<1$、$\lambda_2>1$ である[3]。

$$\lambda_1+\lambda_2=\phi \qquad \lambda_1\lambda_2=\frac{1}{b}$$

となる。したがって

$$(F-\lambda_1)n_{t-1}=\frac{1}{bd}\frac{w_t-f_0}{F-\lambda_2}$$

または

$$n_t=\lambda_1 n_{t-1}+\frac{1}{\lambda_2 bd}\frac{f_0-w_t}{1-\lambda_2^{-1}F}=\lambda_1 n_{t-1}+\frac{1}{\lambda_2 bd}\sum_{i=0}^{\infty}\lambda_2^{-i}E_t(f_0-w_{t+i})$$

$$=\lambda_1 n_{t-1}+\frac{f_0}{bd(\lambda_2-1)}-\frac{1}{\lambda_2 bd}\sum_{i=0}^{\infty}\lambda_2^{-i}E_t w_{t+i} \qquad (4.19)$$

実質賃金はつぎの $AR(1)$ モデルで決定される。

$$w_t=(1-\rho)\mu+\rho w_{t-1}+\varepsilon_t$$

将来の実質賃金の期待値は

$$E_t w_{t+i}=(1-\rho^i)\mu+\rho^i w_t$$

これを代入すると、労働需要関数は

$$n_t=\lambda_1 n_{t-1}+\frac{f_0}{bd(\lambda_2-1)}-\frac{(1-\rho)\mu}{bd(\lambda_2-1)(\lambda_2-\rho)}-\frac{1}{bd(\lambda_2-\rho)}w_t \qquad (4.20)$$

となる。実質賃金の係数はマイナスであり、実質賃金が上昇すると労働需要は減少する。調整費用が大きいと λ_1 は 1 に近い値となり、雇用調整には長い時間がかかる。

つぎに未定係数法を適用しよう。労働需要関数は

$$n_t=\alpha_0+\alpha_1 n_{t-1}+\sum_{i=0}^{\infty}\varphi_i E_t w_{t+i} \qquad (4.21)$$

と推測する。(4.18) に代入すると

$$E_t\left(\alpha_0+\alpha_1\left(\alpha_0+\alpha_1 n_{t-1}+\sum_{i=0}^{\infty}\varphi_i E_t w_{t+i}\right)+\sum_{i=0}^{\infty}\varphi_i E_{t+1} w_{t+1+i}\right)$$

$$-\varphi\left(\alpha_0+\alpha_1 n_{t-1}+\sum_{i=0}^{\infty}\varphi_i E_t w_{t+i}\right)+\frac{1}{b}n_{t-1}+\frac{f_0-w_t}{bd}=0$$

係数はつぎの条件を満たす。

$$(1+\alpha_1)\alpha_0-\phi\alpha_0+\frac{f_0}{bd}=0$$

$$\alpha_1^2-\phi\alpha_1+\frac{1}{b}=0$$

$$\varphi_0(\alpha_1-\phi)-\frac{1}{bd}=0$$

$$\varphi_i(\alpha_1-\phi)+\phi_{i-1}=0 \qquad (i=1,2,\cdots\cdots)$$

2番目の式はフォワード・オペレータの式と同じ形をしている。したがって $\alpha_1=\lambda_1$、$0<\alpha_1<1$ となる。1番目の式から

$$\alpha_0=\frac{f_0}{bd(\lambda_2-1)}$$

3番目と4番目の式は $\lambda_1+\lambda_2=\phi$ より

$$\lambda_2\varphi_0+\frac{1}{bd}=0$$

$$-\lambda_2\varphi_i+\varphi_{i-1}=0$$

したがって

$$\varphi_0=-\frac{1}{\lambda_2 bd}$$

$$\varphi_i=\lambda_2^{-1}\varphi_{i-1} \qquad (i=1,2,\cdots\cdots)$$

となる。

　動学的な性質を調べるために、パラメータを $b=0.98$、$f_0=1$、$f_1=0.2$、$\rho=0.95$、$\mu=0.6$ とする。調整費用のパラメータは $d=0.001$ とする。これらの値を (4.20) に代入すると

図4.2 賃金上昇の効果 ($d=0.001$のケース)

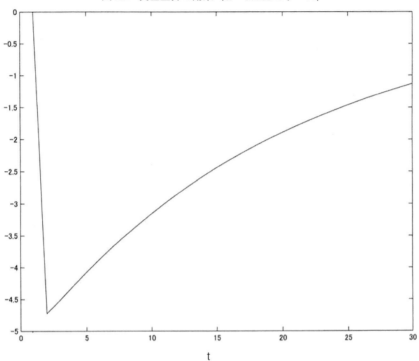

$$n_t = 0.005 n_{t-1} + 4.975 - 4.975 w_t$$

となる。λ_1はほぼゼロであり、労働需要は賃金の変化に直ぐに反応する。図4.2は実質賃金が1単位上昇したときの影響を示している。賃金上昇を受けて労働需要は直ぐに減少して、つぎの期から徐々に元の水準へ戻る。調整費用が$d=0.8$ならば

$$n_t = 0.614 n_{t-1} + 1.848 - 1.794 w_t$$

となる。λ_1は0.614と大きく、調整には長い時間がかかる。図4.3はインパルス応答を示している。賃金が上昇してから労働需要は5期まで減少し、その後はゆっくりと元の水準へ戻る。

図4.3 賃金上昇の効果（$d=0.8$のケース）

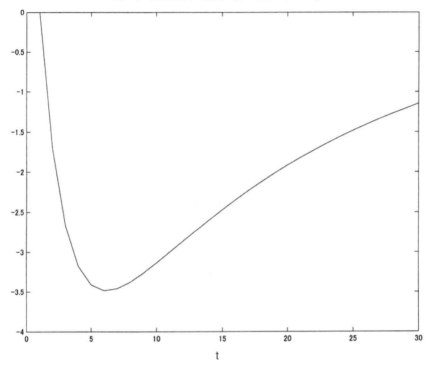

4.6　AKモデル

ソローの成長モデルでは、技術が一定であれば資本の限界生産力は逓減して長期的に成長は止まってしまう。これは資本が増加しても生産が十分に増大せず、人口成長を上回って資本が成長しなくなるからである。資本の限界生産力が逓減しなければ、資本が人口成長や資本減耗を上回って長期的成長が可能となる。成長率はモデルのなかで内生的に決定される。本節ではこのようなメカニズムを組み込んだロマー（1986）の内生的成長モデルを検討する。

代表的消費者は生涯の期待効用

$$E_0 \sum_{t=0}^{\infty} \beta^t \log(c_t)$$

を資源制約

$$y_t = c_t + i_t$$

と資本の運動式

$$k_{t+1} = i_t + (1-\delta)k_t$$

を満たしながら最大化する。企業の生産関数は

$$y_t = A_t k_t$$

とする。資本ストックが増加しても限界生産力は逓減しない。A_tは確率的に変化する技術ショックである。消費者の最適化問題を解くために、ラグランジュ関数を定義する。

$$L = E_0 \sum_{t=0}^{\infty} \beta^t [\log(c_t) - \lambda_t (k_{t+1} - A_t k_t - (1-\delta)k_t - c_t)]$$

λ_tはラグランジュ乗数である。Lをc_t、k_t、λ_tで微分してゼロとおくと

$$\lambda_t = \frac{1}{c_t}$$
$$\lambda_t = \beta E_t [\lambda_{t+1}(A_{t+1} + 1 - \delta)]$$
$$k_{t+1} = A_t k_t + (1-\delta)k_t - c_t$$

となる。最初の2つの式から

$$\frac{1}{c_t} = \beta E_t \left[\frac{1}{c_{t+1}} (A_{t+1} + 1 - \delta) \right]$$

が成り立つ。両辺にk_{t+1}を掛けると

$$\frac{k_{t+1}}{c_t} = \beta E_t \left[\frac{k_{t+1}}{c_{t+1}} (A_{t+1} + 1 - \delta) \right]$$

資源制約

$$k_{t+1} + c_t = k_t (A_t + 1 - \delta)$$

から

$$k_{t+2} + c_{t+1} = k_{t+1}(A_{t+1} + 1 - \delta)$$

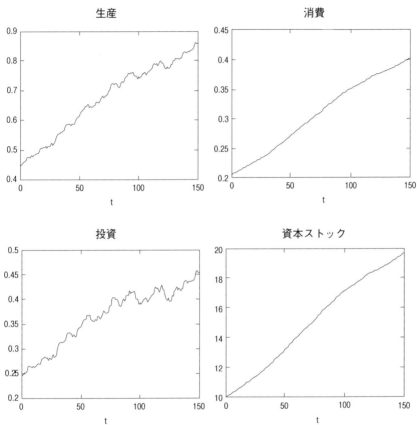

図4.4 内生変数のサンプルパス

となり、オイラー方程式は

$$\frac{k_{t+1}}{c_t} = \beta E_t\left[\frac{k_{t+2}+c_{t+1}}{c_{t+1}}\right] = \beta E_t\left[\frac{k_{t+2}}{c_{t+1}}+1\right]$$

と書き直される。$x_t = k_{t+1}/c_t$ とおくと

$$x_t = \beta E_t(x_{t+1}+1)$$

となる。これは (4.1) と同じ形をしている。(4.2) から

$$x_t = \frac{\beta}{1-\beta}$$

つまり

$$c_t = \left(\frac{1-\beta}{\beta}\right) k_{t+1}$$

となる。これを資源制約式に代入すると

$$k_{t+1} = \beta(A_t + 1 - \delta) k_t$$
$$c_t = (1-\beta)(A_t + 1 - \delta) k_t$$

対数をとると

$$\log(k_{t+1}) = \log(k_t) + \varepsilon_t$$

ただし、$\varepsilon_t \equiv \log(\beta(A_t + 1 - \delta))$ である。したがって資本ストックはランダムウォークに従う確率変数である。図4.4はコンピュータ・シミュレーションの結果を示している。資本の生産性は逓減しないので人口と技術が一定でも経済は無限に成長する。

[注]

1） Gregory Mankiw の論文 "A Quick Refresher Course in Macroeconomics", *Journal of Economic Literature*, Vol 28, No. 4, p. 1648.
2） パラメータは $a=1/1.05$、$\pi=0.95$、$u \sim iid. \ N(0,1)$ である。
3） $\lim_{d \to 0} \lambda_1 = 0$、$\lim_{d \to 0} \lambda_2 = \infty$ となる。

[参考文献]

Blanchard, O. J. and C. M, Kahn. (1980) "The Solution of Linear Difference Models under Rational Expectations", *Econometrica*, Vol. 48, 1305-1311.
Blanchard, O. J. and S. Fisher. (1989) *Lectures on Macroeconomics*, MA: MIT Press.
『マクロ経済学講義』1999年、高田聖治訳、多賀出版。
Christiano, L. J. (2002) "Solving Dynamic Equilibrium Models by a Method of Undetermined Coefficients", *Computational Economics*, Vol. 20, 21-55.
King, R. G. and M. W. Watson. (1998) "The Solution of Singular Linear Difference Systems under Rational Expectations", *International Economic Review*, Vol. 39, 1015-1026.
Muth, J. F. (1961) "Rational Expectations and the Theory of Price Movements", *Econometrica*, Vol. 29, 315-335.

Romer, P. (1986) "Increasing Returns and Long Run Growth", *Journal of Political Economy*, Vol. 94, 1002-1037.

Sims, C. A. (2002) "Solving Linear Rational Expectations Models", *Computational Economics*, Vol. 20, 1-20.

第Ⅱ部　計算経済学の諸方法

　第Ⅱ部は、第Ⅰ部で説明した様々な数値計算法を用いてマクロ経済モデルの数値解析を行う。最初に取り上げるのはPEA法である。動学的一般均衡モデルにおいて、将来変数の条件付き期待値は状態変数の関数となる。PEA法ではモデルを推計した後、データを発生させて期待関数を決定する。この方法の利点は、様々な制約条件を簡単に考慮できることである。いくつかのマクロモデルに応用する（第5章）。DSGEモデルの標準的な解法の一つにプロジェクション法がある。この方法では動的計画法のpolicy functionを基底関数の線形結合で近似する。最小自乗法、ガレルキン法、コロケーション法によって結合係数を決定する。プロジェクション法の基本原理とアルゴリズムを説明した後、最適成長モデルに適用する（第6章）。第7章では摂動法について説明する。この方法を用いると、簡単な代数計算で近似解が得られる。DSGEモデルの数値解析では、ベルマン方程式の離散近似もよく使われる。離散近似法としてvalue iteration、policy iteration、確率的DP、線形2次動的計画法について検討する（第8章）。第9章ではルーカスの資産価格決定モデルを取り上げる。モデルには解析解があり、数値解の精度を詳しく調べることができる。配当が$AR(1)$に従うと、連立1次方程式を解く問題に変換されることを示す。摂動法は確率的モデルにも適用可能である。この場合は非線形方程式を解く問題に変換される。価格配当比率の平均値、分散、歪度、尖度などを調べる。第10章ではDSGEモデルのpolicy functionを2次の項まで展開する方法を検討する。これは不確実性の影響を明示し、多変数モデルにも適用可能な優れた方法である。労働供給を内生化した成長モデルへ適用して、線形近似解と比較する。最後に不完備市場モデルを用いて、危険資産プレミアム・パズルのように完備市場モデルでは説明できない現象を解明する。第11章では3つの代表的な不完備市場モデル——Aiyagari、Huggett、Krusell = Smithのモデル——の数値解析を行う。主要な課題は所得と資産の分布を求めることである。

第5章 PEA法によるDSGEモデルの数値解析

DSGEモデルはマクロ経済学の基本的枠組みとして広く受け入れられている。しかし特殊なケースを除いてモデルを解析的に解くことは難しい。このため数値的に近似解を求める様々な方法が開発されている。代表的な解法は関数反復法と線形近似法である。反復法は簡単に実行できるが、複雑なモデルには適用できない。状態変数が増えると計算量が指数関数的に増加するからである。計算機の性能が向上しても、反復法が適用できるモデルは限られている。線形近似は複雑なモデルにも適用できるが、いくつかの欠点がある。名目金利に対するゼロ制約のように、経済変数には制約条件がつく。普通は無視してもかまわないが、制約条件が重要な役割を果たすこともある。このような場合、線形近似を行うと大きな誤差が発生する。

PEA法(parameterized expectations approach)はこうした問題の解決に有効である[1]。一般にDSGEモデルは解析的に解けない。それは内生変数の期待値を含んでいるからである。合理的期待を仮定すると期待値は状態変数の関数となる。しかしモデルを解かなければ期待値と状態変数の関係はわからない。PEA法はあらかじめ期待関数を設定し、人工的にデータを発生させて関数を推定する。基本的な考え方を説明した後、5つのモデルに適用して近似精度と問題点を調べる。

5.1 基本原理とアルゴリズム

PEA法の基本的なアイデアは、内生変数の期待値を状態変数の関数として表すことである。一般にDSGEモデルはつぎのように表される。

$$g\left(E_t(\phi(y_{t+1}, x_{t+1}, y_t, x_t)), y_t, x_t, \varepsilon_t\right) = 0 \tag{5.1}$$

ただし $g: R^m \times R^{n_y} \times R^{n_x} \times R^{n_e} \to R^{n_y+n_x}$、$\phi: R^{n_y} \times R^{n_x} \times R^{n_y} \times R^{n_x} \to R^m$ である。y は内生変数のベクトル、x は状態変数のベクトル、ε_t は外生変数のイノベーシ

ョンである。E_tは条件付き期待値を表す。モデルはオイラー方程式、資源制約、外生変数の確率過程、市場均衡条件などから構成される。条件付き期待値は状態変数の関数であり、$\Phi(x_t:\theta)$と表すことにする。期待関数を代入すると、(5.1)は

$$g(\Phi(x_t:\theta), y_t, x_t, \varepsilon_t)=0 \tag{5.2}$$

と書ける。期待関数のパラメータは何らかの方法で推計する必要がある。すぐに思いつくのは、誤差の自乗和を最小化する方法である。つまり

$$\sum_{t=0}^{T}(\Phi(x_t:\theta)-E_t(\phi(y_{t+1}, x_{t+1}, y_t, x_t)))^2$$

を最小化するθをパラメータとする。$\Phi(x_t:\theta)$の関数形はモデルの構造を考慮して決める必要がある。よく使われるのは多項式やスプライン関数である。つぎの手順で計算する。

［ステップ１］θに適当な初期値を与えて、十分小さな正数ηとサンプルサイズTを決める。
［ステップ２］計算機で正規乱数$\varepsilon_1, \cdots\cdots, \varepsilon_T$を発生させる。
［ステップ３］モデルを解いて$\{y_t(\theta), x_t(\theta)\}_{t=0}^{T}$を求める。
［ステップ４］$\phi(y_{t+1}(\theta), x_{t+1}(\theta), y_t(\theta), x_t(\theta))$を被説明変数、$\Phi(x_t(\theta):\theta)$を説明変数として最小自乗法によって$\theta$の推定値$\hat{\theta}$を求める。
［ステップ５］期待関数の係数を

$$\theta^{*}=\omega\hat{\theta}+(1-\omega)\theta$$

により更新する。調整係数を小さくすると収束しやすくなるが計算時間がかかる。線形に近いモデルではωを大きくする。
［ステップ６］$|\theta^{*}-\theta|<\eta$ならば計算を終了する。さもなければステップ３へ戻る。

係数の推定値は真の値に収束するとは限らない。Marcet = Marshall（1994）は、推定値が真の値に収束するための条件を示している。上のアルゴリズムでは、$\Phi(x_t:\theta)$の関数形と初期値の設定が重要である。モデルにフィットしない関数形

を選ぶと、発散するか収束しても大きな誤差が生じる。初期値の設定では、第3章で説明したホモトピー法が有効である。解析解のあるケースからはじめて、徐々に問題のケースに近づける。もう一つ問題となるのは、説明変数の選択である。説明変数が多すぎると誤差が大きくなるか計算の途中で停止する。内部相関が強くなるからである。少数の説明変数に絞り込むか、直交多項式を使うと内部相関は弱くなる。以下の節では PEA 法をいくつかのモデルへ適用する。

5.2 資産価格決定モデル

最初に、ルーカスの資産価格決定モデルに応用する。このモデルによると消費者は期待効用の現在価値

$$E_0 \sum_{t=0}^{\infty} \beta^t \frac{c_t^{\gamma}}{\gamma}$$

を最大化する。予算制約は

$$c_t + p_t s_{t+1} = (d_t + p_t) s_t$$

である。ここで c_t は消費、s_t は資産ストック、$0<\beta<1$ は主観的割引率、p_t は資産価格、d_t は配当である。配当はつぎの式で決定される。

$$d_t = \exp(x_t) d_{t-1}$$

ここで x_t は $AR(1)$ の確率変数である。

$$x_t = (1-\rho)\mu + \rho x_{t-1} + \varepsilon_t \qquad |\rho|<1 \qquad \varepsilon_t \sim iid.\ N(0, \sigma^2)$$

効用最大化の条件は

$$p_t c_t^{\gamma-1} = \beta E_t \left[c_{t+1}^{\gamma-1} (p_{t+1} + d_{t+1}) \right]$$

である。資産価格は

$$p_t = \beta E_t \left[\left(\frac{c_{t+1}}{c_t} \right)^{\gamma-1} (p_{t+1} + d_{t+1}) \right]$$

で与えられる。均衡状態では、$c_t = d_t$ となる。これを代入すると

$$p_t = \beta E_t\left[\left(\frac{d_{t+1}}{d_t}\right)^{\gamma-1}(p_{t+1}+d_{t+1})\right]$$

となる。価格と配当の比率を $v_t = p_t/d_t$ とすると

$$v_t = \beta E_t[\exp(\gamma x_{t+1})(v_{t+1}+1)] \tag{5.3}$$

が成り立つ。PEA 法を適用するために、右辺の条件付き期待値を

$$\Phi(x_t) = \exp(\theta_0 + \theta_1 x_t + \theta_2 x_t^2) \tag{5.4}$$

で近似する。つまり状態変数の2次式で期待値を表す。メーラとプレスコット(1985)にしたがって $\gamma = -1.5$、$\beta = 0.95$、$\rho = -0.139$、$\mu = 0.0179$、$\sigma = 0.0348$ とする。ρ の符号はマイナスで配当は弱い負の系列相関をもつ。調整係数は $\omega = 0.8$、係数の初期値は0.5とする。近似精度と計算時間を勘案して、20,000のサンプルを発生させた。以上の条件でアルゴリズムを実行すると、つぎの期待関数が得られる。

$$\log(v_t) = 2.5056 + 0.1816 x_t + 0.3260 x_t^2$$

x_t の係数はプラスであり、配当が増加すると価格配当比率は上昇する。$x_t = \mu$ であれば、$v^* = \beta\exp(\gamma\mu)/(1-\exp(\gamma\mu)) = 12.3035$ となる。定常状態において v_t は v^* を中心に分布する。期待関数の形から v_t は正規分布とならない。線形関数にすれば正規分布となるが、反復計算は発散する。ただし、x_t と x_t^2 の内部相関は強くない。

簡単化のため一種類の資産を仮定したが、複数の資産があっても同じ方法が適用可能である。n 種類の資産があると、資産価格は

$$p_{i,t} = \beta E_t\left[\left(\frac{c_{t+1}}{c_t}\right)^{\gamma-1}(p_{i,t+1}+d_{i,t+1})\right] \qquad (i=1,2,\cdots\cdots,n)$$

で与えられる。市場均衡条件は $c_t = \sum_{i=1}^{n} d_{i,t}$ である。状態変数が増えても PEA 法を適用すれば価格配当比率の式が得られる。

5.3 最適成長モデル

つぎにラムゼーの最適成長モデルに応用する。このモデルにおいて消費者は無

限期間生存して効用関数

$$E_0 \sum_{t=0}^{\infty} \beta^t \frac{c_t^{1-\gamma}}{1-\gamma}$$

を最大化する。企業の生産関数はつぎの式で表される。

$$y_t = z_t k_t^{\alpha}$$

ここで y_t は生産量、z_t は全要素生産性、k_t は資本ストックである。資本ストックの運動式は

$$k_{t+1} = (1-\delta) k_t + i_t$$
$$k_0 は所与$$

である。ここで i_t は投資、δ は資本減耗率 $(0 \leq \delta \leq 1)$ である。財市場の均衡条件は

$$y_t = c_t + i_t$$

全要素生産性は、つぎの $AR(1)$ モデルで決定される。

$$\log(z_t) = \rho \log(z_{t-1}) + \varepsilon_t \qquad |\rho| < 1 \qquad \varepsilon_t \sim iid. \ N(0, \sigma^2)$$

資本ストックの運動式と財市場の均衡条件から

$$k_{t+1} = (1-\delta) k_t + z_t k_t^{\alpha} - c_t$$

が成り立つ。家計の最適化問題を解くために、つぎのラグランジュ関数を定義する。

$$L = E_0 \sum_{t=0}^{\infty} \beta^t \left[\frac{c_t^{1-\gamma}}{1-\gamma} - \lambda_t \left(k_{t+1} - z_t k_t^{\alpha} - (1-\sigma) k_t + c_t \right) \right]$$

ここで λ_t はラグランジュ乗数である。L を c_t、k_t、λ_t で微分してゼロとおくと

$$\lambda_t = c_t^{-\gamma}$$
$$\lambda_t = \beta E_t [\lambda_{t+1} (\alpha z_{t+1} k_{t+1}^{\alpha-1} + 1 - \delta)] \tag{5.5}$$
$$k_{t+1} = (1-\delta) k_t + z_t k_t^{\alpha} - c_t$$

が得られる。2番目の式に含まれる期待値は k_t と z_t の関数であり

$$\beta E_t[\lambda_{t+1}(\alpha z_{t+1}k_{t+1}^{\alpha-1}+1-\delta)] = \Phi(k_t, z_t)$$

と記す。$\Phi(k_t, z_t)$ は $\log(k_t)$ と $\log(z_t)$ の多項式とする。

$$\Phi(k_t, z_t) = \exp(\theta_0 + \theta_1 \log(k_t) + \theta_2 \log(z_t) + \theta_3 \log(k_t)^2 \\ + \theta_4 \log(z_t)^2 + \theta_5 \log(k_t)\log(z_t)) \tag{5.6}$$

6個の係数は数値計算で求める。

最初に、解析解がわかっているケースを取り上げる。$\gamma=1$、$\delta=1$ であるとモデルは解析的に解ける。資本ストックは

$$k_{t+1} = \left(\frac{\beta B}{1+\beta B}\right) z_t k_t^\alpha$$

$$B = \frac{\alpha}{1-\alpha\beta}$$

で与えられる[2]。期待関数は

$$\Phi(k_t, z_t) = \exp(\theta_0 + \theta_1 \log(k_t) + \theta_2 \log(z_t))$$

とする。モデルのパラメータを $\beta=0.95$、$\alpha=0.36$、$\rho=0.85$、$\sigma_e=0.01$ として PEA 法を実行すると、$\theta_0=0.4186$、$\theta_1=-0.3600$、$\theta_2=-1.0000$ となる。$c_t=1/\lambda_t$ から消費の決定式は

$$\log(c_t) = -0.4186 + 0.3600\log(k_t) + \log(z_t)$$

となる。一方、解析解は

$$\log(c_t) = -\log(1+\beta B) + \alpha\log(k_t) + \log(z_t)$$

である。α と β の値を代入すると、この式は推計式と一致する。したがって PEA 法は正確な消費決定式を与える。来期の資本ストックは

$$\log(k_{t+1}) = -1.0729 + 0.3600\log(k_t) + \log(z_t)$$

となる。

つぎにモデルのパラメータを $\gamma=0.8$、$\delta=0.1$ に変更する。この場合、解析解は存在しない。ホモトピー法の考えに基づいて $\gamma=1$、$\delta=1$ のケースからはじめ

図5.1 消費に関するオイラー方程式の誤差

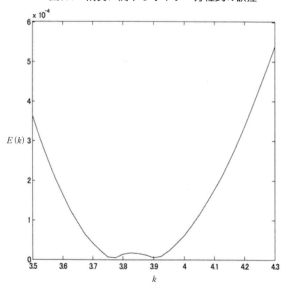

てパラメーターの値を少しずつ変化させる。θ_iの初期値として一つ前の推計値を使用する。この方法を適用すると、消費決定式はつぎのようになる。

$$\log(c_t) = -\frac{1}{\gamma}(0.6154 - 0.6622\log(k_t) - 0.2692\log(z_t) + 0.0565\log(k_t)^2$$

$$+ 0.0559\log(z_t)^2 - 0.0475\log(k_t)\log(z_t)) \quad (5.7)$$

厳密解と比較して近似精度を調べることはできない。そこで消費に関するオイラー方程式の誤差を計算する。誤差はつぎの式で定義する。

$$E(k) = \left| 1 - \beta \frac{u'(\hat{C}(F(k) - \hat{C}(k)))F'(F(k) - \hat{C}(k))}{u'(\hat{C}(k))} \right|$$

ここで$\hat{C}(k)$は消費の近似値で、$F(k) = (1-\delta)k + k^\alpha$である。推計したモデルを用いてシミュレーションを行うと、大部分の期間で資本ストックは$3.5 \leq k \leq 4.3$の区間にある。図5.1はオイラー方程式の誤差を示している。定常状態の資本ストックは

$$k^* = \left[\frac{\alpha\beta}{1-\beta(1-\delta)}\right]^{\frac{1}{1-\alpha}} = 3.8219$$

となる。$E(k^*)=1.568\times 10^{-5}$ であり、誤差はほとんどゼロである。定常状態から離れても誤差はそれほど大きくならない。k^* の近くで近似精度が高くなるが、これは期待係数を推定するとき定常状態に近いデータが大きなウェイトを占めるからである。他のモデルでも定常状態に近いほど誤差は小さくなる。

5.4 投資に非負制約があるケース

前節で取り上げた標準的な成長モデルでは、投資に対する非負制約は考慮しない。全要素生産性は一定の範囲で変化し、投資は正となるという暗黙の仮定があるためである。しかし、この条件は常に成り立つとは限らない。生産性の低下で投資が負となる可能性は排除できない。投資の非負制約を考慮したほうがより現実的である。

投資の非負制約を考慮して、ラグランジュ関数をつぎのように変更する。

$$L=E_0\sum_{t=0}^{\infty}\beta^t\left[\frac{c_t^{1-\gamma}}{1-\gamma}-\lambda_t(k_{t+1}-z_t k_t^\alpha-(1-\delta)k_t+c_t)-\mu_t((1-\delta)k_t-k_{t+1})\right]$$

ここで μ_t は投資のラグランジュ乗数である。効用最大化の条件はつぎのようになる。

$$\begin{aligned}&c_t^{-\gamma}=\lambda_t\\&\lambda_t=\mu_t+\beta E_t[\lambda_{t+1}(\alpha z_{t+1}k_{t+1}^{\alpha-1}+1-\delta)-\mu_{t+1}(1-\delta)]\\&k_{t+1}=(1-\delta)k_t+z_t k_t^\alpha-c_t\\&\mu_t(k_{t+1}-(1-\delta)k_t)=0\\&\mu_t\geq 0\end{aligned} \quad (5.8)$$

制約条件が有効でないときは $\mu_t=0$ となる。条件付き期待値は2番目の式に含まれる。期待値は k_t と z_t の関数で

$$\Phi(k_t,z_t)=\beta E_t[\lambda_{t+1}(\alpha z_{t+1}k_{t+1}^{\alpha-1}+1-\delta)-\mu_{t+1}(1-\delta)]$$

とする。ただし、関数形は (5.6) と同じである。PEA法のアルゴリズムをつぎのように修正する[3]。財市場の均衡条件から、投資は

$$i_t=z_t k_t^\alpha-\Phi(k_t,z_t)^{-\frac{1}{\gamma}}$$

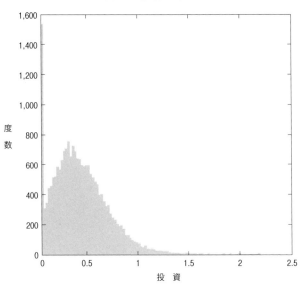

図5.2 投資の分布

となる。もし $i_t > 0$ であれば非負制約は無効であり、$\mu_t = 0$、$k_{t+1} = (1-\delta)k_t + i_t$ とする。もし $i_t \leq 0$ ならば非負制約は有効であり、$\mu_t = c_t^{-\gamma} - \Phi(k_t, z_t)$、$k_{t+1} = (1-\delta)k_t$、$c_t = zk_t^\alpha$ とする。$\rho = 0.3$、$\sigma_e = 0.2$ とした他は、モデルのパラメータは前節と変わらない。はじめに制約条件を無視して期待係数を推計する。つぎに推計した係数を初期値として制約条件を考慮して再推計する。最終的につぎの期待関数が得られる。

$$\log \Phi(k_t, z_t) = 0.3539 - 0.2390 \log(k_t) - 0.4034 \log(z_t) - 0.1231 \log(k_t)^2$$
$$- 0.1334 \log(z_t)^2 + 0.1330 \log(k_t) \log(z_t) \tag{5.9}$$

(5.7) と比較すると、最後の3項の符号が変化している。他の項は符号は変わらないが、数値は大きく変化している。推計したモデルを用いてシミュレーションを行うと、約7％の期間で投資はゼロとなる。また z_t の分散が大きくなると、投資がゼロとなる頻度は高くなる。投資は資本ストックの減少関数であり、$k \geq 6.73$ では投資はゼロとなる。消費は資本ストックの増加関数である。消費の決定式には微分不可能な点があり、線形近似すると大きな誤差が生じる。投資の非負制約は強い非線形を意味するので、線形モデルはフィットしない。投資の実現

値をプロットすると、右に歪んだ分布となる（図5.2）。非負制約を反映して $i=0$ の頻度が突出していることが見てとれる。消費に関するオイラー方程式の誤差は k^* の近くではほとんどゼロとなるが、非負制約が働く領域では大きくなる。

5.5 消費習慣モデル

基本的な成長モデルでは、家計の効用を決定するのは現在の消費である。しかし過去の消費も効用に影響する可能性がある。そこで消費習慣を考慮して、効用関数を $U(c_t - \eta c_{t-1})$ とする。$\eta > 0$ ならば現在の消費が増えると将来消費の限界効用は高くなる。このため消費は正の系列相関をもつと考えられる。実際に消費のデータを調べると、強い正の系列相関が見られる。したがって消費習慣は現実的な仮定である。この節では消費習慣モデルに PEA 法を適用する。

家計の効用関数をつぎのように変更する。

$$E_0 \sum_{t=0}^{\infty} \beta^t \frac{(c_t - \eta c_{t-1})^{1-\gamma} - 1}{1-\gamma}$$

効用最大化の条件はつぎのようになる。

$$\begin{aligned}
\lambda_t &= (c_t - \eta c_{t-1})^{-\gamma} - \beta \eta E_t (c_{t+1} - \eta c_t)^{-\gamma} \\
\lambda_t &= \beta E_t [\lambda_{t+1} (\alpha z_{t+1} k_{t+1}^{\alpha-1} + 1 - \delta)] \\
k_{t+1} &= (1-\delta) k_t + z_t k_t^{\alpha} - c_t
\end{aligned} \tag{5.10}$$

最初の2つの式から

$$(c_t - \eta c_{t-1})^{-\gamma} = \beta E_t [\eta (c_{t+1} - \eta c_t)^{-\gamma} + ((c_{t+1} - \eta c_t)^{-\gamma} - \beta \eta (c_{t+2} - \eta c_{t+1})^{-\gamma}) \\ (\alpha z_{t+1} k_{t+1}^{\alpha-1} + 1 - \delta)]$$

が成り立つ。モデルの状態変数は k_t、z_t、c_{t-1} である。右辺の期待値を関数 $\Phi(k_t, z_t, c_{t-1})$ で近似する[4]。

$$\begin{aligned}
\Phi(k_t, z_t, c_{t-1}) = \exp(&\theta_0 + \theta_1 \log(k_t) + \theta_2 \log(z_t) + \theta_3 \log(c_{t-1}) + \theta_4 \log(k_t)^2 \\
&+ \theta_5 \log(z_t)^2 + \theta_6 \log(c_{t+1})^2 + \theta_7 \log(k_t) \log(z_t) \\
&+ \theta_8 \log(k_t) \log(c_{t-1}))
\end{aligned} \tag{5.11}$$

消費習慣を表すパラメータは $\eta = 0.5$ とする。他のパラメータはこれまでと変わ

図5.3 消費のサンプルパス

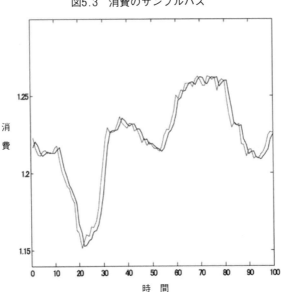

らない。(5.11) 式の回帰推定では、第3節で求めた値を初期値として用いた。$T = 20{,}000$ として PEA のアルゴリズムを実行するとつぎの式が得られる。

$$\Phi(k_t, z_t, c_{t-1}) = \exp(0.2532 + 0.7282\log(k_t) - 0.1850\log(z_t)$$
$$- 0.4323\log(c_{t-1}) - 0.4672\log(k_t)^2 + 0.7302\log(z_t)^2$$
$$+ 0.0622\log(c_{t-1})^2 - 0.0242\log(k_t)\log(z_t))$$

$\Phi(k_t, z_t, c_{t-1})$ が決まると、消費の決定式は

$$c_t = \Phi(k_t, z_t, c_{t-1})^{-\frac{1}{\gamma}} + \eta c_{t-1}$$

で与えられる。今期の消費と1期前の消費の間には正の系列相関がある。図5.3は消費のサンプルパスである。実線は消費習慣があるケースで、破線は消費習慣がないケースである。全体的なパターンは変わらないが、消費習慣を仮定した系列が先に変化している。

5.6 貨幣的成長モデル

リアルビジネスサイクル理論は、その名前からわかるように、もっぱら景気変動における実物的ショックの役割を重視する。しかしフリードマンとシュワルツ (1963) をはじめとする多くの実証研究は、貨幣は景気変動で重要な役割を果たしていることを示している。Cooley = Hansen (1989) は、リアルビジネスサイクルモデルに貨幣を導入して貨幣の効果を分析した。ただし、線形近似を用いているので方法論的に問題がある。ここでは PEA 法を用いて分析する。

代表的家計は、予算制約のもとで効用関数

$$E_0 \sum_{t=0}^{\infty} \beta^t (\log c_t - \gamma h_t)$$

を最大化する。ここで c_t は消費、h_t は労働時間である。予算制約はつぎのように表される。

$$c_t + k_{t+1} + \frac{m_t}{p_t} = w_t h_t + r_t k_t + (1-\delta) k_t + \frac{m_{t-1} + (g_t - 1) M_{t-1}}{p_t}$$

ここで p_t は物価水準で m_t/p_t は実質貨幣残高である。貨幣は政府の移転支払いを通じて供給される。貨幣の増加率を g_t とすれば

$$M_t = g_t M_{t-1}$$

となる。g_t は $AR(1)$ の確率変数である。

$$\log(g_t) = (1-\rho_g) \log(\mu) + \rho_g \log(g_{t-1}) + \varepsilon_t^g \qquad \varepsilon_t^g \sim iid.\ N(0, \sigma_g^2)$$

消費はつぎの現金制約を満たさなければならない。

$$p_t c_t \leq m_{t-1} + (g_t - 1) M_{t-1}$$

ただし、$g_t \geq \beta$ であれば等号で成り立つ。生産関数にはコブ・ダグラス関数を仮定する。

$$Y_t = z_t K_t^\alpha H_t^{1-\alpha}$$

ここで H_t は労働投入である。技術ショックも $AR(1)$ モデルに従うとする。

$$\log(z_t) = \rho_z \log(z_{t-1}) + \varepsilon_t^z \qquad \varepsilon_t^z \sim iid.\, N(0, \sigma_z^2)$$

資本の蓄積は

$$K_{t+1} = (1-\delta) K_t + I_t$$

と表される。利潤最大の条件は

$$w_t = (1-\alpha) z_t K_t^\alpha H_t^{-\alpha}$$
$$r_t = \alpha z_t K_t^{\alpha-1} H_t^{1-\alpha}$$

である。w_t は実質賃金で r_t は資本レントである。便宜上、名目変数を貨幣ストックで割って基準化する。例えば $\hat{p}_t = p_t / M_t$, $\hat{m}_t = m_t / M_t$ とする。これらの変数を使うと、現金制約は

$$\hat{p}_t c_t = \frac{\hat{m}_{t-1} + (g_t - 1)}{g_t}$$

予算制約は

$$c_t + k_{t+1} + \frac{\hat{m}_t}{\hat{p}_t} = w_t h_t + r_t k_t + (1-\delta) k_t + \frac{\hat{m}_{t-1} + (g_t - 1)}{g_t \hat{p}_t}$$

と表される。効用最大の1階条件は

$$\frac{1}{c_t} = \lambda_t + \eta_t$$
$$\gamma = \lambda_t (1-\alpha) z_t K_t^\alpha H_t^{-\alpha}$$
$$\lambda_t = \beta E_t [\lambda_{t+1} (\alpha z_{t+1} K_{t+1}^{\alpha-1} H_{t+1}^{1-\alpha} + 1 - \delta)] \qquad (5.12)$$
$$\frac{\lambda_t}{\hat{p}_t} = \beta E_t \frac{\lambda_{t+1} + \eta_{t+1}}{g_{t+1} \hat{p}_{t+1}}$$
$$k_{t+1} + \frac{\hat{m}_t}{\hat{p}_t} = (1-\delta) k_t + w_t h_t + r_t k_t$$
$$\hat{p}_t c_t = \frac{\hat{m}_{t-1} + (g_t - 1)}{g_t}$$

となる。ここで λ_t と η_t はラグランジュ乗数である。均衡条件は

$C_t = c_t$
$H_t = h_t$
$K_{t+1} = k_{t+1}$
$\hat{m}_t = 1$

である。$z=1$、$g=\mu$とすると、定常状態では

$$r^* = \frac{1}{\beta} - (1-\delta)$$

$$w^* = (1-\alpha)\left(\frac{r^*}{\alpha}\right)^{\frac{\alpha}{\alpha-1}}$$

$$C^* = \frac{\beta w^*}{\mu \gamma} \tag{5.13}$$

$$\hat{p}^* = \frac{1}{C^*}$$

$$K^* = \frac{C^*}{\frac{r^*}{\alpha} - \delta}$$

$$H^* = \left(\frac{r^*}{\alpha}\right)^{\frac{1}{1-\alpha}} K^*$$

$$Y^* = C^* + \delta K^*$$

となる。このモデルで貨幣は長期的に非中立的である。つまり、μが増加すると消費、投資、労働供給、資本ストック、実質貨幣残高は減少する。貨幣の増加にともなうインフレによって貨幣の購買力は低下し、家計は消費を減らして余暇を増やすからである。

短期的変動の分析には、(5.12)を数値的に解く必要がある。1、4、6番目の式から

$$\lambda_t C_t = \beta E_t \frac{1}{g_{t+1}}$$

$$\eta_t C_t = 1 - \beta E_t \frac{1}{g_{t+1}} \tag{5.14}$$

が成り立つ。貨幣の増加率は対数正規分布に従い、$E_t(1/g_{t+1})$ は g_t の関数となる。線形近似ではこの点を無視するので誤差は大きくなる。(5.12) の 3 番目の式で、右辺の条件付き期待値を $\Phi(k_t, z_t, g_t)$ とすれば

$$\lambda_t = \Phi(k_t, z_t, g_t)$$

と書ける。期待関数が決まると、モデルを解くのは簡単である。λ_t を (5.14) に代入すると C_t と η_t が決まり、(5.12) の 2 番目の式から労働供給がわかる。また現金制約から物価水準を計算して予算制約に代入すると来期の資本ストックが決まる。実際に計算するために、モデルのパラメータを $\beta=0.99$、$\delta=0.025$、$\alpha=0.36$、$\gamma=2.5805$、$\rho_z=0.95$、$\sigma_z=0.00721$ とする。これらの値を (5.13) に代入すると、長期均衡値は

$$r^* = 0.0351$$

$$w^* = 2.3706$$

$$C^* = \frac{0.9095}{\mu}$$

$$\hat{p}^* = 1.0995\mu$$

$$K^* = \frac{12.544}{\mu}$$

$$H^* = \frac{0.3302}{\mu}$$

$$Y^* = \frac{1.2231}{\mu}$$

となる。定常状態における効用は

$$U^* = -9.486 - 100\log(\mu) - \frac{85.208}{\mu}$$

で与えられる。現金制約がないと、U^* を最大化する貨幣の増加率は $\mu^* = 0.85208$ である。実際には $\mu \geq \beta$ の制約があり、$\mu = \beta$ のときに効用は最大となる。このとき $\eta_t = 0$ であり、現金制約は無効で貨幣と資本の収益率は等しくなる。したがってフリードマンルールのもとでは現金制約は無効となる。

表5.1は、PEA法のアルゴリズムを実行した結果である。貨幣ショックの分散

表5.1 期待関数の係数 ($\sigma_g = 0.0086$ のケース)

状態変数	$\mu = 0.99$	$\mu = 1.20$	$\mu = 1.40$
constant	1.4482	1.3449	1.3019
$\log(k_t)$	-0.5370	-0.5370	-0.5370
$\log(z_t)$	-0.4539	-0.4546	-0.4549
$\log(k_t)\log(z_t)$	-0.0035	-0.0035	-0.0035
$\log(z_t)^2$	-0.0313	-0.0313	-0.0314

表5.2 期待関数の係数 ($\sigma_g = 0.0172$ のケース)

状態変数	$\mu = 0.99$	$\mu = 1.20$	$\mu = 1.40$
constant	1.4499	1.3465	1.2636
$\log(k_t)$	-0.5376	-0.5376	-0.5376
$\log(z_t)$	-0.5020	-0.4991	-0.4968
$\log(k_t)\log(z_t)$	0.0150	0.0150	0.0150
$\log(z_t)^2$	-0.0673	-0.0673	-0.0673

は期待係数に影響するが、貨幣ショック自体の影響はない。例えば $\sigma_g = 0.0086$、$\mu = 0.99$ ならば

$$\log(\lambda_t) = 1.4482 - 0.5370\log(k_t) - 0.4539\log(z_t) - 0.0035\log(k_t)\log(z_t) \\ - 0.0313\log(z_t)^2$$

となる[5]。$z_t = 1$ であれば

$$\log(c_t) = -1.4482 + 0.5370\log(k_t)$$

となり資本の増加は消費を拡大させる。正の技術ショックも消費を増加させる。貨幣増加率が高くなると現金制約が有効となるが、定数項を除いて係数はほとんど変わらない。表5.2は貨幣の変動を2倍にしたときの結果である。一つの変数を除いて大きな変化は見られない。

貨幣を含んだモデルの分析は実物的モデルほど簡単ではないが、PEA法を適用すれば正確な解が得られる。貨幣ショックの期待値は厳密に計算できるので状態変数の関数で近似する必要はない。このため貨幣を考慮してもモデルの基本的な構造は変わらない。

5.7 結論

PEA 法は期待形成を明示した独特のアプローチで、いろいろなモデルに適用可能である。計算も簡単で制約条件を考慮することも難しくない。ただしつぎの2点を改善する必要がある。第1に、モデルによっては回帰推定で強い内部相関が生じる可能性がある。内部相関が強いと推定値は不安定となり、最悪の場合は計算は途中で停止する。この問題には第2章で説明したニューラルネットワークが有効である。Duffy = McNelis (2001) が示したように、ニューラルネットワークを用いると内部相関はほとんど発生しない。また少数の説明変数でも正確な解が得られる。第2に、説明変数が多くなると初期値の選択が難しくなる。この問題にはホモトピー法が有効である。ホモトピー法の原理を応用して、解析解のあるケースからはじめて初期値を少しずつ変化させると収束しやすくなる。PEA法と線形近似を組み合わせる方法も有効である。線形近似でモデルを解き、コンピュータでデータを発生させて初期値を求める。この方法を使うと無駄な計算をしなくてすむが、追加的な計算が必要である。収束解を得ることが困難な問題に適している。

[注]

1) PEA 法については Marcet (1988)、Den Haan = Marcet (1990)、Marcet = Lorenzoni (1999) を参照せよ。Duffy = McNelis (2001) は確率的成長モデルに PEA 法、ニューラルネットワーク、遺伝的アルゴリズムを適用して近似精度を比較している。

2) 動的計画法を適用すると、ベルマン方程式は

$$v(k_t, z_t) = \max_{c_t} [\log(c_t) + \beta E_t v(k_{t+1}, z_{t+1})]$$

$$v(k_t, z_t) = A + B\log(k_t) + C\log(z_t)$$

$$A = \left[\log(1-\alpha\beta) + \frac{\alpha\beta\log(\alpha\beta)}{1-\alpha\beta}\right](1-\beta)^{-1}$$

$$B = \frac{\alpha}{1-\alpha\beta}$$

$$C = \frac{1}{1-\alpha\beta}$$

と書ける。最適消費を求めて右辺に代入すると

$$v(k_t, z_t) = \log(z_t k_t^\alpha - k_{t+1}) + \beta E_t[A + B\log(k_{t+1}) + C\log(z_{t+1})]$$

となる。これを k_{t+1} で微分してゼロとおくと、最適資本ストックは

$$k_{t+1} = \left(\frac{\beta B}{1+\beta B}\right) z_t k_t^\alpha$$

で与えられる。

3) Marcet = Lorenzoni (1999) を参照せよ。
4) (5.10) に含まれる2つの期待値を別々に推計することもできるが、この方法は効率的ではない。
5) 内部相関を減らすために $\log(k_t)^2$ は除いている。

[参考文献]

Cooley, T. and G. Hansen. (1989) "The Inflation Tax in a Real Business Cycle Model", *American Economic Review*, Vol. 79, 733-748.

Friedman, M. and Schwartz, A. (1963) *A Monetary History of the United States, 1867-1960*, NJ: Princeton, Princeton University Press.

Den Haan, W. and A. Marcet. (1990) "Solving the Stochastic Growth Model by Parameterizing Expectations", *Journal of Business and Economic Statistics*, Vol. 8, 31-34.

Duffy, J. and P. D. McNelis. (2001) "Approximating and simulating the stochastic growth model: Parameterized expectations, neural networks, and the genetic algorithm", *Journal of Economic Dynamics & Control*, Vol. 25, 1273-1303.

Marcet, A. and D. A. Marshall. (1994) "Convergence of Approximate Model Solutions to Rational Expectations Equilibria Using the Method of Parameterized Expectations", Discussion Paper No. 91, Institute for Empirical Macroeconomics, Federal Reserve Bank of Minneapolis.

Marcet, A. (1988) "Solving non-linear models by parameterizing expectations". Unpublished manuscript, Carnegie Mellon University, Graduate School of Industrial Administration.

Marcet, A. and G., Lorenzoni. (1999) "The parameterized expectation approach: some practical issues". In *Computational Methods for Study of Dynamic Economies* (R. Marimon and A. Scott, eds.) Oxford University Press, New York, 143-171.

Mehra, R. and E. Prescott. (1985) "The Equity Premium: A Puzzle", *Journal of Monetary Economics*, Vol. 15, 145-161.

第6章 プロジェクション法による最適成長モデルの数値解析

6.1 プロジェクション法の原理

プロジェクション法は関数方程式を数値的に解く実用的な方法で、工学や物理学で広く用いられている。微分方程式を例に基本的な考え方を示した後、一般的なアルゴリズムを説明し、最適成長モデルに応用する。

微分方程式の初期値問題について考えよう[1]。

$$\frac{dy}{dx} = f(x, y) \qquad (0 \leq x \leq D) \tag{6.1}$$

初期条件：$y(0) = 1$

$f(x, y)$ が特殊な関数であれば解析解が存在するが、一般的に解析解は存在しない。このような場合は数値的な方法で解を求める。代表的な解法であるオイラー法やルンゲ・クッタ法は微分方程式を差分方程式に変換して解く。プロジェクション法では (6.1) の解を x の多項式

$$g(x; a) = 1 + \sum_{i=1}^{n} a_i x^i$$

によって近似する。$g(0; a) = 1$ であり、初期条件を満足する。多項式の係数は $g(x; a)$ が真の解を正確に近似するように決める。残差をつぎのように定義する。

$$R(x; a) = \sum_{i=1}^{n} i a_i x^{i-1} - f\left(x, 1 + \sum_{i=1}^{n} a_i x^i\right)$$

$g(x; a)$ が真の解であれば、$R(x; a) = 0$ となる。係数の決定にはつぎのような方法がある。

(a) 最小自乗法

最小自乗法では残差の自乗和が最小となるように係数を決める。つまり

$$J = \int_0^D R(x;a)^2 dx$$

が最小となるように a を定める。

例えば $f(x,y) = y$ であり、(6.1) は

$$\frac{dy}{dx} = y \qquad (0 \leq x \leq 2) \tag{6.2}$$

初期条件： $y(0) = 1$

とする。残差は

$$R(x;a) = -1 + \sum_{i=1}^{n} a_i (ix^{i-1} - x^i)$$

と定義される。$n = 3$ とすると

$$J = \int_0^2 \left(-1 + \sum_{i=1}^{3} a_i (ix^{i-1} - x^i) \right)^2 dx$$

となる。$\frac{\partial J}{\partial a_i} = 0$ とおくと、正規方程式は

$$\begin{bmatrix} \frac{2}{3} & 0 & -\frac{8}{5} \\ 0 & \frac{16}{15} & \frac{8}{3} \\ -\frac{8}{5} & \frac{8}{3} & \frac{416}{35} \end{bmatrix} \begin{bmatrix} a_1 \\ a_2 \\ a_3 \end{bmatrix} = \begin{bmatrix} 0 \\ \frac{4}{3} \\ 4 \end{bmatrix}$$

この式を解くと $a_1 = 1.160$、$a_2 = 0.041$、$a_3 = 0.483$ となる。微分方程式の近似解は

$$g(x;a) = 1 + 1.160x + 0.041x^2 + 0.483x^3$$

で与えられる。係数行列の条件数は190.1であり、説明変数の間に強い内部相関がある。

(b) ガレルキン法

$g(x;a)$ が真の解であれば、残差に任意の関数を掛けてもゼロとなる。そこで、適当に選んだ関数 $p_i(x)$ を残差に掛けて

$$\int_0^D R(x;a)\,p_i(x)\,dx = 0 \qquad (i=1,2,\cdots\cdots,n)$$

となるように a を定める。x のべき乗を $p_i(x)$ とすれば

$$\int_0^2 R(x;a)\,x^i\,dx = 0$$

となる。上の例では係数はつぎの式を満たす。

$$\begin{bmatrix} -\dfrac{2}{3} & \dfrac{4}{3} & \dfrac{28}{5} \\ -\dfrac{4}{3} & \dfrac{8}{5} & \dfrac{128}{15} \\ -\dfrac{12}{5} & \dfrac{32}{15} & \dfrac{96}{7} \end{bmatrix} \begin{bmatrix} a_1 \\ a_2 \\ a_3 \end{bmatrix} = \begin{bmatrix} 2 \\ \dfrac{8}{3} \\ 4 \end{bmatrix}$$

この式を解くと $a_1 = 1.551$、$a_2 = -0.258$、$a_3 = 0.603$ となり、近似解は

$$g(x;a) = 1 + 1.551x - 0.258x^2 + 0.603x^3$$

と表される。

(c) コロケーション法

コロケーション法では、特定の点を選び残差がゼロとなるように係数を決める。例題では 3 個の分点をとればよい。区間を 3 等分して 0、1、2 を分点とすると、係数はつぎの式を満たす必要がある。

$$R(0;a) = -1 + a_1 = 0$$
$$R(1;a) = -1 + a_2 + 2a_3 = 0$$
$$R(2;a) = -1 - a_1 + 4a_3 = 0$$

これより $a_1 = 1$、$a_2 = 0$、$a_3 = 0.5$ となり、近似解は

$$g(x;a) = 1 + x + 0.5x^3$$

で与えられる。

(d) べき級数法

微分方程式の解を x のべき級数を用いて

$$y = \sum_{i=0}^{\infty} a_i x^i$$

と表す。

$$\frac{dy}{dx} = \sum_{i=1}^{\infty} i a_i x^{i-1} = \sum_{i=0}^{\infty} (i+1) a_{i+1} x^i$$

であり、(6.2) に代入すると

$$\sum_{i=0}^{\infty} (i+1) a_{i+1} x^i - \sum_{i=0}^{\infty} a_i x^i = 0$$

となる。係数がつぎの条件を満たすと、この式は常に成り立つ。

$$a_1 - a_0 = 0$$
$$2a_2 - a_1 = 0$$
$$3a_3 - a_2 = 0$$
$$4a_4 - a_3 = 0$$
$$\vdots$$

上から順に解くと

$$a_1 = a_0$$
$$a_2 = \frac{a_1}{2} = \frac{a_0}{2}$$
$$a_3 = \frac{a_2}{3} = \frac{a_0}{6}$$
$$a_4 = \frac{a_3}{4} = \frac{a_0}{24}$$

一般に、

$$a_i = \frac{a_0}{i!}$$

初期条件から $a_0 = 1$ となる。近似解は

$$y \cong 1 + x + \frac{x^2}{2} + \frac{x^3}{6} + \cdots\cdots$$

で与えられる。近似解はe^xのテイラー展開と一致する。

プロジェクション法は、偏微分方程式や連立微分方程式にも応用される（Judd (1992)を参照）。微分方程式を例に基本的な考え方を示したので、つぎに一般的なアルゴリズムについて説明しよう。

6.2 一般的アルゴリズム

プロジェクション法は関数方程式

$$N(f) = 0 \tag{6.3}$$

の近似解を求める方法である[2]。Nは関数空間上の連続写像で、fは$R^n \to R^m$の写像である。マクロ経済学では市場均衡条件、オイラー方程式、ベルマン方程式、合理的期待などがNに相当する。解析解がないときは数値計算で近似解を求める。プロジェクション法の一般的なアルゴリズムはつぎの通りである。

［ステップ1］基底関数の選択

(6.3)の解を基底関数$\phi_i(x)$の線形結合

$$\hat{f} = \sum_{i=1}^{n} a_i \phi_i(x) \tag{6.4}$$

によって表す。基底関数は問題に合わせて選ぶ必要がある。例えばフーリエ解析では、正弦関数と余弦関数が用いられる。ウェーブレット変換はウェーブレット関数を使用する。DSGEモデルでは直交多項式や区分的線形関数が使われる。$\varphi_i = x^i$の線形結合は閉区間の連続関数を一様近似する。しかし内部相関の問題があり、多項式は簡単な問題にしか適用されない。代わりにチェビシェフ多項式が使われる。

［ステップ2］近似度の決定

近似式の項数nを決定する。少ない項数からはじめてよい結果が得られるまで増やしていく。項数を増やしても改善しないときは、別の基底関数に変えて最初からやり直す。数値解は(6.3)を厳密に満足しないので、近似精度を測定する。$N(\hat{f})$を厳密に計算できない場合は期待値を数値積分で近似する。

［ステップ3］残差の計算

係数に初期値を与えて

$$\hat{f} = \sum_{i=1}^{n} a_i \phi_i(x)$$

$$R(x;a) = (N(\hat{f}))(x) \qquad (6.5)$$

を計算する。

［ステップ4］プロジェクションの計算

係数と同数のプロジェクション

$$P_i(a) = \int R(x;a) \phi_i(x) dx \qquad (i=1,2,\cdots\cdots,n)$$

を計算する。

［ステップ5］係数の決定

つぎの連立方程式を解いて$\phi_i(x)$の係数を求める。

$$P_1(a) = 0$$
$$P_2(a) = 0$$
$$\vdots$$
$$P_n(a) = 0$$

一般に$P_i(a)$はa_iの非線形関数となる。

［ステップ6］精度のチェック

$N(\hat{f})$を求めて近似精度を調べる。重み関数の種類によってつぎのような方法がある。

(a) 最小自乗法

最小自乗法では残差の自乗和

$$S = \int R(x;a)^2 dx$$

を最小化する。残差が最小となるための条件は

$$\int R(x;a) \frac{\partial R}{\partial a_i} dx = 0 \qquad (i=1,2,\cdots\cdots,n) \qquad (6.6)$$

である。この場合、重み関数は$\phi_i(x)=\partial R/\partial a_i$である。この方法は直観的に理解しやすいが、非線形の正規方程式を解かなければならない。

(b) ガレルキン法

重み関数として基底関数を使う方法である。つぎの条件から係数を求める。

$$\int R(x;a)\phi_i(x)dx=0 \qquad (i=1,2,\cdots\cdots,n) \tag{6.7}$$

これは係数を未知数とする連立方程式である。

(c) コロケーション法

コロケーション法では、n個の点を選んで残差がゼロとなるように係数を決める。つまり

$$R(x_i;a)=0 \qquad (i=1,2,\cdots\cdots,n) \tag{6.8}$$

とする。ディラックのデルタ関数$\delta(x)$を使うと、この条件は

$$\int R(x;a)\delta(x-x_i)dx=0$$

と書ける。重み関数は$\varphi_i(x)=\delta(x-x_i)$である。直交コロケーションでは$n$番目の基底関数の零点を選点とする。等間隔の点を選ぶより正確である。

この他にも重み関数に$\varphi_i(x)=x^{i-1}$を用いるモーメント法や、xの領域をn個の小区間D_iに分けて

$$\int_{D_i} R(x;a)dx=0 \qquad (i=1,2,\cdots\cdots,n)$$

から係数を決定するサブドメイン法などがある。

ステップ5で解析解がないときは数値計算で解を求める。最小自乗法では多変数関数の最小化アルゴリズムを使用し、他の方法では非線形方程式の数値解法を利用する。例えばニュートン法を用いて漸化式

$$a_{k+1}=a_k-J(a_k)^{-1}P(a_k)$$

$$J(a_k)=\frac{\partial P}{\partial a}$$

から解を求める。$J(a)$が正則行列であればa_kは方程式の零点に収束する。しかし解の近くに初期値を設定するのは簡単ではない。このためニュートン法は少数の多項式にしか使えない。また状態変数が増えるとヤコビアンの計算が大きな負担となる。問題によっては不動点アルゴリズムや多変数のセカント法が使われる。これらの方法ではヤコビアンは使わないが、初期値の選択が難しい。Guess-and-Verifyによって解析解が得られれば、一般的なケースの初期値として使える。原点と定常状態の解を通る線形関数を初期値とする方法や、最小自乗法の解を用いる方法がある。つぎに先のアルゴリズムを最適成長モデルへ適用しよう。

6.3 最適成長モデル

つぎの標準的な最適成長モデルについて考えよう。

$$\max_{c_t} \sum_{t=0}^{\infty} \beta^t u(c_t)$$
$$s.t. \quad k_{t+1} = F(k_t) - c_t$$
$$F(k_t) = (1-\delta)k_t + f(k_t)$$
$$k_0 \quad \text{given}$$

効用最大化の条件は

$$u'(c_t) = \beta u'(c_{t+1}) F'(k_{t+1})$$

である。最適消費は資本ストックの関数であり、$C(k)$と表すことにする。$C(k)$は

$$0 = u'(C(k)) - \beta u'(C(F(k) - C(k))) F'(F(k) - C(k)) \tag{6.9}$$

を満たす。つぎのような関数を仮定しよう。

$$u(c) = \frac{c^{\gamma+1}}{\gamma+1}$$

$$f(k) = \lambda k^{\alpha}$$

消費のオイラー方程式は

$$c_t^\gamma = \beta c_{t+1}^\gamma (1 - \delta + \alpha \lambda k_{t+1}^{\alpha-1})$$

となる。定常状態の資本が$k^*=1$となるように

$$\lambda = \frac{1-\beta(1-\delta)}{\alpha\beta}$$

とする。消費は$c^* = C(1) = \lambda - \delta$である。したがって消費関数は$(0,0)$と$(k^*, c^*) = (1, \lambda - \delta)$の2点を通る[3]。前節のアルゴリズムに従って、つぎのステップを実行する。

[ステップ1] 資本ストックの値域を$[k_m, k_M]$とする。ただし、$k_m < k^* < k_M$である。$2(k-k_m)/(k_M-k_m)-1$として区間を$[-1,1]$に変換する。消費関数を

$$\hat{C}(k;a) = \sum_{i=1}^{n} a_i \phi_i(k)$$

$$\phi_i(k) = T_{i-1}\left(\frac{2(k-k_m)}{k_M-k_m} - 1\right)$$

と表す。ここで$T_{i-1}(\cdot)$はチェビシェフ多項式である。

[ステップ2] オイラー方程式の残差

$$R(k;a) = u'(\hat{C}(k)) - \beta u'(\hat{C}(F(k) - \hat{C}(k))) F'(F(k) - \hat{C}(k)) \qquad (6.10)$$

を定義する。

[ステップ3] 直交コロケーション、またはガレルキン法で係数を決定する[4]。コロケーション法ではT_nの零点$z_i (i=1, 2, \cdots, n)$を求めて、$k_i = k_m + (k_M - k_m)(z_i+1)/2$と変換する。ガレルキン法では、関数$h(k)$と$g(k)$の内積をつぎのように定義する。

$$<h(k), g(k)> = \int h(k) g(k) w(k) dk$$

ただし、重み関数は

$$w(k) = \frac{1}{\sqrt{1 - \left(\frac{2(k-k_m)}{k_M-k_m} - 1\right)^2}}$$

である。関数の内積を用いて、プロジェクション

図6.1 消費の policy function

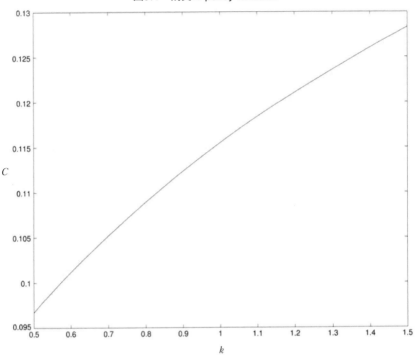

$$P_i(a) = \int R(k;a)\phi_i(k)w(k)dk \qquad (i=1,2,\cdots\cdots,n)$$

を計算し、$P(a)=0$ となるように a を決定する。ガウス・チェビシェフ求積を適用すると、$P_i(a)=0$ は

$$\sum_{j=1}^{m} R(k_j;a)\phi_i(k_j) = 0$$

となる。$m>n$ であり、k_j は $\phi_{m+1}(k)$ の零点である。

計算にあたって、資本ストックを区間 $0.5 \leq k \leq 1.5$ にとり、モデルのパラメータは $\alpha=0.25$、$\beta=0.99$、$\gamma=-5$、$\delta=0.025$ とする。近似式の項数は $n=10$ で、数値積分は20個の分点をとる。また、$(0,0)$ と (k^*,c^*) を通る直線を初期値とする。アルゴリズムを実行すると、消費関数の係数は

図6.2 オイラー方程式の誤差

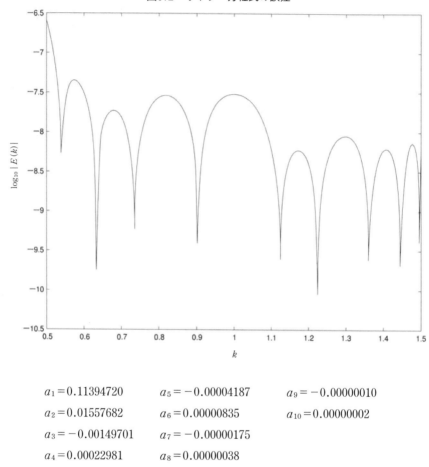

$a_1 = 0.11394720$	$a_5 = -0.00004187$	$a_9 = -0.00000010$
$a_2 = 0.01557682$	$a_6 = 0.00000835$	$a_{10} = 0.00000002$
$a_3 = -0.00149701$	$a_7 = -0.00000175$	
$a_4 = 0.00022981$	$a_8 = 0.00000038$	

となる。近似定理から予想されるとおり、高次の多項式ほど係数の絶対値は小さい。図6.1は消費の policy function を示している。消費は資本の単調増加な凹関数であり点 (k^*, c^*) を通る。

資本ストックの動きは

$$k_{t+1} = F(k_t) - \hat{C}(k_t)$$

で表される。どの初期値 $k_0 > 0$ からスタートしても必ず k^* に収束する。したがって横断性条件は満たされる。近似精度はいくつかの方法で調べることができるが、

消費でデフレートしたオイラー方程式の誤差を調べるのが最も簡単である。

$$E(k) = 1 - \frac{\left(u'(\hat{C}(k))\right)^{-1} \left(\beta u'(\hat{C}(F(k) - \hat{C}(k)))\right) F'(F(k) - \hat{C}(k)))}{\hat{C}(k)} \quad (6.11)$$

もし $\hat{C}(k) = C(k)$ であれば、$E(k)$ はゼロとなる。200個の分点について $\log_{10} |E(k)|$ を求めると、最大でも -7.87 となる。しかも区間内のどの点でも誤差は小さい。

直交コロケーションを適用しても、policy function の係数はほとんど変わらない。図6.2は誤差の絶対値（対数値）である。チェビシェフ多項式の零点にあたるところで誤差は小さくなる。最大でも -6.59 で近似精度は極めて高い。等間隔のコロケーションでも結果は変わらない。消費は資本ストックのなめらかな関数であり、補間点の選択は二次的な重要性しか持たないからである。

数値解法のテストケースとしてよく使われる最適成長モデルにプロジェクション法を適用すれば、僅か数秒の計算で極めて正確な近似値が得られる。次に不確実性のあるケースを検討しよう。

6.4　確率的成長モデル

不確実性を伴う最適成長モデルについて考えよう。

$$\max_{c_t} E_0 \sum_{t=0}^{\infty} \beta^t u(c_t)$$
$$s.t. \quad k_{t+1} = \theta_t f(k_t) - c_t$$
$$k_0 \quad \text{given}$$

生産性ショックはつぎの $AR(1)$ モデルで表される。

$$\log(\theta_t) = \rho \log(\theta_{t-1}) + \varepsilon_t \qquad |\rho| < 1 \qquad \varepsilon_t \sim iid.\ N(0, \sigma^2)$$

家計は θ_t を観察した後、消費と貯蓄を決定する。モデルの状態変数は k_t と θ_t である。消費のオイラー方程式は

$$u'(c_t) = \beta E \{u'(c_{t+1}) \theta_{t+1} f(k_{t+1}) | k_t, \theta_t\} \quad (6.12)$$

である。消費の決定式を $C(k_t, \theta_t)$ とすると

$$0 = u'(C(k,\theta)) - \beta E\{u'(C(\theta f(k) - C(k,\theta), \tilde{\theta})) \times \tilde{\theta} f'(\theta f(k) - C(k,\theta)) \mid \theta\} \tag{6.13}$$

を満たす。ここで$\tilde{\theta}$は来期の技術ショックである。右辺を残差とする方法もあるが、次のように線形に近い形に変換した方が計算は簡単である。

$$0 = C(k,\theta) - (u')^{-1}(\beta E\{u'(C(\theta f(k) - C(k,\theta), \theta) \\ \times \tilde{\theta} f'(\theta f(k) - C(k,\theta)) \mid \theta\}) \tag{6.14}$$

プロジェクション法を適用するために、消費の決定式を

$$\hat{C}(k,\theta) = \sum_{i=1}^{n_k} \sum_{j=1}^{n_\theta} a_{ij} \phi_{ij}(k,\theta)$$

$$\phi_{ij}(k,\theta) = T_{i-1}\left(2\frac{k-k_m}{k_M-k_m} - 1\right) T_{j-1}\left(2\frac{\theta-\theta_m}{\theta_M-\theta_m} - 1\right)$$

とする。ϕ_{ij}は$T_{i-1}(\cdot)$と$T_{j-1}(\cdot)$のテンソル積である。資本の上限と下限を適当に決める。θについては、$\varepsilon \in [\varepsilon_m, \varepsilon_M]$とすれば$\ln \theta_m = \varepsilon_m (1-\rho)^{-1}$、$\ln \theta_M = \varepsilon_M (1-\rho)^{-1}$となる。$\varepsilon$の範囲は確率分布から決める。$\tilde{\theta}$の条件付き分布は

$$\rho \ln \theta + \sigma z \qquad z \sim N(0,1)$$

である。これより（6.14）を

$$\hat{C}(k,\theta) - (u')^{-1}\left(\beta \int_{-\infty}^{\infty} I(k,\theta,z) \frac{e^{-z^2/2}}{\sqrt{2}} dz\right)$$

で近似する。ここで

$$I(k,\theta,z) = u'(\hat{C}(\theta f(k) - \hat{C}(k,\theta), e^{\sigma z} \theta^\rho)) \\ \times e^{\sigma z} \theta^\rho f'(\theta f(k) - \hat{C}(k,\theta)) \pi^{-1/2}$$

である。積分はガウス・エルミート求積法で近似する。

$$\int_{-\infty}^{\infty} I(k,\theta,z) \frac{e^{-z^2/2}}{\sqrt{2}} dz \cong \sum_{j=1}^{m} I(k,\theta,\sqrt{2}\,z_j) \omega_j$$

ただし、ω_jとz_jは積分の重みと分点である。オイラー方程式の残差は

$$R(k,\theta) = \hat{C}(k,\theta) - (u')^{-1}\left(\beta \sum_{j=1}^{m} I(k,\theta,\sqrt{2}\,z_j) \omega_j\right)$$

で与えられる。policy functionの係数をコロケーション法で求めるには、資本ストック$\{k_i\}$と技術ショック$\{\theta_i\}$を決めて

$$R(k_i, \theta_j) = 0 \qquad (i=1,2,\cdots\cdots,n_k,\ j=1,2,\cdots\cdots,n_\theta) \tag{6.15}$$

とする。ただし、$\{k_i\}$と$\{\theta_i\}$はチェビシェフ多項式の零点である。この連立方程式をニュートン法で解いて係数を求める。

ガレルキン法では$n_k n_\theta$個のプロジェクション

$$P_{ij}(a) = \int_{k_m}^{k_M} \int_{\theta_m}^{\theta_M} R(k,\theta) \phi_{ij}(k,\theta) w(k,\theta) d\theta dk$$

を定義し、$P_{ij}(a)=0$となるように係数を決める。$w(k,\theta)$はkとθに関するガウス・チェビシェフ積分の重み関数の積である。数値積分で近似して

$$\hat{P}_{ij}(a) = \sum_{l_k=1}^{m_k} \sum_{l_\theta=1}^{m_\theta} R(k_i, \theta_j) \phi_{ij}(k_{l_k}, \theta_{l_\theta}) \tag{6.16}$$

とする。ここで、

$$k_{l_k} = k_m + \frac{1}{2}(k_M - k_m)(z_{l_k}^{m_k} + 1) \qquad (l_k = 1, 2, \cdots\cdots, m_k)$$

$$\theta_{l_\theta} = \theta_m + \frac{1}{2}(\theta_M - \theta_m)(z_{l_\theta}^{m_\theta} + 1) \qquad (l_\theta = 1, 2, \cdots\cdots, m_\theta)$$

$$z_l^n = \cos\left(\frac{(2l-1)\pi}{2n}\right) \qquad (l = 1, 2, \cdots\cdots, n)$$

である。係数は非線形方程式

$$\hat{P}_{ij}(a) = 0 \qquad (i=1,2,\cdots\cdots,n_k,\ j=1,2,\cdots\cdots,n_\theta) \tag{6.17}$$

から決定する。近似精度はオイラー方程式の誤差

$$E(k,\theta) = \frac{R(k,\theta)}{\hat{C}(k,\theta)} \tag{6.18}$$

で表す。

ここでは数値を代入して計算する代わりに、Judd (1992) の計算結果を引用しよう。効用関数は$u(c) = c^{\gamma+1}/(\gamma+1)$、生産関数は$f(k) = \lambda k^\alpha$である。$\lambda$は定常状態の資本が1となるように設定する。$\alpha = 0.25$に固定し、資本ストックは$0.2 \leq k \leq 2.0$とする。生産性ショックの上限は$\ln \theta_M = 3\sigma/(1-\rho)$、下限は$\theta_m = 1/\theta_M$

表6.1 オイラー方程式の誤差

γ	ρ	σ	$\log_{10}|E|_\infty$	$\log_{10}|E|_1$	$\log_{10}|E|_\infty$	$\log_{10}|E|_1$
			$(2,2,2,2)$(注)		$(4,3,4,3)$	
-15.00	0.80	0.01	-2.13	-2.80	-3.00	-3.83
-15.00	0.80	0.04	-1.89	-2.54	-2.44	-2.87
-15.00	0.30	0.01	-2.20	-2.82	-3.05	-3.86
-15.00	0.30	0.04	-2.13	-2.80	-2.97	-3.83
-0.10	0.80	0.01	-0.01	-1.22	-1.68	-2.65
-0.10	0.80	0.04	0.01	-1.19	-1.48	-2.22
-0.10	0.30	0.01	0.04	-1.22	-1.67	-2.65
-0.10	0.30	0.04	0.18	-1.22	-1.63	-2.65
			$(7,5,7,5)$		$(7,5,20,12)$	
-15.00	0.80	0.01	-4.28	-5.19	-4.43	-5.18
-15.00	0.80	0.04	-3.36	-4.00	-3.30	-3.95
-15.00	0.30	0.01	-4.37	-5.23	-4.55	-5.22
-15.00	0.30	0.04	-4.24	-5.19	-4.38	-5.18
-0.10	0.80	0.01	-3.40	-4.37	-3.47	-4.39
-0.10	0.80	0.04	-2.50	-3.22	-2.60	-3.17
-0.10	0.30	0.01	-3.44	-4.36	-3.51	-4.39
-0.10	0.30	0.04	-3.43	-4.37	-3.49	-4.39
			$(10,6,10,6)$		$(10,6,25,15)$	
-15.00	0.80	0.01	-5.48	-6.43	-5.61	-6.42
-15.00	0.80	0.04	-3.81	-4.38	-3.88	-4.37
-15.00	0.30	0.01	-5.66	-6.49	-5.80	-6.49
-15.00	0.30	0.04	-5.45	-6.43	-5.57	-6.42
-0.10	0.80	0.01	-5.09	-6.12	-5.17	-6.15
-0.10	0.80	0.04	-2.99	-3.68	-3.09	-3.64
-0.10	0.30	0.01	-5.22	-6.12	-5.28	-6.14
-0.10	0.30	0.04	-5.17	-6.12	-5.23	-6.14

(注) 4つの数字は$(n_k, n_\theta, m_k, m_\theta)$を表す

とする。数値積分では8個の分点を用いる。表6.1は計算結果を示している（Judd (1992)、表3の一部は省略）。例えば、$(2,2,2,2)$のブロックでは$C = a_1 + a_2 k + a_3 \theta + a_4 k\theta$を使用する。表にはパラメータの値とオイラー方程式の誤差が示さ

れている。$[k_m, k_M] \times [\theta_m, \theta_M]$の中から8,000個の点を選び、各点で誤差の絶対値を計算した。$|E|_\infty$と$|E|_1$は誤差の最大値と平均値である。全体的に誤差は極めて小さい。最も簡単な$(2,2,2,2)$のケースでも、効用関数が強く凹であれば平均誤差は0.0029より小さくなる。近似式の項数を$(10,6,10,6)$に増やすと誤差はさらに小さくなる。例えば$\gamma = -15$、$\rho = 0.8$、$\sigma = 0.01$のケースでは、平均誤差は3.715×10^{-7}である。$|E|_\infty$と$|E|_1$を比較すると、もちろん平均誤差の方が小さくなるが、それほど大きな差はない。したがって対象領域の全域にわたって誤差は一様に小さく端の部分で大きくなることはない。パラメータと誤差の関係を見ると、効用関数の非線性が強いと誤差は小さくなり、生産性ショックの系列相関が強いと誤差は大きくなる傾向がある。また不確実性が高くなると誤差は大きくなる。しかしいずれのケースでも誤差が小さいことに変わりはない。普通のコンピュータでも数秒の計算で済みコストパフォーマンスは高い。

　ジャッドは上で説明した方法に加えて種々のバリエーションを検討しているが、確率的成長モデルに関する限り標準的アルゴリズムと結果はほとんど変わらない。ただし、非線性が強いモデルでは数値解法の選択は重要な意味をもつ。

6.5　結論

　プロジェクション法は常微分方程式や偏微分方程式、積分方程式など多くの問題に適用されている。関数方程式の解を基底関数の線形結合で近似するこの方法は直観的で分かりやすく、問題に合わせて修正することができる。数値補間、非線形方程式の解法、数値積分など標準的な方法を組み合わせて用いる。さらに*MATLAB*や*MATHEMATICA*のような計算ソフトを使えば簡単にプログラミングができる。多くの利点とともに欠点もある。最大の問題は近似係数に関する連立方程式を解くことである。ニュートン法を用いると未知数が多く初期値の選択が難しい。また望ましい解に収束する保証もない。さらにヤコビアンが特異行列となり、逆行列の精度が極端に悪くなる場合がある。これを避けるには問題特有の情報を利用して探索空間を絞り込む方法が有効である。モデルを理論的に分析すれば必要な情報が得られるかもしれない。遺伝的アルゴリズムで残差を最小化する方法も考えられる。近似式の係数を遺伝子で表し、残差の自乗和を適合度として進化させる方法は検討する価値がある。

[注]

1) 以下の説明は Judd（1992）を参照した。
2) 本節の内容は Judd（1992）、（1998）と森（1973）に基づく。
3) $\lambda - \delta = (1-\beta+\beta\delta(1-\alpha))/(\alpha\beta) > 0$ で $\dot{c}$ は正となる。
4) 最小自乗法を適用すると、消費は資本ストックの減少関数となるか、係数が異常に大きくなり経済的に意味のある解を得ることは難しい。

[参考文献]

森正武（1973）『数値解析』共立出版。
Judd, K. L. (1992) "Projection methods for solving aggregate growth models", *Journal of Economic Theory* Vol. 58, 410-452.
――――. (1998) *Numerical Methods in Economics*, MA: MIT Press.

第7章 摂動法による最適成長モデルの数値解析

プロジェクション法に続いてこの章では摂動法（perturbation method）を取り上げる。摂動法は、数学的に厳密に解けない問題の近似解を求める方法である。物理学では古い歴史をもっているが、経済学ではこれまでほとんど使われていない。しかし実際には摂動法の考え方はいろいろな形で取り入れられている。例えばミクロ経済学の比較静学分析は摂動法を応用したものである。摂動法はローカルな近似法であるが、かなり広い範囲でよい近似解が得られる。2次方程式の根を求める問題を例に摂動法の基本的な考え方を示した後、一般的なケースについて説明して最適成長モデルに適用する。

7.1　基本的アプローチ

最初に2次方程式の根を求める問題について考える。

$$x^2 - 2x + \varepsilon = 0 \qquad |\varepsilon| << 1 \tag{7.1}$$

ここで ε は十分小さい値であり、方程式はパラメータを含んでいる。真の解は

$$x(\varepsilon) = 1 \pm \sqrt{1-\varepsilon}$$

である。$\varepsilon = 0$ のとき根は0と2であるが、$x=2$ を採用する。(7.1) を ε で微分すると

$$2x(\varepsilon)x^{(1)}(\varepsilon) - 2x^{(1)}(\varepsilon) + 1 = 0 \tag{7.2}$$

となる。ここで $x^{(1)}(\varepsilon)$ は $x(\varepsilon)$ の1階微分である。$x(0)=2$ を代入して $x^{(1)}(0)$ を求めると、$x^{(1)}(0) = -1/2$ となる。つぎに (7.2) を微分すると

$$(x^{(1)}(\varepsilon))^2 + x(\varepsilon)x^{(2)}(\varepsilon) - x^{(2)}(\varepsilon) = 0$$

となる。$x(0)=2$ と $x^{(1)}(0)=-1/2$ を代入すると、$x^{(2)}(0)=-1/4$ となる。もう

一度微分と代入を行うと、$x^{(3)}(0)=-3/8$ が得られる。4次以上の微分も同じ方法で求めることができる。これらの結果から、$x(\varepsilon)$ のテイラー展開は

$$x(\varepsilon) \cong \varepsilon(0) + \varepsilon^{(1)}(0)\varepsilon + \frac{\varepsilon^{(2)}(0)\varepsilon^2}{2} + \frac{\varepsilon^{(3)}(0)\varepsilon^3}{6}$$

$$= 2 - \frac{\varepsilon}{2} - \frac{\varepsilon^2}{8} - \frac{\varepsilon^3}{16}$$

と表される。例えば $\varepsilon=0.2$ のとき解析解は $x=0.8944$、近似解は $x=0.8945$ となり近似解は解析解にほとんど等しい。2次方程式の根を求める問題では近似解はいらないが、解析解がないときは摂動法を適用する。

7.2 一般的ケース

2次方程式の根を求める問題を一般化して、つぎの代数方程式を解く問題について考える[1]。

$$f(x, \varepsilon) = 0 \tag{7.3}$$

ε が十分小さいと x は一意的に決まり、$x=x(\varepsilon)$ は必要な回数だけ微分できると仮定しておく。問題は $x(\varepsilon)$ の近似値を求めることである。ただし、$x(a)$ は最初から与えられている。(7.3) を ε で微分すると

$$f_x(x, \varepsilon) x^{(1)}(\varepsilon) + f_\varepsilon(x, \varepsilon) = 0 \tag{7.4}$$

となる。$f_x(x(a), a) \neq 0$ とすると

$$x^{(1)}(a) = -\frac{f_\varepsilon(x(a), a)}{f_x(x(a), a)}$$

となる。1次のテイラー展開は

$$x^L(\varepsilon) = x(a) + x^{(1)}(a)(\varepsilon - a)$$

で与えられる。さらに (7.4) を微分すると

$$f_x x^{(2)} + f_{xx}(x^{(1)})^2 + 2 f_{x\varepsilon} x^{(1)} + f_{\varepsilon\varepsilon} = 0$$

となり、2次の微分係数は

$$x^{(2)}(a) = -\frac{f_{xx}(x^{(1)})^2 + 2f_{x\varepsilon}x^{(1)} + f_{\varepsilon\varepsilon}}{f_x}$$

となる。1次と2次の微分係数から、2次近似

$$x^Q(\varepsilon) = x(a) + x^{(1)}(a)(\varepsilon - a) + \frac{x^{(2)}(a)}{2}(\varepsilon - a)^2$$

が得られる。同じようにして3次以上の微分係数を計算すれば高次のテイラー展開が得られる。以上の説明から明らかなように、摂動法はテイラー定理と陰関数定理に基づいている。したがって定理の条件が成り立つかどうか確認する必要がある。またローカルな方法であり、近似点から離れると精度は悪くなる。要求される精度に達しないときは、テイラー展開の項数を増やすか、近似区間を狭くとる。しかし、以下に示すように最適成長モデルでは広い範囲で極めて正確な近似解が得られる。

7.3 最適成長モデルへの応用

つぎの最適成長モデルについて考えよう[2]。

$$\max_c \int_0^\infty e^{-\rho t} u(c) dt$$

$$s.t. \quad \dot{k} = f(k) - c$$

$$k(0) = k_0$$

ここで c は消費で k は資本ストックである。$u^{(1)}(0) = +\infty$、$u^{(1)} > 0$、$f^{(1)}(0) = +\infty$、$f^{(1)}(\infty) = 0$、$f^{(1)} > 0$、$f^{(2)} < 0$ とする。動的計画法を適用すると、value function $V(k)$ と policy function $C(k)$ はつぎの式を満足する。

$$\rho V(k) = u(C(k)) + V^{(1)}(k)(f(k) - C(k)) \tag{7.5}$$

$$u^{(1)}(C(k)) = V^{(1)}(k) \tag{7.6}$$

定常状態の資本ストックと消費を k^*、c^* とすれば

$$f^{(1)}(k^*) = \rho$$

$$C(k^*) = f(k^*)$$

が成り立つ。具体的につぎの関数を仮定する。

$$u(c) = \frac{c^{1+\gamma}}{1+\gamma} \qquad (\gamma < 0)$$

$$f(k) = Ak^\alpha \qquad (A > 0, \ 0 < \alpha < 1)$$

この場合、

$$k^* = \left[\frac{\rho}{\alpha A}\right]^{\frac{1}{\alpha-1}}$$

$$C(k^*) = A(k^*)^\alpha$$

となる。(7.5) と (7.6) から

$$V(k^*) = \frac{(A(k^*)^\alpha)^{1+\gamma}}{\rho(1+\gamma)}$$

$$V^{(1)}(k^*) = (A(k^*)^\alpha)^\gamma$$

である。$C(k)$ と $V(k)$ は無限回微分可能であり[3]、$k = k^*$ のまわりでテイラー展開すると

$$C(k) = C(k^*) + C^{(1)}(k^*)(k-k^*) + \frac{C^{(2)}(k^*)}{2}(k-k^*)^2 + \frac{C^{(3)}(k^*)}{6}(k-k^*)^3 + \cdots \cdots \tag{7.7}$$

$$V(k) = V(k^*) + V^{(1)}(k^*)(k-k^*) + \frac{V^{(2)}(k^*)}{2}(k-k^*)^2 + \frac{V^{(3)}(k^*)}{6}(k-k^*)^3 + \cdots \cdots \tag{7.8}$$

と書ける。ここで $C(k^*)$、$V(k^*)$、$V^{(1)}(k^*)$ はすでに分かっている。残りの係数はつぎのようにして求める。

(7.5) の両辺を 2 回微分すると

$$\rho V^{(2)} = V^{(3)}(f-C) + V^{(2)}(f^{(1)} - C^{(1)}) + V^{(2)} f^{(1)} + V^{(1)} f^{(2)} \tag{7.9}$$

(7.6) から

$$u^{(2)}C^{(1)} = V^{(2)} \tag{7.10}$$

となる。$C(k^*) = f(k^*)$、$f^{(1)}(k^*) = \rho$ を代入すると、(7.9) は

$$-V^{(2)}C^{(1)} + V^{(2)}f^{(1)} + V^{(1)}f^{(2)} = 0$$

となり、この式に (7.10) を代入すると

$$-u^{(2)}(C^{(1)})^2 + u^{(2)}C^{(1)}f^{(1)} + V^{(1)}f^{(2)} = 0$$

これは $C^{(1)}$ に関する 2 次方程式である。$C^{(1)}$ は

$$C^{(1)} = \frac{\rho}{2}\left(1 \pm \sqrt{1 + \frac{4u^{(1)}f^{(2)}}{u^{(2)}(f^{(1)})^2}}\right)$$

となる。$C^{(1)} > 0$ より正の根を採用すると

$$C^{(1)}(k^*) = \frac{\rho}{2}\left(1 + \sqrt{1 + \frac{4u^{(1)}f^{(2)}}{u^{(2)}(f^{(1)})^2}}\right) = \frac{\rho}{2}\left(1 + \sqrt{1 - \frac{4(1-\alpha)}{\alpha\gamma}}\right)$$

で与えられる。$V^{(2)}(k^*)$ は (7.10) から計算する。

つぎに $C^{(2)}(k^*)$ と $V^{(3)}(k^*)$ を求める。(7.9) と (7.10) を微分すると

$$\rho V^{(3)} = V^{(4)}(f - C) + 2V^{(3)}(f^{(1)} - C^{(1)}) + V^{(2)}(f^{(2)} - C^{(2)})$$
$$\qquad + V^{(3)}f^{(1)} + 2V^{(2)}f^{(2)} + V^{(1)}f^{(3)}$$
$$0 = u^{(3)}(C^{(1)})^2 + u^{(2)}C^{(2)} - V^{(3)}$$

最初の式に $C = f$、$f^{(1)} = \rho$ を代入すると

$$2V^{(3)}(f^{(1)} - C^{(1)}) + 3V^{(2)}f^{(2)} - V^{(2)}C^{(2)} + V^{(1)}f^{(3)} = 0$$

行列で表示すると

$$\begin{bmatrix} u^{(2)} & -1 \\ V^{(2)} & -2(f^{(1)} - C^{(1)}) \end{bmatrix} \begin{bmatrix} C^{(2)} \\ V^{(3)} \end{bmatrix} = \begin{bmatrix} -u^{(3)}(C^{(1)})^2 \\ 3V^{(2)}f^{(2)} + V^{(1)}f^{(3)} \end{bmatrix}$$

$C^{(2)}$ と $V^{(3)}$ を求めると

$$C^{(2)} = \frac{2(\rho - C^{(1)})u^{(3)}(C^{(1)})^2 + 3u^{(2)}C^{(1)}f^{(2)} + u^{(1)}f^{(3)}}{u^{(2)}(3C^{(1)} - 2\rho)}$$

$$V^{(3)} = \frac{u^{(3)}(C^{(1)})^3 + 3u^{(2)}C^{(1)}f^{(2)} + u^{(1)}f^{(3)}}{3C^{(1)} - 2\rho}$$

図7.1 消費の policy function

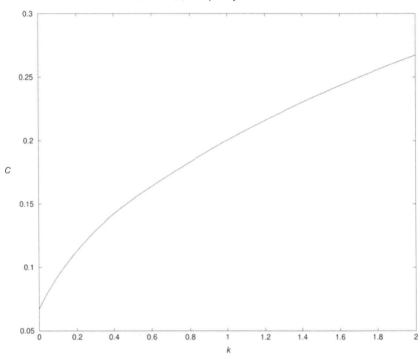

となる。ここで $3C^{(1)} - 2\rho > 0$ である。一般に

$$\begin{bmatrix} u^{(2)} & -1 \\ V^{(2)} & -n(f^{(1)} - C^{(1)}) \end{bmatrix} \begin{bmatrix} C^{(n)} \\ V^{(n+1)} \end{bmatrix} = \begin{bmatrix} F_1 \\ F_2 \end{bmatrix} \quad (n \geq 2) \quad (7.11)$$

が成り立つ。$C^{(n)}$ と $V^{(n+1)}$ を求めるとき F_1 と F_2 はわかっている。なお

$$\begin{bmatrix} u^{(2)} & -1 \\ V^{(2)} & -n(f^{(1)} - C^{(1)}) \end{bmatrix} = u^{(2)}((n+1)C^{(1)} - n\rho) > 0$$

であり、(7.11) にはユニークな解がある。上で仮定した効用関数では

$$C^{(n)}(k^*) = \left[\gamma \left(C^{(1)} f^{(n)} + \sum_{j=1}^{n-2} \frac{n!}{j!(n-j)} C^{(j+1)} (f^{(n-j)} - C^{(n-j)}) \right) \right.$$
$$\left. + \sum_{j=0}^{n-1} \frac{n!}{j!(n-j)!} C^{(j)} f^{(n-j+1)} \right] \Big/ \gamma (C^{(1)} - n(f^{(1)} - C^{(1)}))$$

が成り立つ[4]。$C(k^*)$ と $C^{(1)}$、$C^{(2)}$ が与えられると、$C^{(n)}$ $(n \geq 3)$ はこの式から求

図7.2 テイラー展開の誤差

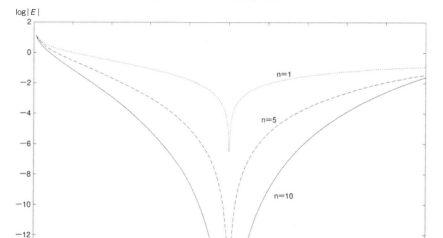

めることができる。したがって微分と代入の煩雑な操作をくり返す必要はない。Value function の高次微分は（7.6）から計算できる。

つぎに実際に計算して近似精度を調べることにしよう。モデルのパラメータを $\alpha=0.25$、$\rho=0.05$、$\gamma=-3$ とする。$A=\rho/\alpha=0.2$ とすると $k^*=1$ となる。他のアルゴリズムのように反復計算は必要ないので計算時間は問題にならない。しかもプロジェクション法のように非線形連立方程式を解く必要もない。基本的に代数計算を行うだけである。問題はグローバルな近似能力である。一般にテイラー展開は近似点から遠ざかると精度は低下する。消費に関するオイラー方程式の誤差で精度を表すことにする。

$$E(k) = \left(C^{(1)}(k)(f(k)-C(k)) - \frac{u^{(1)}(C(k))}{u^{(2)}(C(k))}(\rho - f^{(1)}(k)) \right) \Big/ \rho C(k)$$

8次までの微分係数を求めると、消費のテイラー展開は

図7.3 パデ近似の誤差

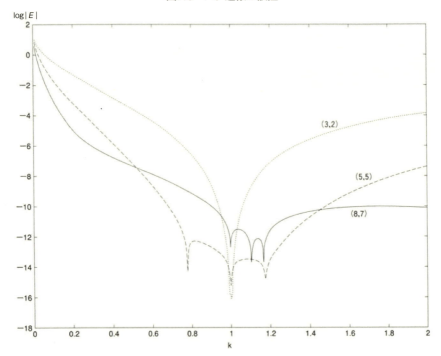

$$C(k) = 0.2 + 0.08090(k-1) - 0.01887(k-1)^2 + 0.01016(k-1)^3$$
$$- 0.00669(k-1)^4 + 0.00488(k-1)^5 - 0.00379(k-1)^6$$
$$+ 0.00306(k-1)^7 - 0.00255(k-1)^8$$

となる。係数の絶対値は高次になるほど小さくなり、項数を増やすと真の値へ収束する。

図7.1は消費の policy function である。消費曲線は単調に増加し、点 $(k^*, C(k^*))$ を通る。$f(k) - C(k)$ は k^* の左側では正、右側では負となる。このため長期的に資本ストックは k^* に収束する。

図7.2は、オイラー方程式の誤差をプロットしたものである。横軸には資本ストック、縦軸には $\log_{10}|E(k)|$ をとっている。k^* から離れると誤差は大きくなる。$n = 1$ (線形近似) のときは k^* の近くでしか正確ではない。しかし $n = 5, 10$ とするとより広い範囲で誤差は小さくなる。$f^{(1)}(0) = +\infty$ よりテイラー展開の収束半径は1であり、k が0と2に近づくと誤差は急激に増大する。

図7.4 誤差の比較(その1)

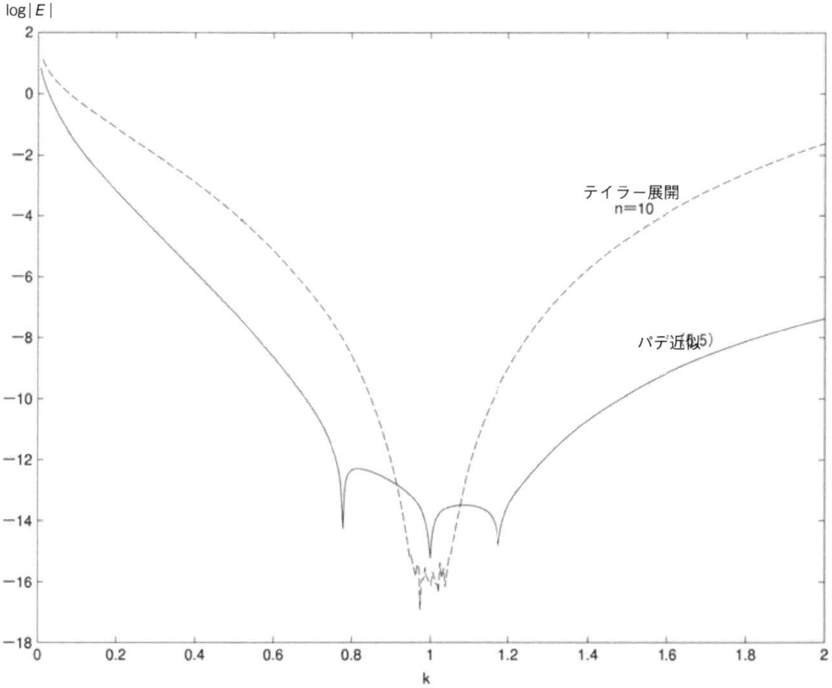

第2章で説明したパデ近似も微分情報を用いた近似法である。パデ近似は有理関数を使用する。

$$C(k) = \frac{a_0 + a_1(k-k^*) + a_2(k-k^*)^2 + \cdots\cdots + a_m(k-k^*)^m}{1 + b_1(k-k^*) + b_2(k-k^*)^2 + \cdots\cdots + b_n(k-k^*)^n}$$

分子と分母の多項式の次数を$m=n=5$とすれば、近似式は

$$C(k) = \frac{0.2 + 0.53521(k-1) + 0.52006(k-1)^2 + 0.22110(k-1)^3}{1 + 2.27153(k-1) + 1.77578(k-1)^2 + 0.55070(k-1)^3}$$

$$\frac{+ 0.03859(k-1)^4 + 0.00195(k-1)^5}{+ 0.05578(k-1)^4 + 0.00051(k-1)^5}$$

となる。次数を$(5,5)$、$(8,7)$にすると広い範囲で誤差は10^{-7}以下となる(図7.3)。また多項式の次数を高くとると、k^*から離れても誤差は急激に増加しない。

図7.4はテイラー展開$(n=10)$とパデ近似$(m=n=5)$を比較している。k^*の近くではテイラー展開の方が正確であるが、k^*から離れるとパデ近似の方が正確

である。区間全体を平均すると、両者の間には2000倍の差がある。したがって追加的な計算コストを考慮してもパデ近似を用いたほうがよい。

7.4 離散時間の成長モデル

つぎに離散時間の最適成長モデルについて考える[5]。

$$\max_{\{c_t\}} \sum_{t=0}^{\infty} \beta^t u(c_t)$$

s.t. $\quad k_{t+1} = f(k_t - c_t)$

$\qquad k_0 \quad \text{given} \quad c_t \geq 0$

消費の policy function は、つぎのオイラー方程式を満足する。

$$u^{(1)}(C(k)) = \beta u^{(1)}(C(f(k-C(k)))) f^{(1)}(k-C(k)) \qquad (7.12)$$

定常状態では

$$1 = \beta f^{(1)}(k^* - C(k^*))$$

が成り立つ。この式と $k^* = f(k^* - c^*)$ から k^* が計算できる。(7.12) の両辺を k で微分すると

$$\begin{aligned}
u^{(2)}(C(k))C^{(1)}(k) = &\beta u^{(2)}(C(f(k-C(k))))C^{(1)}(f(k-C(k))) \\
&\times [f^{(1)}(k-C(k))]^2 [1-C^{(1)}(k)] \\
&+ \beta u^{(1)}(C(f(k-C(k)))) f^{(2)}(k-C(k))[1-C^{(1)}(k)]
\end{aligned} \qquad (7.13)$$

となる。$k = k^*$ を代入すると

$$u^{(2)} C^{(1)} = \beta u^{(2)} C^{(1)} f^{(1)} (1-C^{(1)}) f^{(1)} + \beta u^{(1)} f^{(2)} (1-C^{(1)})$$

この式で $C^{(1)}$ 以外の値はわかっている。これは $C^{(1)}$ に関する2次方程式であり

$$C^{(1)} = \frac{1}{2}\left(1 - \beta - \beta^2 \frac{u^{(1)}}{u^{(2)}} f^{(2)} + \sqrt{\left(1 - \beta - \beta^2 \frac{u^{(1)}}{u^{(2)}} f^{(2)}\right)^2 + 4\beta^2 \frac{u^{(1)}}{u^{(2)}} f^{(2)}}\right)$$

となる。(7.13) を k で微分して $k = k^*$ を代入すると

$$u^{(2)}C^{(2)} + u^{(3)}(C^{(1)})^2 = \beta u^{(3)}(C^{(1)}f^{(1)}(1-C^{(1)}))^2 f^{(1)}$$
$$+ \beta u^{(2)}C^{(2)}(f^{(1)}(1-C^{(1)}))^2 f^{(1)}$$
$$+ 2\beta u^{(2)}C^{(1)}f^{(1)}(1-C^{(1)})^2 f^{(2)}$$
$$+ \beta u^{(1)}f^{(3)}(1-C^{(1)})^2 - \beta u^{(1)}f^{(2)}C^{(2)}$$

この式から$C^{(2)}$を求める。(7.13) をくり返し微分すれば高次の微分係数が得られる。連続時間の場合より複雑であり、計算には MATHEMATICA を使用した。近似誤差を

$$E(k) = 1 - (u^{(1)})^{-1}(\beta u^{(1)}(C(f(k)-C(k))) f^{(1)}(k-C(k))/C(k)$$

と定義する。具体的に関数を

$$u(c) = \frac{c^{1+\gamma}}{1+\gamma}$$

$$f(k-c) = A(k-c)^\alpha$$

とする。ただし、$k^* = 1$ となるように $A = (\alpha\beta)^{-\alpha}$ とする。この場合、定常状態の消費は $c^* = 1 - \alpha\beta$ となる。モデルのパラメータは $\alpha = 0.25$、$\beta = 0.96$、$\gamma = -10$ とする。

摂動法を適用すると、消費のテイラー展開はつぎのようになる。

$$C(k) = 0.76 + 0.39266(k-1) - 0.28679(k-1)^2 + 0.19546(k-1)^3$$
$$- 0.07271(k-1)^4 - 0.06398(k-1)^5 + 0.016621(k-1)^6$$

ここで第 j 項の係数は $C^{(j)}(1)/j!$ に等しい。同じ微分情報を用いてパデ近似を行うと

$$C(k) = \frac{0.76 + 1.93302(k-1) + 1.85955(k-1)^2 + 0.67227(k-1)^3}{1 + 2.02680(k-1) + 1.77697(k-1)^2 + 0.47412(k-1)^3}$$

となる。オイラー方程式の誤差は

$$E(k) = 1 - C(f(k-C(k)))(\beta f^{(1)}(k-C(k)))^{1/\gamma}/C(k)$$

である。図7.5は $\log_{10}|E(k)|$ をプロットしている。$k=1$ の右側の領域ではパデ近似の方が正確であるが、左側ではほとんど差はない。平均誤差は -3.22 と -4.18 であり、テイラー近似の誤差は1桁大きくなる。しかし定常状態の近傍で

図7.5　誤差の比較（その２）

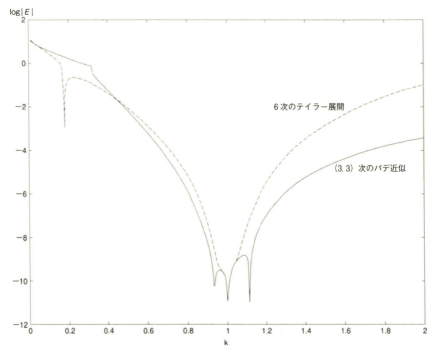

はいずれの誤差も 10^{-6} 以下であり、近似解は最適条件を完全に満たしている。摂動法によって広い範囲で正確な近似解が得られることがわかる。

7.5　結論

　この章では最適成長モデルに摂動法を適用して有効性を検討した。摂動法は直観的にわかりやすく、簡単な代数計算で正確な近似解を得ることができる。ただし、応用にあたってはいくつか注意すべき点がある。成長モデルでは広い範囲で正確な解が得られたが、どのモデルでもそうなるわけではない。また経済構造が変化すれば大きな誤差が生じるかもしれない。摂動法は微分可能性を仮定しているので非負制約の付いたモデルでは一部修正する必要がある。さらにテイラー展開を2次の項で打ち切ると、解はカオス的挙動を示す場合がある。高次の項まで含めるとこの問題は起きない。この章では不確実性は考慮しなかったが、第9章

では資産価格決定モデルに確率的摂動法を適用する。また確率的成長モデルに応用することも可能である。計算能力の向上によって今後は他のモデルにも用いられるようになるであろう。

[注]

1) 以下の議論は Judd (1998) pp. 449-450 に基づく。
2) 本節の内容は Judd = Guu (1997) に負っている。
3) Judd (1985) は、$u(c)$ と $f(k)$ が C^∞ であれば $C(k)$ も C^∞ となることを証明している。
4) Judd (1998) の第13章を参照。
5) 本節は Judd = Guu (1993) に基づいている。

[参考文献]

Judd, K. L., and S. M. Guu. (1993) "Perturbation solution methods for economic growth models", In H. Varian, eds., *Economic and Financial Modeling with Mathematica*, New York: Springer.
―――, (1997) "Asymptotic methods for aggregate growth models", *Journal of Economic Dynamics and Control* Vol. 21, 1025-1042.
Judd, K. L. (1985) "Short-run analysis of fiscal policy in a simple perfect foresight model", *Journal of Political Economy* Vol. 93, 298-319.
―――, (1998) *Numerical Methods in Economics*, MA: MIT Press.

第8章　動的計画法の数値解析

この章では動学的モデルの重要な分析ツールである動的計画法（Dynamic Programming：DP）の数値解法について検討する。ベルマンによって始められたDPは、動学的最適化問題を分析する有力な方法である[1]。しかし特殊な仮定を置かないと解析的に解くことはできない。このため数値的な方法が必要である。本書で取り上げる様々な方法のなかで最も広く使われているのは離散近似法である。離散近似は計算が簡単で実用的である。

はじめに、数値計算に必要なDPの数学的性質を復習する。つぎにvalue iterationを適用して、最適成長モデルの近似解を求める。この方法は直観的でわかりやすいが、計算速度が遅いのが難点である。この点を改善したのがpolicy iterationである。Value functionを内挿して近似精度を改善する方法について説明する。さらに直交多項式やスプライン関数を用いる方法にも触れる。不確実性のあるモデルでは確率的DPが用いられる。ランダムショックをマルコフチェーンで近似する方法がとられる。

実用性が高いのは線形2次動的計画法である。利得関数は2次式で状態方程式が線形であれば解析解がある。多くのモデルは均衡値のまわりでテイラー展開すれば線形2次形式に変換可能である。この方法を最適成長モデルに適用する。

8.1　基本原理

はじめに、DPの基本原理について説明しよう。つぎの問題について考える。

$$\max_{\{u_t\}} \sum_{t=0}^{\infty} \beta^t r(x_t, u_t) \tag{8.1}$$

$$s.t. \quad x_{t+1} = g(x_t, u_t)$$

$$x_0 \quad \text{given}$$

ここでx_tは状態変数、u_tは制御変数である。$r(x_t, u_t)$は有界凹関数で、2番目

の式は状態方程式である。制約集合$\{(x_{t+1}, x_t): x_{t+1} \leq g(x_t, u_t)\}$は、コンパクトな凸集合とする。目的関数の値はつぎの式で与えられる。

$$V(x_0) = \max_{\{u_t\}} \sum_{t=0}^{\infty} \beta^t r(x_t, u_t)$$

$V(x)$はベルマン方程式を満足する。

$$V(x) = \max_u \{r(x, u) + \beta V(g(x, u))\} \tag{8.2}$$

右辺の最適化問題の解は状態変数の関数であり、$u = h(x)$と表される。$h(x)$は政策関数と呼ばれる。Vに対してオペレータ

$$TV = \max_u (r(x, u) + \beta V(g(x, u)))$$

を定義すると、ベルマン方程式は

$$V = TV \tag{8.3}$$

と書ける。数学的にはVは関数空間の不動点である。いくつかの条件のもとで、ベルマン方程式にはユニークな解が存在する。この点に関して2つの重要な定理がある（詳しくはStokey = Lucas (1989) またはSargent (1987) を参照せよ）。

$T: S \to S$は関数空間(S, ρ)におけるSからそれ自身への写像とする。ある$\beta \in (0,1)$が存在して$\rho(Tx, Ty) \leq \beta \rho(x, y)$、$\forall x, y \in S$であれば、$T$は縮小写像という。また$Tx = x$となる点は不動点と呼ばれる。

1番目の定理は縮小写像定理である。この定理によると、(S, ρ)が完備距離空間で$T: S \to S$が縮小写像であれば

(1) Sには唯一の不動点が存在する。
(2) 任意のx_0と遂次反復

$$x_{n+1} = Tx_n \qquad (n = 0, 1, 2, \cdots\cdots)$$

によって生成した点列$\{x_n\}_{n=1}^{\infty}$は不動点に収束する。

この定理は一般的な条件のもとで不動点が存在することを示している。(2) の性質を利用すれば簡単な反復計算で不動点が見つかる。

2番目の定理は縮小写像に関するブラックウェルの定理である。関数空間(S, ρ)

と距離 $\rho(x, y) = \sup_t |x(t) - y(t)|$ で定義されたオペレータ $T: S \to S$ は、つぎの2つの条件を満たすと縮小写像である。

（単調性）任意の $x, y \in S$ について、$x \geq y$ なら $T(x) \geq T(y)$ となる。
（ディスカウンティング）すべての $x \in S$ と任意の実数 $c > 0$ に対して

$$T(x+c) \leq T(x) + \beta c$$

となる $\beta \in (0, 1)$ が存在する。

この定理は反復法が適用できるかどうかを判断する目安となる。一例として、最適成長モデルのベルマン方程式

$$V(k) = \max_{k'} \{u(F(k) - k') + \beta V(k')\}$$

について考えよう。オペレータをつぎのように定義する。

$$(TV)(k) = \max_{k'} \{u(F(k) - k') + \beta V(k')\}$$

T が縮小写像であれば

$$V(k) = (TV)(k)$$

となる関数 V が存在する。ブラックウェルの十分条件をチェックしよう。
（単調性）$V_1(k) \geq V_2(k)$ となる関数 V_1、V_2 について考える。

$$(TV_1)(k) = \max_{k'} \{u(F(k) - k') + \beta V_1(k')\}$$
$$\geq \max_{k'} \{u(F(k) - k') + \beta V_2(k')\}$$
$$= (TV_2)(k)$$

$V_1(k) \geq V_2(k)$ なら $(TV_1)(k) \geq (TV_2)(k)$ となるので単調性が成り立つ。
（ディスカウンティング）任意の関数 V と実数 $c > 0$ が与えられている。

$$(T(V+c))(k) = \max_{k'} \{u(F(k) - k') + \beta(V(k') + c)\}$$
$$= \max_{k'} \{u(F(k) - k') + \beta V(k')\} + \beta c$$
$$= (TV)(k) + \beta c$$

したがってディスカウンティングの条件も満たされる。

ベルマン方程式はブラックウェルの十分条件を満たし、value function はただ一つ存在する。

つぎの節ではベルマン方程式の数値解法について考える[2]。

8.2 Value iteration

状態変数と政策変数を適当に定義すると、(8.2) は

$$V(x) = \max_{x'} \{r(x, x') + \beta V(x')\} \tag{8.4}$$

と書き直される。x は連続値をとるが、n 個のグリッド

$$X = \{x_1, x_2, \cdots\cdots, x_n\}$$

によって離散化する。$V_i = V(x_i)$ とすると、(8.4) は

$$V_i = \max\{r(x_i, x_1) + \beta V_1, r(x_i, x_2) + \beta V_2, \cdots\cdots, r(x_i, x_n) + \beta V_n\}$$
$$(i = 1, 2, \cdots\cdots, n)$$

と表される。$V_1, V_2, \cdots\cdots, V_n$ を未知数とするこの方程式にはユニークな解がある。つまり右辺を TV と表すと、$V^* = TV^*$ となる V^* が唯一存在する。V^* はつぎのアルゴリズムによって求める。

［ステップ 1］n 成分のベクトル

$$V_0 = \{V_0^1, V_0^2, \cdots\cdots, V_0^n\}$$

と停止条件 $\varepsilon > 0$ を選ぶ。

［ステップ 2］$i = 1, 2, \cdots\cdots, n$ についてつぎの計算を行って離散化した value function と policy function をアップデートする。

（i）グリッド点を $x = x_i$ に選んで

$$T_{i,j} = r(x_i, x_j) + \beta V_0^j$$

を成分とするベクトル

$$T_i = \{T_{i,1}, T_{i,2}, \cdots\cdots, T_{i,n}\}$$

を作成する。

（ⅱ）T_i の最大値と最大値に対応する x_j を見つける。最大値をベクトル V_1 の第 i 成分、x_j を policy function の第 i 成分とする。

[ステップ3] V_0 と V_1 の距離

$$d = \| V_1 - V_0 \| = \max_{1 \leq i \leq n} | V_1^i - V_0^i |$$

を計算する。

[ステップ4] $d < \varepsilon$ なら計算を終了し、そうでなければステップ2へ戻る。終了時の V を V^* の近似解とする。

　こうして求めた近似解は誤差を含んでいる。誤差の大きさに関してつぎの式が役立つ。

$$\| V^* - V_k \| \leq \frac{1}{1-\beta} \| V_{k+1} - V_k \|$$

したがって

$$\| V_{k+1} - V_k \| \leq \varepsilon(1-\beta)$$

を停止条件とすると

$$\| V^* - V_k \| \leq \varepsilon$$

が保証される。

　Value iteration は安定的で真の解に収束するが、計算速度が遅いのが難点である。安定性を損なうことなく計算時間を短縮する簡単な方法は、ループの中で同じ計算をくり返さないことである。例えば、V に依存しない $r(x_i, x_j)$ は最初に計算して必要なときに使う。また V^* の近くからスタートすると速く収束する。よい初期値を見つける一つの方法は、はじめに粗いグリッドで近似解を求め、つぎにこれを初期値として稠密なグリッドでもう一度計算することである。

　以上のアルゴリズムを最適成長モデルへ適用しよう。効用関数と資源制約を

図8.1 Value function (value iteration)

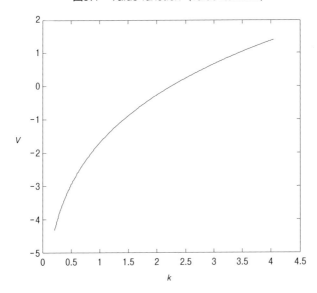

$$u(c) = \frac{c^{1-\sigma} - 1}{1-\sigma}$$

$$c = k^{\alpha} + (1-\delta)k - k'$$

とする。この場合、ベルマン方程式は

$$V(k) = \max_{k'} \left\{ \frac{(k^{\alpha} + (1-\delta)k - k')^{1-\sigma} - 1}{1-\sigma} + \beta V(k') \right\} \tag{8.5}$$

となる。資本ストックを $K = \{k_1, k_2, \cdots\cdots, k_n\}$ と離散化して、$V_0(k)$ からスタートする。上のステップ2で

$$T_{i,j} = \frac{(k_i^{\alpha} + (1-\delta)k_i - k_j')^{1-\sigma} - 1}{1-\sigma} + \beta V(k_j')$$

である。ただし、k' は制約条件

$$(1-\delta)k \leq k' \leq k^{\alpha} + (1-\delta)k$$

を満たさなければならない。この条件を満たさないときは、$T_{i,j} = -10{,}000$ とする。モデルのパラメータは $\sigma = 2$、$\alpha = 0.25$、$\beta = 0.96$、$\delta = 0.1$ とする。定常状態の資本ストックは

図8.2 来期の資本ストック（value iteration）

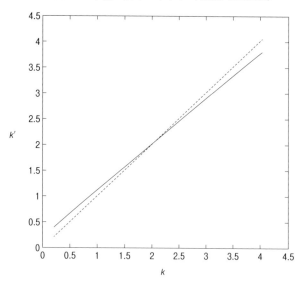

$$k^* = \left(\frac{1-\beta(1-\delta)}{\alpha\beta}\right)^{\frac{1}{\alpha-1}}$$

である。この点を中心に1,000個の分点をとって状態空間を近似する。$\varepsilon = 1e^{-6}$ とすると、267回反復すれば収束する。最も時間がかかるのは、$T_{i,j}$ の最大値を見つけることである。一般に value function は凹関数で、$T_{i,j}$ には唯一の最大点がある。したがって $T_{i,j} < T_{i,j-1}$ であれば $T_{i,j}$ は $k' = k_{j-1}$ で最大となり、k_{j+1} 以降を調べる必要はない。こうすれば計算時間は短縮できる。Value function は単調に増加する凹関数となる（図8.1）。k' の決定式はほぼ直線となり45度線と k^* で交わる（図8.2）。

8.3 Policy iteration

Value iteration の計算は簡単であるが、計算時間がかかるのが欠点である。とくに β が1に近いときは容易に収束しない。この点を改良したのが、ハワード（1960）の policy iteration である。政策評価と改良をくり返すこの方法は、少ない iteration で収束することが分かっている。

簡単な成長モデルを使って説明しよう。先に取り上げたモデルで$\sigma=1$、$\delta=1$とする。

$$\max \sum_{t=0}^{\infty} \beta^t \ln(c_t)$$
$$s.t. \quad c_t + k_{t+1} = k_t^{\alpha} \qquad (8.6)$$
$$k_0 \quad \text{given}$$

$k_{t+1} = f_0 k_t^{\alpha}$、$f_0 \in (0,1)$とすると

$$\ln k_t = \ln(f_0) \frac{1-\alpha^t}{1-\alpha} + \alpha^t \ln k_0$$

となる。効用関数に代入すると

$$V_0(k_0) = F + \frac{\alpha}{1-\alpha\beta} \ln k_0$$

となる（Fは定数）。つぎに新しい係数f_1を

$$\ln(k^{\alpha} - k') + \beta \left(F + \frac{\alpha}{1-\alpha\beta} \ln k' \right)$$

が最大となるように決める。最大化の1階条件

$$-\frac{1}{k^{\alpha} - k'} + \left(\frac{\alpha\beta}{1-\alpha\beta} \right) \frac{1}{k'} = 0$$

から$k' = \alpha\beta k^{\alpha}$となり、$f_1 = \alpha\beta$とする。最適政策ルールは$k' = \alpha\beta k^{\alpha}$であり、1回の計算で正しい解が得られる。しかしこの例のように解析解が得られるのは稀なケースであり、一般に数値計算で近似解を求める必要がある。つぎのアルゴリズムを実行する。

［ステップ1］initial policy $u_t = f_0(x_t)$を決める。
［ステップ2］同じ政策を永久に適用したときの value を求める。

$$Vf_j(x_t) = \sum_{t=0}^{\infty} \beta^t r(x_t, f_j(x_t))$$

$$x_{t+1} = g(x_t, f_j(x_t))$$

［ステップ3］つぎの問題を解いて 新しい policy $u_t = f_{j+1}(x_t)$を求める。

$$\max_{u_t} \{r(x_t, u_t) + \beta V f_j[g(x_t, u_t)]\}$$

［ステップ4］ステップ2と3を Vf が収束条件を満たすまでくり返す。

ステップ2ではつぎの方法で value を計算する。分点 x_i における value を $V(x_i) = V_i$ として、$v = [V_1, V_2, \cdots, V_n]'$ とする。利得ベクトルを $R = [r(x_1, f(x_1)), r(x_2, f(x_2)), \cdots, r(x_n, f(x_n))]'$ とする。また $n \times n$ 行列

$$Q = \begin{bmatrix} q_{11} & q_{12} & \cdots & q_{1n} \\ q_{21} & q_{22} & \cdots & q_{2n} \\ \vdots & \vdots & \vdots & \vdots \\ q_{n1} & q_{n2} & \cdots & q_{nn} \end{bmatrix}$$

を定義する。ここで、

$$q_{ij} = \begin{cases} 1 & if\ g(x_i, f(x_i)) = x_j \\ 0 & otherwise \end{cases}$$

である。このとき

$$\begin{bmatrix} V_1 \\ V_2 \\ \vdots \\ V_n \end{bmatrix} = \begin{bmatrix} r(x_1, f(x_1)) \\ r(x_2, f(x_2)) \\ \vdots \\ r(x_n, f(x_n)) \end{bmatrix} + \beta \begin{bmatrix} q_{11} & q_{12} & \cdots & q_{1n} \\ q_{21} & q_{22} & \cdots & q_{2n} \\ \vdots & \vdots & \vdots & \vdots \\ q_{n1} & q_{n2} & \cdots & q_{nn} \end{bmatrix} \begin{bmatrix} V_1 \\ V_2 \\ \vdots \\ V_n \end{bmatrix}$$

または

$$v = R + \beta Q v$$

が成り立つ。これは v に関する連立1次方程式であり

$$v = (I - \beta Q)^{-1} R$$

となる。このアルゴリズムを最初のモデルに適用すると19回の iteration で収束する。Value iteration に比べて 1/10 以下の回数で済みきわめて効率的である。

8.4 Value function の内挿

$T_{i,j}$ を k' に関して最大化するとき、$T_{i,j-1} < T_{i,j} < T_{i,j+1}$ ならば $k' = k_j$ とする。し

かし連続的に変化する状態変数では、k' は k_j 以外の点で最大となる可能性が高い。これは誤差を発生させる原因となる。誤差を抑える一つの方法は分点を増やすことである。n を大きくすると、離散的な状態空間は連続的な空間に近づく。しかし分点が増えると、計算時間は指数関数的に増大する。$T_{i,j}$ の計算は n^2 回必要であり、$n=1,000$ なら100万回となる。状態変数が2個あると、計算量は n^4 回に増える。このため膨大な計算時間と大量のメモリーが必要となる。計算時間やメモリーを節約して近似精度を改善する実用的な方法は内挿を行うことである。簡単化のため

$$T_{i,j} = u(k_i, k_j) + \beta V(k_j)$$

と表示する。区間 $[k_{j-1}, k_j]$ にいくつかの分点をとって k_j と比較する。$u(k_i, k_j)$ は簡単に計算できるが、$V(k')$ は与えられていない。このため $V(k_{j-1})$ と $V(k_j)$ の間を直線で補間する。分点を k_t とすると $V(k_t)$ はつぎの式で与えられる。

$$V(k_t) = V(k_{j-1}) + \frac{V(k_j) - V(k_{j-1})}{k_j - k_{j-1}}(k_t - k_{j-1})$$

同じように区間 $[k_j, k_{j+1}]$ の分点と k_j を比較する。分点は2つのサブグリッドについてだけ増やすので計算量の爆発的増加は避けられる。

先のアルゴリズムで、ステップ2をつぎのように変更する。

(i) $k = k_i$ を固定して、$T_{i,j}$ を成分とするベクトル

$$T_i = \{T_{i,1}, T_{i,2}, \cdots\cdots, T_{i,n}\}$$

を作成する。

(ii) T_i の最大値と最大値に対応する k を見つける。T_i は $k = k_m$ で最大となる。

(iii) $k_m > k_1$ なら

(a) 区間 $[k_{m-1}, k_m]$ に M 個の分点をとる。

(b) 分点 k_t において

$$T_{i,t} = u(k_i, k_t) + \beta \left[V(k_{m-1}) + \frac{V(k_m) - V(k_{m-1})}{k_m - k_{m-1}}(k_t - k_{m-1}) \right]$$

を求める。

(iv) $k_m < k_n$ なら

(a) 区間 $[k_m, k_{m+1}]$ に M 個の分点をとる。

(b) 分点 k_t において

$$T_{i,t} = u(k_i, k_t) + \beta \left[V(k_m) + \frac{V(k_{m+1}) - V(k_m)}{k_{m+1} - k_m}(k_t - k_m) \right]$$

を求める。

(v) 2つのサブグリッドの中で T が最大となる点を見つけて、最大値をアップデートした価値関数の第 i 成分とする。また最大値に対応する $k' \in \{k_{m-1}, \cdots\cdots, k_m, \cdots\cdots, k_{m+1}\}$ を政策関数の成分とする。

(vi) $i = 1, 2, \cdots\cdots, n$ について (ii)〜(v) の計算を行って価値関数と政策関数をアップデートする。

8.5 パラメトリック法

これは価値関数を直交多項式やスプライン関数で近似する方法である。連続状態空間で定義された近似式が得られる点で優れている。多項式の係数は反復計算によって決める。つぎの手順で計算する。

[ステップ1] 資本ストックの分点 $K = \{k_1, k_2, \cdots\cdots, k_n\}$ をとり、近似式をつぎのように表す。

$$\tilde{V}(k; \Theta) = \sum_{i=0}^{p} \theta_i \phi_i(k)$$

$$\phi_i(k) = T_i\left(\frac{2(k - k_1)}{k_N - k_1} - 1\right) \tag{8.7}$$

ここで $T_i(\cdot)$ はチェビシェフ多項式である。停止条件 $\varepsilon > 0$ と係数の初期値 Θ_0 を決める。

[ステップ2]

$$v_j = \max_{k'} \left\{ \frac{(k_j^\alpha + (1-\delta)k_j - k')^{1-\sigma} - 1}{1 - \sigma} + \beta \tilde{V}(k'; \Theta_i) \right\} \quad (j = 1, 2, \cdots\cdots, n)$$

を求める。

[ステップ3] n 個のデータ (k_j, v_j) に $\tilde{V}(k; \Theta_{i+1})$ を当てはめて、近似式の係数を修正する。つまり

表8.1 近似多項式の係数

θ_0	θ_1	θ_2	θ_3	θ_4	θ_5	θ_6	θ_7	θ_8
-0.67302	2.52590	-0.63698	0.25065	-0.10857	0.042394	-0.023085	0.019492	-0.010068

図8.3 Value function（パラメトリック法）

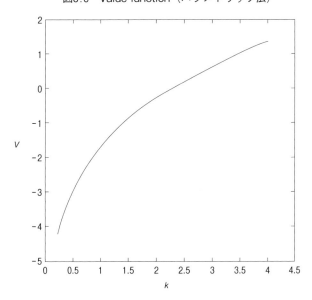

$$S = \sum_{j=1}^{n} (v_j - \tilde{V}(k_j; \Theta))^2$$

を最小にする Θ を求めて Θ_{i+1} とする。

[ステップ4] $\|\tilde{V}(k;\Theta_{i+1}) - \tilde{V}(k;\Theta_i)\| < \varepsilon$ なら計算を停止し、そうでなければステップ2へ戻る。

表8.1は、こうして求めた近似多項式の係数を示している。20個の分点をとり、多項式の次数は $p=8$ としている。ステップ2〜4を301回くり返すと収束条件を満たす。図8.3と8.4は $V(k)$ と $k'(k)$ を示している。パラメトリック法は計算速度が速いが、価値関数の concavity を保存しないという欠点がある。この問題を解決するために、Judd（1998）はシューメーカーの shape-preserving quadratic spline を使用することを提案している。Judd = Solnick（1994）はこの方法を最

図8.4 来期の資本ストック(パラメトリック法)

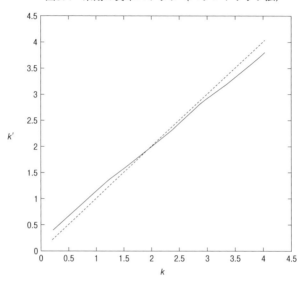

適成長モデルに適用して他の方法と比較している。それによると、線形近似や離散近似に比べて少数の分点で正確な近似解が得られる。

8.6 静学的変数を含んだ成長モデル

これまで扱った変数はどれも動学的変数であるが、モデルによっては静学的変数を含んでいる。一例として、労働投入を考慮した成長モデルについて考えよう。

消費者は1単位の時間を余暇と労働に割り当てる。労働時間を n とすると、消費者の問題は

$$V(k) = \max_{c,n} \left\{ \frac{c^{1-\sigma}-1}{1-\sigma} + \theta \ln(1-n) + \beta V(k') \right\}$$
$$s.t. \quad k' = k^\alpha n^{1-\alpha} - c + (1-\delta)k \tag{8.8}$$

と表される。労働時間の最適条件は

$$\frac{\theta}{1-n} = c^{-\sigma}(1-\alpha)k^\alpha n^{-\alpha}$$

である。これは c と n に対する制約を表す。したがって労働を含まないケースについて消費を求めて、上の式から労働時間を決定すればよい。労働時間のように将来の状態変数に直接影響しない変数があっても、モデルの性質は変わらない。このため、これまで説明した方法をそのまま適用できる。

8.7 確率的ケース

最近のマクロモデルでは消費者や企業の不確実な状況での最適行動を取り扱う。このような行動の分析には確率的 DP が用いられる。ランダムショックが $iid.$ 過程である場合は、普通の DP を少し変更するだけでよい。不確実性があると、(8.1) は

$$\max_{\{u_t\}} E_0 \sum_{t=0}^{\infty} \beta^t r(x_t, u_t)$$
$$s.t. \quad x_{t+1} = g(x_t, u_t, \varepsilon_{t+1})$$
$$x_0 \quad \text{given} \tag{8.9}$$

と書き直す。ここで ε_t はランダムショックである。ベルマン方程式は

$$V(x) = \max_u \{r(x, u) + \beta E[V(g(x, u, \varepsilon)) \mid x]\}$$

と表される。ε の確率分布関数を $F(\varepsilon)$ とすると

$$E[V(g(x, u, \varepsilon)) \mid x] = \int V(g(x, u, \varepsilon)) dF(\varepsilon)$$

となる。

生産性が確率的に変化するモデルについて考えよう。消費者は生産性ショックを観察した後、消費量を決定する。状態変数は資本ストックと全要素生産性である。ベルマン方程式は

$$V(k, z) = \max_{k' \geq 0} \{u(c) + \beta E[V(k', z') \mid z]\}$$
$$s.t. \quad c = zf(k) + (1-\delta)k - k' \tag{8.10}$$

と表される。技術ショックは、つぎの $AR(1)$ モデルで決定される。

$$z_t = (1-\rho)\mu + \rho z_{t-1} + \varepsilon_t \qquad \varepsilon_t \sim iid.\ N(0, \sigma_\varepsilon^2)$$

モデルを解くには、z_t の確率分布を離散近似する必要がある。これにはいくつかの方法があるが、ここでは $AR(1)$ をマルコフチェーンで近似する方法を使用する（Tauchen（1986）を参照）。遷移行列の計算方法はつぎの第9章で説明する。

確定的なケースと同じように、いくつかの条件が満たされると value iteration は真の解に収束する。唯一の違いは期待値を取り扱うことである。(8.10) のベルマン方程式は

$$V(k, z) = \max_{k'} \left\{ \frac{(\exp(z) k^\alpha + (1-\delta) k - k')^{1-\sigma} - 1}{1-\sigma} + \beta E(V(k', z')) \right\} \quad (8.11)$$

となる。z は m 個の状態からなるマルコフチェーンに従う。遷移行列は

$$P = \begin{bmatrix} p_{11} & p_{12} & \cdots & p_{1m} \\ p_{21} & p_{22} & \cdots & p_{2m} \\ \vdots & \vdots & \vdots & \vdots \\ p_{m1} & p_{m2} & \cdots & p_{mm} \end{bmatrix}$$

とする。ただし、

$$p_{ij} = \Pr(z' = z_j \mid z = z_i) \qquad (j = 1, 2, \cdots\cdots, m)$$

である。$0 \leq p_{ij} \leq 1$ で、行成分を合計すると1となる。z の分点を

$$Z = \{z_1, z_2, \cdots\cdots, z_m\}$$

とする。資本ストックを

$$K = \{k_1, k_2, \cdots\cdots, k_n\}$$

と離散化する。(8.11) はつぎのように離散近似する。

$$V(k_l, z_i) = \max_{k'} \left\{ \frac{(\exp(z_i) k_l^\alpha + (1-\delta) k_l - k')^{1-\sigma} - 1}{1-\sigma} + \beta \sum_{j=1}^{m} p_{ij} V(k', z_j) \right\}$$

簡単化のため2つの状態を仮定して、$z \in \{z_1, z_2\}$ とする。また

$$V_1 = \{V(k_l, z_1)\} \qquad (l = 1, 2, \cdots\cdots, n)$$
$$V_2 = \{V(k_l, z_2)\}$$

図8.5 Value function（確率的ケース）

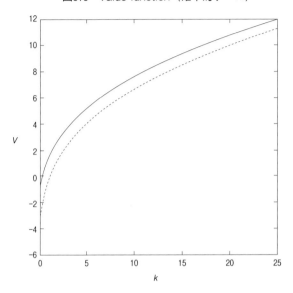

$$R_1 = \{r(k_l, k_j, z_1)\} \qquad (l, j = 1, 2, \cdots\cdots, n)$$
$$R_2 = \{r(k_l, k_j, z_2)\}$$
$$r(k_l, k_j, z_i) = \frac{(\exp(z_i) k_l^\alpha + (1-\delta) k_l - k_j)^{1-\sigma} - 1}{1-\sigma}$$

を定義する。V_1とV_2は$n \times 1$のベクトル、R_1とR_2は$n \times n$の利得行列である。

$V = [V_1, V_2]$に対して、$TV = [TV_1, TV_2]$を定義する。ただし、

$$TV_1 = \max\{R_1 + \beta p_{11} I V_1' + \beta p_{12} I V_2'\}$$
$$TV_2 = \max\{R_2 + \beta p_{21} I V_1' + \beta p_{22} I V_2'\}$$

である。Iはすべての成分が1である$n \times 1$ベクトルで、max は各行の最大値をとることを意味する。はじめに$V^0 = [V_1^0, V_2^0]$を適当に選んで、$V^1 = TV^0$を計算する。$\|V^0 - V^1\| < \varepsilon$なら終わり、そうでなければ収束条件を満たすまで$V^{i+1} = TV^i$の操作をくり返す。図8.5は value function を示している。ただし、

$$z \in \begin{bmatrix} 0.5 \\ 1.5 \end{bmatrix} \qquad P = \begin{bmatrix} 0.3 & 0.7 \\ 0.5 & 0.5 \end{bmatrix}$$

$\sigma = 2$、$\alpha = 0.25$、$\beta = 0.96$、$\delta = 0.1$である。$\varepsilon = 1e^{-6}$として376回くり返すと収

図8.6 来期の資本ストック（確率的ケース）

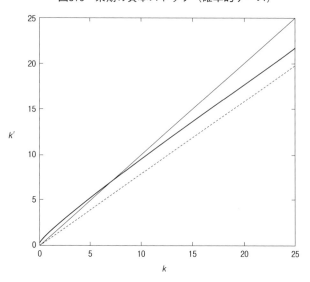

束する。実線は$z=1.5$、破線は$z=0.5$に対応している。資本ストックは一定で生産性が上昇するとvalueは高くなる。またp_{11}とp_{22}がほぼ1で、ショックの系列相関が強いとvalueの差は大きくなる。k'も生産性が高いと大きくなる（図8.6）。

8.8 制約条件が付くケース

最後に制約条件のあるケースについて考えよう。制約条件を考慮する一つの方法は、第5章で検討したPEA法を使用することである。ここでは借入制約のある消費貯蓄決定モデルを例に、もう一つの方法について説明する。消費と貯蓄の決定問題はつぎのように表される。

$$\max_{c_t} E \sum_{t=0}^{\infty} \beta^t u(c_t)$$
$$s.t. \quad a_{t+1} = Ra_t + w_t - c_t \tag{8.12}$$
$$a_0 \quad \text{given}$$

図8.7 Value function

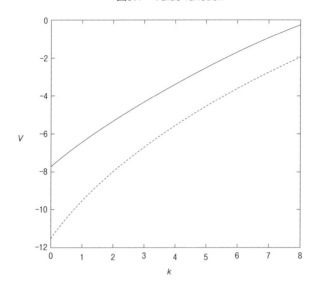

資産の収益率 R は一定とする。収入は利子と労働収入である。雇用されると w_t の賃金を受けとり、失業すれば bw_t が支給される。w_t は2つの状態からなるマルコフチェーンであり、遷移行列を

$$P = \begin{bmatrix} p_{uu} & p_{ue} \\ p_{eu} & p_{ee} \end{bmatrix}$$

とする。借入れにはつぎの制約がつく。

$$a_{t+1} \geq d$$

動的計画法を適用すると、ベルマン方程式は

$$V(a_t, w_t) = \max_{c_t} \{ u(c_t) + \beta E_t V(a_{t+1}, w_{t+1}) \}$$

となる。借入制約と消費に対する非負制約を考慮すると

$$V(a_t, w_t) = \max_{d \leq a_{t+1} \leq Ra_t + w_t} \{ u(Ra_t + w_t - a_{t+1}) + \beta E_t V(a_{t+1}, w_{t+1}) \}$$

離散近似するとき資産の最小値を d とする。

つぎの効用関数を仮定する。

図8.8 資産の分布

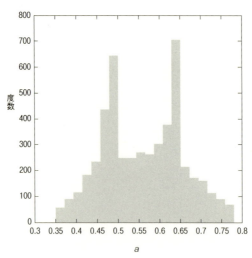

$$u(c) = \frac{c^{1-\sigma}-1}{1-\sigma}$$

モデルのパラメータは$\beta=0.96$、$\sigma=1.5$、$b=0.5$、$d=0$とする。実質賃金と利子率は一定で$w_t=1$、$R=1.02$と仮定する。労働状態の遷移行列は

$$P = \begin{bmatrix} 0.9 & 0.1 \\ 0.1 & 0.9 \end{bmatrix}$$

である。資産の状態空間は$[0, 8]$の1,000個の分点で表す。$\varepsilon=1e^{-6}$として policy iteration を実行すると18回で収束する。図8.7は雇用と失業に対応する value function である。いずれも資産の増加関数で、予想通り雇用の value は高くなる。図8.8は、モデルを用いて発生させたデータから作成した資産の分布である。遷移行列の性質を反映して、資産の分布には2つのピークがある。労働状態には強い正の系列相関があり、一旦雇用されると次の期も雇用される確率が高い。この間に資産を蓄積する。失業すると次の期も失業して資産を取り崩すことになる。Pが単位行列に近いほど、この傾向は強くなる。

　この例から明らかなように、簡単な制約条件があっても数値計算に関してとくに問題はない。状態変数の分点を決めるときに考慮すれば十分である。

8.9 線形2次動的計画法

(1) 最適レギュレータ

DP の特別なケースとして線形2次制御問題がある。この問題には解析解があり、動学的最適化問題に広く使われている[3]。後で示すように、価値関数は状態変数の2次式となり、政策関数は1次式で表される。式を求める方法も分かっている。最適レギュレータではない問題でも、目的関数と制約条件をテイラー展開すれば線形2次制御問題に変換できる。基本原理を説明した後、最適成長モデルへ適用して数値実験を行う。

つぎの動学的最適化問題について考えよう。

$$\max_{\{u_t\}} E_0 \sum_{t=0}^{\infty} \beta^t (x_t' R x_t + u_t' Q u_t + 2x' W u_t)$$

$$s.t. \quad x_{t+1} = A x_t + B u_t + C \varepsilon_{t+1} \qquad \varepsilon_{t+1} \sim NID(0, \Sigma)$$

$$x_0 \quad \text{given} \tag{8.13}$$

ここで x_t は $n \times 1$ の状態ベクトル、u_t は $m \times 1$ の制御ベクトル、ε_{t+1} は $n \times 1$ の確率ベクトル、R は $n \times n$ の負値半定符号行列、Q は $m \times m$ の負値定符号行列、W は $n \times m$ 行列である。A は $n \times n$ の係数行列、B は $n \times m$ 行列、C は $n \times n$ 行列である。(8.13) は (8.1) で $r(x_t, u_t) = x_t' R x_t + u_t' Q u_t + 2 x_t' W u_t$ としたケースに相当する。動的計画法を適用すると、ベルマン方程式は

$$V(x_t) = \max_{u_t} (x_t' R x_t + u_t' Q u_t + 2 x_t' W u_t + \beta E V(x_{t+1}))$$

と表される。この方程式の解を $V(x_t) = x_t' P x_t + d$ とする。右辺に代入すると

$$V(x_t) = \max_{u_t} \{ x_t' R x_t + u_t' Q u_t + 2 x_t' W u_t$$

$$+ \beta E (A x_t + B u_t + C \varepsilon_{t+1})' P (A x_t + B u_t + C \varepsilon_{t+1}) \}$$

となる(定数項は省略)。右辺を u_t で微分してゼロとおくと

$$(Q + \beta B' P B) u_t + (\beta B' P A + W') x_t = 0$$

これより最適決定ルールは

$$u_t = -(Q+\beta B'PB)^{-1}(\beta B'PA+W')x_t$$

または

$$u_t = -Fx_t$$
$$F = (Q+\beta B'PB)^{-1}(\beta B'PA+W') \tag{8.14}$$

となる[4]。P はリッカチ方程式

$$P = R + \beta A'PA - (\beta A'PB + W)(Q+\beta B'PB)^{-1}(\beta B'PA+W') \tag{8.15}$$

の解であり、$P_0 = 0$ を初期値として

$$P_{j+1} = R + \beta A'P_j A - (\beta A'P_j B + W)(Q+\beta B'P_j B)^{-1}(\beta B'P_j A+W')$$

を P に収束するまで反復計算する[5]。P と F はランダムショックの分散に依存しない。この性質は certainty equivalence と呼ばれる。Value function は

$$\begin{aligned}V(x_t) &= x_t'Px_t + d \\ &= x_t'Px_t + \beta(1-\beta)^{-1}tr(C'PC\Sigma)\end{aligned} \tag{8.16}$$

ここで、'tr' は行列のトレースを表す。ショックの分散が大きくなると value は低下する。$u_t = -Fx_t$ を状態方程式に代入すると

$$x_{t+1} = (A-BF)x_t + C\varepsilon_{t+1}$$

となる。これは x_t に関する自律的なシステムである。$(A-BF)$ の固有値の絶対値が1より小さいとシステムは安定的である。x_0 と ε_{t+1} $(t \geq 0)$ が与えられるとこの式から x_t が決まり、(8.14) から u_t が決定される。

　最適レギュレータはそれ自体重要であるが、他の問題の近似解を得る目的にも使われる。解析解が存在しないとき、元の問題を (8.13) の形に変換して近似解を求める[6]。

　つぎの一般的な制御問題を最適レギュレータで近似する方法を考える。

$$\max_{\{u_t\}} E_0 \sum_{t=0}^{\infty} \beta^t r(x_t, u_t)$$

$$s.t. \quad x_{t+1} = g(x_t, u_t, \varepsilon_{t+1}) \tag{8.17}$$
$$x_0 \quad \text{given}$$

最適レギュレータを適用するには、(8.13) の形に変換する必要がある。最初に $\varepsilon_{t+1}=0$ とおいたつぎのシステムについて考える。

$$\max_{\{u_t\}} \sum_{t=0}^{\infty} \beta^t r(x_t, u_t)$$
$$s.t. \quad x_{t+1} = g(x_t, u_t, 0)$$
$$x_0 \quad \text{given}$$

この問題を解くためにラグランジュ関数

$$L = \sum_{t=0}^{\infty} \beta^t r(x_t, u_t) + \sum_{t=0}^{\infty} \beta^t \lambda'_{t+1}(x_{t+1} - g(x_t, u_t, 0))$$

を定義する。ここで λ_{t+1} は $(n \times 1)$ のラグランジュ乗数のベクトルである。最適化の 1 階条件は

$$\beta \frac{\partial r(x_{t+1}, u_{t+1})}{\partial x_{t+1}} + \lambda_{t+1} - \beta \frac{\partial g(x_{t+1}, u_{t+1}, 0)'}{\partial x_{t+1}} \lambda_{t+2} = 0$$

$$\frac{\partial r(x_t, u_t)}{\partial u_t} - \frac{\partial g(x_t, u_t, 0)'}{\partial u_t} \lambda_{t+1} = 0 \qquad (t \geq 0)$$

$$x_{t+1} - g(x_t, u_t, 0) = 0$$

である。定常状態の値を x^*、u^*、λ^* とすると

$$\beta \frac{\partial r(x^*, u^*)}{\partial x} + \lambda^* - \beta \frac{\partial g(x^*, u^*, 0)'}{\partial x} \lambda^* = 0$$

$$\frac{\partial r(x^*, u^*)}{\partial u} - \frac{\partial g(x^*, u^*, 0)'}{\partial u} \lambda^* = 0$$

$$x^* - g(x^*, u^*, 0) = 0$$

が成り立つ。方程式と未知数はともに $(2m+n)$ であり、これを解くと定常状態の値がわかる。そして状態方程式と効用関数を定常値の回りでテイラー展開すれば最適レギュレータ問題として定式化される。

(2) 最適成長モデルへの応用

つぎの最適成長モデルについて考えよう。

$$\max E_0 \sum_{t=0}^{\infty} \beta^t \frac{\left(\exp(z_t) k_t^\alpha + k_t - k_{t+1}\right)^{1-\sigma} - 1}{1-\sigma}$$

s.t. $z_{t+1} = \rho z_t + \varepsilon_{t+1}$ 　　　$\varepsilon_t \sim iid.\ N(0, \sigma_\varepsilon^2)$

　　　k_0, z_0 　given 　　　　　　　　　　　　　　　　(8.18)

定常状態の資本ストックと技術ショックは

$$z^* = 0$$

$$k^* = \left(\frac{1-\beta}{\alpha \beta}\right)^{\frac{1}{\alpha-1}}$$

である。制御変数は $u_t = k_{t+1} - k_t$、状態変数は $x_t = [k_t\ \ 1\ \ z_t]'$ とする。状態方程式の係数行列は

$$A = \begin{bmatrix} 1 & 0 & 0 \\ 0 & 1 & 0 \\ 0 & 0 & \rho \end{bmatrix} \quad B = \begin{bmatrix} 1 \\ 0 \\ 0 \end{bmatrix} \quad C = \begin{bmatrix} 0 & 0 & 0 \\ 0 & 0 & 0 \\ 0 & 0 & 1 \end{bmatrix} \quad \Sigma = \begin{bmatrix} 0 & 0 & 0 \\ 0 & 0 & 0 \\ 0 & 0 & \sigma_\varepsilon^2 \end{bmatrix}$$

である。効用関数を $(z, k) = (z^*, k^*)$ のまわりでテイラー展開すると

$$R = \frac{(k^*)^{\alpha(1-\sigma)}}{2} \times \begin{bmatrix} \dfrac{-\sigma\alpha^2 + \alpha^2 - \alpha}{(k^*)^2} & \dfrac{\sigma\alpha^2 - \alpha^2 + 2\alpha}{k^*} & \dfrac{\alpha(1-\sigma)}{k^*} \\ \dfrac{\sigma\alpha^2 - \alpha^2 + 2\alpha}{k^*} & \dfrac{2}{1-\sigma} - 3\alpha + \alpha^2(1-\sigma) & 1 + \sigma\alpha - \alpha \\ \dfrac{\alpha(1-\sigma)}{k^*} & 1 + \sigma\alpha - \alpha & 1 - \sigma \end{bmatrix}$$

$$Q = -\frac{\sigma(k^*)^{-\sigma\alpha - \alpha}}{2} \qquad W = \begin{bmatrix} \dfrac{\sigma\alpha(k^*)^{-\sigma\alpha-1}}{2} \\ -\dfrac{(1+\sigma\alpha)(k^*)^{-\sigma\alpha}}{2} \\ \dfrac{\sigma(k^*)^{-\sigma\alpha}}{2} \end{bmatrix}$$

となる。モデルのパラメータを $\sigma = 2$、$\alpha = 0.25$、$\beta = 0.96$、$\rho = 0.9$、$\sigma_\varepsilon = 0.05$ とする。定常状態において $k^* = 10.9027$ となる。係数行列は

図8.9 消費と資本ストックの変動

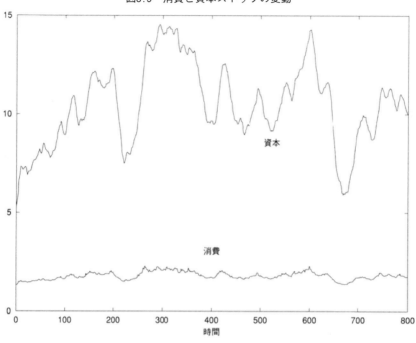

$$R = \begin{bmatrix} -0.0007 & 0.0142 & -0.0063 \\ 0.0142 & -0.7739 & 0.3440 \\ -0.0063 & 0.3440 & -0.2752 \end{bmatrix} \qquad Q = -0.1667$$

$$W = \begin{bmatrix} 0.0069 \\ -0.2271 \\ 0.3029 \end{bmatrix}$$

である。(8.15) から P を求めると

$$P = \begin{bmatrix} -0.0133 & 0.3030 & -0.0985 \\ 0.3030 & -18.7812 & 3.0976 \\ -0.0985 & 3.0976 & -0.0496 \end{bmatrix}$$

となる。(8.14) から、制御変数のフィードバック・ルールは

$$k_{t+1} - k_t = 0.3552 - 0.03258 k_t + 1.2132 z_t$$

図8.10 消費の分布

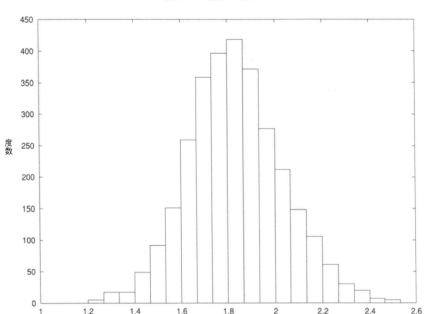

で与えられる。技術ショックがプラスであれば資本の限界生産力は増加して投資は拡大する。マイナスであれば限界生産力の低下で投資は減少する。図8.9は、技術ショックのシミュレーション結果である。技術進歩を捨象している関係で、消費と資本は定常値のまわりでランダムに変化する。ただし消費に比べて資本の変動が大きい。図8.10は、2,000個のデータを発生させて求めた消費の分布である。技術ショックと同様に、$c^*=1.817$を中心にほぼ左右対称に分布している。

この簡単なモデルでは解析解を求めることができる。資本ストックの解析解はつぎのようにして求める。

$$k_{t+1} - k_t = -\frac{\mu_0 \psi}{1-\beta\psi} + (\psi-1)k_t - \frac{\rho\mu_1\psi}{1-\rho\beta\psi}z_t$$

$$\mu_0 = \frac{\beta^2 \alpha(\alpha-1)(k^*)^{2\alpha-1}}{\sigma}$$

$$\mu_1 = \beta\left(1-\frac{1}{\rho}\right)(k^*)^\alpha - \frac{\beta^2 \alpha(k^*)^{2\alpha-1}}{\sigma}$$

ただし、ψ は 2 次方程式

$$s^2 - \left(1 + \frac{1}{\beta} + \frac{(1-\alpha)(1-\beta)^2}{\sigma\alpha\beta}\right)s + \frac{1}{\beta} = 0$$

の絶対値が 1 より小さい根である。ただし解析解があるのは簡単な問題に限られる。複雑な問題では数値計算で近似解を求める他ない。ランダムショックの分散が大きくなると資本ストックがマイナスとなる可能性がある。最適レギュレータを適用するときはこの点に注意する必要がある。

8.10 結論

動的計画法の数値解法のうち、ベルマン方程式を離散関数方程式として解く方法と最適レギュレータに変換して解く方法について検討した。2 つの方法には一長一短があり、目的に応じて使い分ける必要がある。計算時間の点では線形 2 次近似の方が優れている。また状態変数が多くなると、ベルマン方程式の離散近似は困難である。対照的に、線形 2 次近似は行列演算で済むので次元の制約は受けない。このためリアルビジネスサイクルの研究でよく使われる。しかし、certainty equivalence が成り立たない問題には使えない。どちらのアプローチにも問題があり、より効率的で精度の高い方法が研究されている。

[注]

1) 動的計画法の主要な文献は Bellman (1957)、Bertsekas (1976)、Bertsekas = Shreve (1978)、Howard (1960)、Stokey, Lucas and Prescott (1989) などである。
2) 以下の記述は Ljungqivist = Sargent (2000) と Judd (1998) に依拠している。
3) 代表例として Kydland = Prescott (1982) がある。
4) Kwakernaak = Sivan (1972) を参照。
5) 片山 (1983) はリッカチ方程式の様々な解法を検討している。
6) 以下の記述は McGrattan (1990) に基づいている。

[参考文献]

片山徹 (1983)『応用カルマンフィルタ』朝倉書店。

Bellman, R. R (1957) *Dynamic Programming*, Princeton: Princeton University Press.

Bertsekas, D. P (1976) *Dynamic Programming and Stochastic Control*, New York: Academic Press.

Bertsakas, D. P and Shreve, S. E (1978) *Stochastic Optimal Control: The Discrete Time Case*, New York: Academic Press.

Howard, R. A (1960) *Dynamic Programming and Markov Process*, MA: MIT Press.

Judd, K. L (1998) *Numerical Methods in Economics*, MA: MIT Press.

Judd, K. L and Solnick. A (1994) "Numerical dynamic programming with shape-preserving splines", Mimeo.

Kwakernaak, H and Sivan, R (1972) *Linear Optimal Control Systems*, New York: Wiley.

Kydland, F. E and Prescott, E. C (1982) "Time to build and aggregate fluctuations", *Econometrica*, Vol. 50, 1345-1370.

Ljungqivist, L and Sargent, T. J (2000) *Recursive Macroeconomic Theory*, MA: MIT Press.

McGrattan, E. R (1990) "Solving the stochastic growth model by Linear-quadratic approximation", *Journal of Business and Economic Statistics*, Vol. 8, 41-44.

Sargent, T (1987) *Dynamic Macroeconomic Theory*, Harvard University Press.

Stokey, N and R. E. Lucas (1989) *Recursive Methods in Economic Dynamics*, Cambridge: Harvard University Press.

Tauchen, G. (1986) "Finite State Markov Chain Approximations to Univariate and Vector Autoregressions", *Economics Letters*. Vol. 20, 177-181.

第9章　資産価格決定モデルの数値解析

これまで主に最適成長モデルを例に数値解析の方法を検討してきたが、本章では資産価格決定モデルを取り上げる。このモデルは一度検討したが、ここでは別のアプローチを取る。一つは、資産価格の関数方程式を離散近似する方法である。この方法のポイントは、連続確率分布をマルコフチェーンで近似して連立1次方程式に変換することである。もう一つは、第7章の摂動法を確率モデルに拡張する方法である。一般に DSGE モデルには解析解はないが、資産価格決定モデルは解析的に解けることが分かっている。解析解と比較すれば数値解の精度を詳しく調べることができる。

9.1　資産価格決定モデル

一部はくり返しになるが、はじめにルーカス（1978）の資産価格決定モデルについて説明しよう。代表的消費者は予算制約のもとで期待効用の現在価値を最大化する。

$$\max E_0 \sum_{t=0}^{\infty} \beta^t \frac{c_t^\theta}{\theta}$$
$$s.t. \quad c_t + p_t s_{t+1} = (d_t + p_t) s_t \tag{9.1}$$

ここで c_t は消費、s_t は資産ストック、p_t は資産価格、d_t は配当である。配当は外生変数とする。配当の成長率を x_t とすると

$$d_t = \exp(x_t) d_{t-1}$$

となる。ただし、x_t はつぎの $AR(1)$ モデルで決定される。

$$x_t = (1-\rho)\mu + \rho x_{t-1} + \varepsilon_t \quad |\rho|<1 \quad \varepsilon_t \sim iid.\ N(0, \sigma^2) \tag{9.2}$$

効用最大化の条件は

$$p_t c_t^{\theta-1} = \beta E_t [c_{t+1}^{\theta-1}(p_{t+1}+d_{t+1})]$$

である。市場均衡条件は、$c_t = d_t$ である。均衡価格は

$$p_t = \beta E_t \left[\left(\frac{d_{t+1}}{d_t}\right)^{\theta-1}(p_{t+1}+d_{t+1})\right]$$

で与えられる。価格そのものではなく、価格と配当の比率（PDR）を分析する。この比率を $v_t = p_t/d_t$ で表すと

$$v_t = \beta E_t [\exp(\theta x_{t+1})(v_{t+1}+1)] \tag{9.3}$$

となる。

　Burnside (1998) はこのモデルの解析解を導いている。数値解の精度を調べる準備として、解析解を求めることにしよう。$u_{t+1} = \beta \exp(\theta x_{t+1})$ とおくと、次式が成り立つ。

$$\begin{aligned} v_t &= E_t u_{t+1} + E_t u_{t+1} v_{t+1} \\ &= E_t u_{t+1} + E_t u_{t+1} u_{t+2} + E_t u_{t+1} u_{t+2} v_{t+2} \\ &= \sum_{i=1}^{\infty} \left(E_t \prod_{j=1}^{i} u_{t+j}\right) \end{aligned}$$

ここで、

$$\prod_{j=1}^{i} u_{t+j} = \beta^i \exp\left(\theta \sum_{j=1}^{i} x_{t+j}\right)$$

$$x_{t+j} - \mu = \rho^j (x_t - \mu) + \varepsilon_{t+j} + \rho \varepsilon_{t+j-1} + \cdots + \rho^{j-1} \varepsilon_{t+1}$$

さらに

$$\begin{aligned} \sum_{j=1}^{i} x_{t+j} = i\mu &+ \frac{\rho}{1-\rho}(1-\rho^i)(x_t - \mu) \\ &+ \frac{1}{1-\rho}[(1-\rho^i)\varepsilon_{t+1} + (1-\rho^{i-1})\varepsilon_{t+2} + \cdots + (1-\rho)\varepsilon_{t+i}] \end{aligned}$$

となる。

$$E_t \prod_{j=1}^{i} u_{t+j} = \beta^i \exp[a_i + b_i(x_t - \mu)]$$

$$a_i = i\theta\mu + \frac{\theta^2 \sigma^2}{2(1-\rho)^2}\left[i - \frac{2\rho}{1-\rho}(1-\rho^i) + \frac{\rho^2(1-\rho^{2i})}{1-\rho^2}\right]$$

$$b_i = \frac{\theta\rho}{1-\rho}(1-\rho^i)$$

となり厳密解は

$$v_t = \sum_{i=1}^{\infty} \beta^i [\exp(a_i + b_i(x_t - \mu)] \qquad (9.4)$$

で与えられる。級数和の収束条件は

$$\beta \exp\left[\theta\mu + \frac{\theta^2 \sigma^2}{2(1-\rho)^2}\right] < 1$$

である。収束速度が極端に遅いので800項までの合計をとることにした。

9.2 離散近似法

つぎに (9.3) を離散近似して連立1次方程式に変換する方法を適用する。まず Tauchen (1986) の求積法を用いて $AR(1)$ を離散近似する。つまり x_t を $x_1, x_2, \cdots, x_n$ の n 個の値をとる確率変数 $\tilde{x}_t$ で近似する。長期的に x_t の分布は正規分布 $N(\mu, \sigma^2/(1-\rho^2))$ となる。そこで最大の分点を $x_n = \mu + 3(\sigma^2/(1-\rho^2))^{1/2}$ とする。さらに $x_1 = -x_n$ として、残りの分点は $w = (x_n - x_1)/(n-1)$ の幅で等間隔にとる。$\tilde{x}_t$ の遷移確率 $P_{ij} = \Pr(\tilde{x}_{t+1} = x_j \mid \tilde{x}_t = x_i)$ はつぎの方法で計算する。

$$P_{j1} = \Pr(\varepsilon_t \le x_1 - \alpha - \rho x_j + w/2)$$
$$P_{jn} = \Pr(\varepsilon_t \ge x_n - \alpha - \rho x_j - w/2)$$
$$P_{jk} = \Pr(x_k - \alpha - \rho x_j - w/2 \le \varepsilon_t \le x_k - \alpha - \rho x_j + w/2)$$
$$(j = 1, 2, \cdots, n, \ k = 1, 2, 3, \cdots, n-1)$$
$$\alpha = (1-\rho)\mu \qquad (9.5)$$

この方法は第2章で説明したガウス型求積法より計算が簡単で誤差も小さい。

配当成長率を離散近似すると、(9.3) は

$$v_k = \beta[\exp(\theta x_1)(1+v_1)P_{k1} + \cdots + \exp(\theta x_n)(1+v_n)P_{kn}]$$
$$= \beta[\exp(\theta x_1)P_{k1} + \cdots + \exp(\theta x_n)P_{kn}]$$

$$+\beta[\exp(\theta x_1)P_{k1}v_1+\cdots\cdots+\exp(\theta x_n)P_{kn}v_n]$$

となる。v_kは$\bar{x}_t=x_k$に対応するPDRである。簡単化のため

$$\gamma_k=\beta[\exp(\theta x_1)P_{k1}+\cdots\cdots+\exp(\theta x_n)P_{kn}]$$
$$D(k,j)=\exp(\theta x_j)P_{kj} \qquad (j,k=1,2,\cdots\cdots,n)$$

とおくと、上の式は

$$\begin{bmatrix}v_1\\v_2\\\vdots\\v_n\end{bmatrix}=\begin{bmatrix}\gamma_1\\\gamma_2\\\vdots\\\gamma_n\end{bmatrix}+\beta\begin{bmatrix}D(1,1)&\cdots&D(1,n)\\D(2,1)&\cdots&D(2,n)\\\vdots&\vdots&\vdots\\D(n,1)&\cdots&D(n,n)\end{bmatrix}\begin{bmatrix}v_1\\v_2\\\vdots\\v_n\end{bmatrix}$$

行列を用いて

$$v=\gamma+\beta Dv$$

$$v=\begin{bmatrix}v_1\\v_2\\\vdots\\v_n\end{bmatrix}\qquad \gamma=\begin{bmatrix}\gamma_1\\\gamma_2\\\vdots\\\gamma_n\end{bmatrix}\qquad D=\begin{bmatrix}D(1,1)&\cdots&D(1,n)\\D(2,1)&\cdots&D(2,n)\\\vdots&\vdots&\vdots\\D(n,1)&\cdots&D(n,n)\end{bmatrix}$$

と表される。これはvを未知数とする連立1次方程式である。方程式の解は

$$v=(I-\beta D)^{-1}\gamma \tag{9.6}$$

で与えられる。(9.3)が連立1次方程式に変換されるのは、状態変数は外生変数しか含まないからである。最適成長モデルのように、内生変数も状態変数であればこの方法は使えない。

9.3 確率的摂動法

つぎに確率的摂動法を適用しよう。摂動法では配当が確定している場合の解を求めてテイラー展開する[1]。記号を簡略化して、(9.2)と(9.3)をつぎのように表す。

$$x_t = g(x_{t-1}, \varepsilon_t)$$
$$v_t = E_t[h(v_{t+1}, x_{t+1})]$$
$$g(x, \varepsilon) = (1-\rho)\mu + \rho x + \varepsilon$$
$$h(v, x) = \beta \exp(\theta x)(v+1)$$

はじめに、確定的なケースの定常解を求める。$\varepsilon_t = 0$ とおくと

$$x^* = \mu$$
$$v^* = \frac{\beta \exp(\theta \mu)}{(1 - \beta \exp(\theta \mu))}$$

となる。オイラー方程式の解を $v_t = f(x_t)$ とすると

$$\begin{aligned} f(x_t) &= E_t[h(v_{t+1}, x_{t+1})] \\ &= E_t[h(f(g(x_t, \varepsilon_{t+1})), g(x_t, \varepsilon_{t+1}))] \\ &= E_t[H(x_t, \varepsilon_{t+1})] \end{aligned} \quad (9.7)$$

つぎに $f(x_t)$ の1次のテイラー展開を求める。

$$f_0 + f_1 \hat{x}_t = E_t[H_{0,0} + H_{1,0} \hat{x}_t + H_{0,1} \varepsilon_{t+1}]$$

ただし、

$$\hat{x}_t = x_t - x^*$$
$$f_0 = f(x^*)$$
$$f_1 = f^{(1)}(x^*)$$
$$H_{i,j} = \frac{\partial^{i+j} H(x^*, 0)}{\partial x^i \partial \varepsilon^j}$$

である。ε_t は互いに独立した平均ゼロの確率変数であり、$E_t \varepsilon_{t+1} = 0$ となる。このため

$$f_0 + f_1 \hat{x}_t = H_{0,0} + H_{1,0} \hat{x}_t$$

となる。これより

$$f_0 = H_{0,0} = \dot{v}$$
$$f_1 = H_{1,0} = f_1 \rho\beta \exp(\theta\mu) + \rho\beta\theta\exp(\theta\mu)(1+f_0)$$

が成り立つ。2番目の条件から

$$f_1 = \frac{\rho\beta\theta\exp(\theta\mu)(1+\dot{v})}{1-\rho\beta\exp(\theta\mu)}$$

となる。1次のテイラー展開は x_t の2次以上のモーメントを考慮していないので誤差が大きい (Collard = Juillard (2001) の表1を参照)。そこで他の方法との比較には2次のテイラー展開を用いる。(9.7) を $x_t = \dot{x}$、$\varepsilon_{t+1} = 0$ のまわりで展開すると

$$f_0 + f_1 \hat{x}_t + \frac{1}{2} f_2 \hat{x}_t^2 = E_t [H_{0,0} + H_{1,0}\hat{x}_t + H_{0,1}\varepsilon_{t+1}$$
$$+ \frac{1}{2} H_{2,0} \hat{x}_t^2 + \frac{1}{2} H_{0,2} \varepsilon_{t+1}^2 + H_{1,1}\hat{x}_t \varepsilon_{t+1}]$$

仮定により $E_t \varepsilon_{t+1} = E_t \hat{x}_t \varepsilon_{t+1} = 0$、$E_t \varepsilon_{t+1}^2 = \sigma^2$ である。したがって

$$f_0 + f_1 \hat{x}_t + \frac{1}{2} f_2 \hat{x}_t^2 = H_{0,0} + H_{1,0}\hat{x}_t + \frac{1}{2} H_{2,0}\hat{x}_t^2 + \frac{1}{2}\sigma^2 H_{0,2}$$

ここで $f_2 = f^{(2)}(\dot{x})$ である。$H_{i,j}$ を代入して両辺の係数を等しくすると、f_0、f_1、f_2 に関するつぎの方程式が得られる。

$$f_0 = \beta\exp(\theta\mu)\left[\left(1+\frac{(\theta\rho\sigma)^2}{2}\right)(1+f_0) + \frac{(\rho\sigma)^2}{2}(2\theta f_1 + f_2)\right]$$
$$f_1 = \rho\beta\exp(\theta\mu)(f_1 + \theta(1+f_0))$$
$$f_2 = \rho^2\beta\exp(\theta\mu)(\theta^2(1+f_0) + 2\theta f_1 + f_2) \tag{9.8}$$

この方程式には唯一の解があり、効用関数のパラメータ β、θ と配当のパラメータ ρ、μ、σ^2 に依存している。近似精度の比較では、これらのパラメータに適当な値を代入して (9.8) から係数を求める。

一般に n 次近似式の係数はつぎの式を満たす。

$$\sum_{k=0}^{n} \frac{1}{k!} f_k \hat{x}_t^k = E_t \left[\sum_{k=0}^{n} \frac{1}{k!} \sum_{j=0}^{k} \binom{k}{j} H_{k-j,j} \hat{x}_t^{k-j} \hat{\varepsilon}_{t+1}^j\right]$$

$$= \sum_{k=0}^{n} \frac{1}{k!} \sum_{j=0}^{k} \binom{k}{j} H_{k-j,j} \hat{x}_t^{k-j} \mu_j$$

ただし、

$$H_{k-j,j} = \frac{\partial^k H(x^*, 0)}{\partial x^{k-j} \partial \varepsilon^j}$$

$$\mu_j = E_t \hat{\varepsilon}_{t+1}^j$$

である。左辺と右辺の係数は等しいので

$$\frac{1}{k!} f_k = \sum_{j=0}^{n-k} \frac{1}{(j+k)!} \binom{k}{j} H_{k,j} \mu_j \qquad (k=0, \cdots\cdots, n)$$

ここで、

$$H_{k,j} = \beta \exp(\mu\theta) \rho^k \left[\theta^{j+k} + \sum_{m=0}^{j+k} \binom{j+k}{m} \theta^{j+k-m} f_m \right]$$

である。テイラー展開の係数はつぎの式を満たす。

$$f_0 = \beta \exp(\mu\theta) \sum_{j=0}^{n} \frac{1}{j!} \left[\theta^j + \sum_{m=0}^{j} \binom{j}{m} \theta^{j-m} f_m \right] \mu_j$$

$$\frac{1}{k!} f_k = \sum_{j=0}^{n-k} \frac{1}{(j+k)!} \binom{k}{j} \beta \exp(\mu\theta) \rho^k \left[\theta^{j+k} + \sum_{m=0}^{j+k} \binom{j+k}{m} \theta^{j+k-m} f_m \right] \mu_j$$

$$f_n = \beta \exp(\mu\theta) \rho^n \left[\theta^n + \sum_{m=0}^{n} \binom{n}{m} \theta^{n-m} f_m \right]$$

これは $f_0, f_1, \cdots\cdots, f_n$ を未知数とする連立方程式である。係数は x_t の高次のモーメントに依存している。したがって PDR 決定式の傾きや曲がり具合はモーメントの影響を受ける。

9.4 近似精度

近似解の精度を調べるために、つぎの2つの評価基準を用いる。

$$E = 100 \times \sum_{t=1}^{n} \left| \frac{v_t - \hat{v}_t}{v_t} \right| \bigg/ n$$

$$E_{\max} = 100 \times \max \left\{ \left| \frac{v_t - \hat{v}_t}{v_t} \right| \right\}$$

表9.1 近似精度

(単位：%)

	$n=50$		$n=100$		$n=200$		摂動法	
	E	$E\max$	E	$E\max$	E	$E\max$	E	$E\max$
基準ケース	0.0069	0.0086	0.0045	0.0061	0.0039	0.0055	0.0015	0.0033
$\beta=0.5$	0.0014	0.0031	0.0010	0.0027	0.0009	0.0026	0.0019	0.0046
$\beta=0.99$	0.0142	0.0158	0.0091	0.0107	0.0078	0.0095	0.0015	0.0035
$\theta=-10$	0.0703	0.0751	0.0205	0.0253	0.0084	0.0131	0.5238	1.1548
$\theta=-2$	0.0095	0.0116	0.0055	0.0076	0.0046	0.0066	0.0037	0.0078
$\theta=0.5$	0.0015	0.0021	0.0020	0.0026	0.0021	0.0028	0.0001	0.0001
$\rho=0.0$	0.0078	0.0078	0.0047	0.0047	0.0039	0.0039	0.0013	0.0013
$\rho=0.5$	0.0273	0.0858	0.0127	0.0710	0.0095	0.0674	0.2030	0.5991
$\rho=0.8$	0.3922	1.3406	0.1781	1.6720	0.1413	1.7525	16.1199	62.1787
$\sigma=0.01$	0.0892	0.1168	0.0896	0.1173	0.0896	0.1174	0.0001	0.0002
$\sigma=0.1$	0.0314	0.0324	0.0089	0.0099	0.0034	0.0044	0.0387	0.0920

ここでv_tは（9.4）から計算したPDRの真の解、$\hat{v}_t$は求積法や摂動法で求めた近似解である。Eは近似解を用いたときの平均相対誤差で、$E\max$は相対誤差の最大値である。区間$[\mu-5\sigma_x, \mu+5\sigma_x]$の$n$個の分点で誤差を求める。この他に分散その他の特性も調べる。資産価格の実証研究では収益率のリスクとの関係で分布の積率が重要な問題となるからである。

表9.1は様々のケースについて誤差を示している。nは求積法の分点数で、摂動法は2次のテイラー展開を用いている。基準ケースのパラメータは$\theta=-1.5$、$\beta=0.95$、$\rho=-0.139$、$\mu=0.0179$、$\sigma=0.0348$である（最後の3つは米国の1889-1979年のデータに基づく）。他のケースでは主観的割引率、相対的危険回避度、不確実性の度合、配当成長率の持続性を単独で変化させる。

全体的に離散近似の誤差は小さく、平均相対誤差は最大でも0.392%に過ぎない。ほとんどのケースで0.1%以下であり、離散近似はきわめて正確である。実証研究ではこの程度の精度があれば十分である。予想通り分点が増えると誤差は小さくなる。しかしメモリーや計算時間も増えるので、分点数は目的に応じて適当に決める必要がある。

パラメータと誤差の関係を見ると、βが大きくなると誤差は増大する傾向がある。またリスク回避が強くなると誤差は増大する。4つのパラメータのなかで誤差に最も強く影響するのは配当の系列相関である。$\rho=0.8$のケースでは、200の

図9.1 PDR 関数

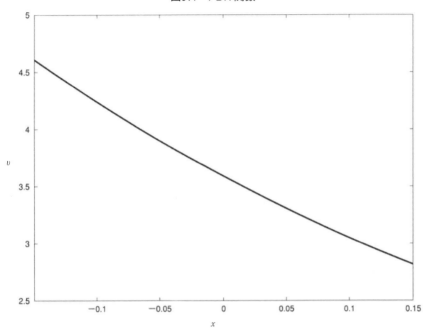

分点を取っても0.14%の誤差が生じる。しかも分点の間隔が短くなるほど最大誤差は大きくなる。リスクとの関係では、予想に反してσが大きくなると誤差は縮小する。ただし誤差そのものは非常に小さいのでとくに問題はない。

最後の列は摂動法の誤差である。全体的に離散近似したときより誤差は小さい。ただし$\rho=0.8$のケースは例外で、最大誤差は62%となる。この場合、v_tはx_tの強い非線形の関数となり、近似点から離れると誤差は急激に増大する。2次より高次の展開式を用いる必要がある。

図9.1は、$\theta=-2$、$\rho=0.5$としたときのPDR関数($n=50$)を示している[2]。(9.4) においてx_tの係数は$\theta\rho(1-\rho^i)/(1-\rho)$である。したがって曲線の傾きは$\theta\rho$の符合によって決まる。$\theta=0$か$\rho=0$であればPDRは一定となる。$\theta$と$\rho$が同符合であればPDRは$x_t$の増加関数となり、符号が異なると減少関数となる。こうした性質は解析解から明らかであるが、曲線の形状まではわからない。近似解を求めると曲線の形を知ることができる。

表9.2　確率分布の平均値

	厳密解	$n = 50$	$n = 100$	$n = 200$	摂動法
基準ケース	12.4815	12.4815	12.4815	12.4815	12.4815
$\beta = 0.5$	0.9506	0.9506	0.9506	0.9506	0.9506
$\beta = 0.99$	27.4051	27.4051	27.4051	27.4051	27.4048
$\theta = -10$	5.0288	5.0289	5.0288	5.0288	5.0082
$\theta = -2$	11.2466	11.2466	11.2466	11.2466	11.2464
$\theta = 0.5$	23.1860	23.1860	23.1860	23.1860	23.1860
$\rho = 0.0$	12.5305	12.5305	12.5305	12.5305	12.5305
$\rho = 0.5$	13.1727	13.1728	13.1727	13.1727	13.1634
$\rho = 0.8$	19.5128	19.5152	19.5128	19.5123	18.0165
$\sigma = 0.01$	12.3180	12.3180	12.3180	12.3180	12.3180
$\sigma = 0.1$	13.9347	13.9347	13.9347	13.9347	13.9305

9.5　確率分布の近似

つぎにPDRの確率分布について検討しよう。とくに興味があるのはPDRの正規性である。ファイナンスの実証研究によると、金融データは必ずしも正規分布とならない。

はじめに分布の平均値について見よう。表9.2は、(9.4)から求めた真の分布と近似解から求めた分布の平均値を比較している。$x_t \sim N(\mu, \sigma^2/(1-\rho^2))$として真の分布を計算した。(9.5)の$P_{ij}$を要素とする遷移行列は唯一の定常分布をもち、$P^\infty$の行ベクトルを定常分布とみなした。結果を見ると、離散近似で求めた平均値は真の値と完全に一致する。しかしρが1に近いと摂動法は平均値を過小に推計する。これはテイラー展開を2次で打ち切ったからである。

表9.3は標準偏差を示している。離散近似では真の分布とほぼ一致するが、摂動法では一部のケースで過小推計となる。表9.4は確率分布の歪度（skewness）である。歪度は確率分布の歪みを表し

$$\sqrt{\beta_1} = \frac{E(v_t - \mu_{v_t})^3}{\sigma}$$

と定義される。v_tが正規分布であれば歪度はゼロであり、$\sqrt{\beta_1} > 0$のとき分布は正の歪み、$\sqrt{\beta_1} < 0$のとき負の歪みをもつ。離散近似と解析解はほとんど等しく、分布に歪みはない。しかし、x_tの系列相関が強くなると正の歪みをもつ分布と

表9.3 確率分布の標準偏差

	厳密解	$n=50$	$n=100$	$n=200$	摂動法
基準ケース	0.081	0.081	0.081	0.081	0.081
$\beta=0.5$	0.007	0.007	0.007	0.007	0.007
$\beta=0.99$	0.177	0.177	0.177	0.177	0.177
$\theta=-10$	0.220	0.221	0.220	0.220	0.210
$\theta=-2$	0.098	0.098	0.098	0.097	0.097
$\theta=0.5$	0.050	0.050	0.050	0.050	0.050
$\rho=0.0$	—	—	—	—	—
$\rho=0.5$	0.743	0.744	0.743	0.743	0.734
$\rho=0.8$	5.888	5.897	5.888	5.886	4.640
$\sigma=0.01$	0.023	0.023	0.023	0.023	0.023
$\sigma=0.1$	0.260	3.006	0.260	0.260	0.258

表9.4 確率分布の歪度

	厳密解	$n=50$	$n=100$	$n=200$	摂動法
基準ケース	0.019	0.020	0.019	0.019	0.020
$\beta=0.5$	0.021	0.021	0.021	0.021	0.021
$\beta=0.99$	0.019	0.019	0.019	0.019	0.019
$\theta=-10$	0.132	0.132	0.132	0.132	0.132
$\theta=-2$	0.026	0.026	0.026	0.026	0.026
$\theta=0.5$	0.006	0.006	0.006	0.006	0.007
$\rho=0.0$	—	—	—	—	—
$\rho=0.5$	0.173	0.173	0.173	0.173	0.172
$\rho=0.8$	1.009	1.011	1.009	1.009	0.859
$\sigma=0.01$	−0.000	−0.000	−0.000	−0.000	0.006
$\sigma=0.1$	0.056	0.056	0.056	0.056	0.056

なる。摂動法では$\rho=0.8$のケースで歪みは真の値より小さくなる。

表9.5は確率分布の尖度を比較している。尖度（kurtosis）は確率分布の尖り具合を表し、つぎのように定義する。

$$\beta_2 = \frac{E(v_t - \mu_{v_t})^4}{\sigma^4}$$

正規分布では$\beta_2=3$となり、$\beta_2>3$なら正規分布より両方のすそが厚くなる。$\beta_2<3$ならば両すそが薄くなる。表から明らかなように、大部分のケースで$\beta_2=3$となり分布の尖度は正規分布と変わらない。これは$f(x_t)$が直線に近い形

表9.5 確率分布の尖度

	厳密解	$n = 50$	$n = 100$	$n = 200$	摂動法
基準ケース	3.000	3.000	3.000	3.000	3.001
$\beta = 0.5$	3.001	3.001	3.001	3.001	3.001
$\beta = 0.99$	3.000	3.000	3.000	3.000	3.001
$\theta = -10$	3.031	3.031	3.031	3.031	3.023
$\theta = -2$	3.001	3.001	3.001	3.001	3.001
$\theta = 0.5$	3.000	3.000	3.000	3.000	3.001
$\rho = 0.0$	—	—	—	—	—
$\rho = 0.5$	3.053	3.053	3.053	3.053	3.039
$\rho = 0.8$	4.882	4.888	4.882	4.881	3.992
$\sigma = 0.01$	2.978	2.978	2.978	2.978	3.000
$\sigma = 0.1$	3.006	3.001	3.006	3.006	3.004

をしているからである。$\rho = 0.8$のケースでは$\beta_2 = 4.88$となり、正規分布とはいえない。摂動法でも正規分布と異なる。

　表9.1〜9.5によると、PDR関数とv_tの分布は離散近似によって正確に近似することが可能である。ただし、x_tに強い正の系列相関があると精度は悪くなる。分点の数は計算量に直接影響するが、精度にはそれほど影響しない。ここで検討した例では分点は50個あれば十分である。一般的な傾向として、関数近似より分布の近似の方が正確である。個々の分点における誤差が相殺されるからである。

9.6　結論

　この章では資産価格決定モデルの数値解法を検討した。消費と配当は外生的に決まり、資産価格は積分方程式の解である。数値計算のポイントは、配当の確率分布をマルコフチェーンで近似することである。こうすれば積分方程式は連立1次方程式に変換される。あとは行列計算で数値解を求める。これは数値計算の標準的な方法であり、分点を増やすといくらでも真の解に近づく。もう一つの方法は確率的摂動法である。これは価格をテイラー展開して近似解を求める。何れの方法でも近似はきわめて良好である。

　メーラとプレスコットの有名な論文（1985）をきっかけに、資産価格に関する実証研究が精力的に行われているが、「エクイティ・プレミアムのパズル」は依

然として解明されていない。

　この分野の多くの研究者は一般化積率法を使用しているが、操作変数の選択が恣意的であり、また解の性質を十分に利用しているとはいえない。離散近似（および摂動法）ではモデルのパラメータと解の関係がわかるので観察データと整合的なパラメータを決めることができる。最尤推定量を求めることは難しいが、最尤法の考えに基づいて、たとえばグリッド法によって割引率や相対的危険回避度の推定値を得ることは可能である。これは数値計算と計量分析を統合した新しい研究テーマである。

[注]

1） 詳しくは Collard = Juillard（2001）を参照せよ。
2） 真の解とほとんど区別できないので近似解だけ示した。ただし $\theta = -2$、$\rho = 0.5$ であり 50 の分点を用いている。

[参考文献]

Burnside, C. (1998) "Solving Asset Pricing Models with Gaussian Shocks", *Journal of Economic Dynamics and Control*, Vol. 22, 329-340.

Collard, F. and M. Juillard. (2001) "Accuracy of Stochastic Perturbation Methods: The Case of Asset Pricing Models", *Journal of Economic Dynamics and Control*, Vol. 25, 979-999.

Lucas, R. E. (1978) "Asset Prices in an Exchange Economy", *Econometrica*, Vol. 46, 1426-1445.

Mehra, R. and E. Prescott. (1986) "The Equity Premium: A Puzzle", *Journal of Monetary Economics*, Vol. 15, 145-161.

Tauchen, G. (1986) "Finite State Markov Chain Approximations to Univariate and Vector Autoregressions", *Economics Letters*, Vol. 20, 177-181.

第10章 2次近似による政策関数の導出

　第8章では線形2次計画問題に最適レギュレータを適用した。この方法は簡単に実行できるが、2次のモーメントを考慮していない。このため、予備的貯蓄のように2次のモーメントが重要な役割を果たす問題には適用できない。また変数が増えると計算は非常に煩雑になる。Schmitt-Grohe＝Uribe（2004）は、比較的簡単に政策関数の2次近似を行う方法を考案した。この方法は競争均衡がパレート最適ではないモデルにも適用可能である。またランダムショックの影響を明示する点でも優れている。この章では、労働供給を含む成長モデルにこの方法を適用する。併せて、消費に関する政策関数の1次近似と2次近似の違いを調べる。さらにオイラー方程式を線形近似する方法について検討する。

10.1 確率的最適成長モデル

　労働供給を内生化した最適成長モデルについて考えよう。代表的家計は、ライフタイムの効用が最大となるように消費と余暇を選択する。

$$E_0 \sum_{t=0}^{\infty} \beta^t \frac{(c_t^\theta (1-l_t)^{1-\theta})^{1-\tau}}{1-\tau} \tag{10.1}$$

ここでc_tは消費、l_tは労働時間、$1-l_t$は余暇時間である。$0<\beta<1$は主観的割引率、τは異時点間の代替弾力性、E_0は条件付き期待値、θは時間配分のパラメータである。企業の生産関数は

$$y_t = z_t k_t^\alpha l_t^{1-\alpha} \tag{10.2}$$

とする。生産性ショックを表すz_tはつぎの$AR(1)$に従う。

$$\log(z_t) = \rho \log(z_{t-1}) + \sigma \varepsilon_t \qquad \varepsilon_t \sim iid.\ N(0,1) \tag{10.3}$$

資本の運動式は

$$k_{t+1} = (1-\delta)k_t + i_t \tag{10.4}$$

である。資源制約は

$$y_t = c_t + i_t \tag{10.5}$$

と表される。家計はz_tを観察してから消費と余暇を決定する。

消費と余暇の最適条件は、

$$\frac{(c_t^\theta (1-l_t)^{1-\theta})^{1-\tau}}{c_t} = \beta E_t \left[\frac{(c_{t+1}^\theta (1-l_{t+1})^{1-\theta})^{1-\tau}}{c_{t+1}} (\alpha z_{t+1} k_{t+1}^{\alpha-1} l_{t+1}^{1-\alpha} + 1 - \delta) \right] \tag{10.6}$$

$$(1-\theta)\frac{(c_t^\theta (1-l_t)^{1-\theta})^{1-\tau}}{1-l_t} = \theta \frac{(c_t^\theta (1-l_t)^{1-\theta})^{1-\tau}}{c_t}(1-\alpha) z_t k_t^\alpha l_t^{-\alpha}$$

$$t \geq 0, \ k_0, z_0 \quad \text{given} \tag{10.7}$$

である。モデルの解を形式的につぎのように表すことにする。

$$c_t = g_1(k_t, z_t, \sigma)$$
$$l_t = g_2(k_t, z_t, \sigma)$$
$$k_{t+1} = h_1(k_t, z_t, \sigma) + \eta_1 \sigma \varepsilon_{t+1}$$
$$z_{t+1} = h_2(k_t, z_t, \sigma) + \eta_2 \sigma \varepsilon_{t+1} \tag{10.8}$$

明らかに$\eta_1 = 0$であり、変数を対数変換すれば$\eta_2 = 1$、$h_2(k_t, z_t, \sigma) = \rho z_t$となる。それぞれの式を次のように近似する。

$$c_t = g_{10} + g_{1k}(k_t - k^*) + g_{1z}(z_t - z^*) + g_{1\sigma} \sigma$$
$$\quad + 1/2 [g_{1kk}(k_t - k^*)^2 + g_{1zz}(z_t - z^*)^2 + g_{1\sigma\sigma} \sigma^2 + 2g_{1kz}(k_t - k^*)(z_t - z^*)$$
$$\quad + 2g_{1k\sigma}(k_t - k^*)\sigma + 2g_{1z\sigma}(z_t - z^*)\sigma]$$

$$l_t = g_{20} + g_{2k}(k_t - k^*) + g_{2z}(z_t - z^*) + g_{2\sigma} \sigma$$
$$\quad + 1/2 [g_{2kk}(k_t - k^*)^2 + g_{2zz}(z_t - z^*)^2 + g_{2\sigma\sigma} \sigma^2 + 2g_{2kz}(k_t - k^*)(z_t - z^*)$$
$$\quad + 2g_{2k\sigma}(k_t - k^*)\sigma + 2g_{2z\sigma}(z_t - z^*)\sigma]$$

$$k_{t+1} = h_{10} + h_{1k}(k_t - k^*) + h_{1z}(z_t - z^*) + h_{1\sigma} \sigma$$
$$\quad + 1/2 [h_{1kk}(k_t - k^*)^2 + h_{1zz}(z_t - z^*)^2 + h_{1\sigma\sigma} \sigma^2 + 2h_{1kz}(k_t - k^*)(z_t - z^*)$$
$$\quad + 2h_{1k\sigma}(k_t - k^*)\sigma + 2h_{1z\sigma}(z_t - z^*)\sigma]$$

$$z_{t+1} = h_{20} + h_{2k}(k_t - k^*) + h_{2z}(z_t - z^*) + h_{2\sigma}\sigma$$
$$+ 1/2[h_{2kk}(k_t - k^*)^2 + h_{2zz}(z_t - z^*)^2 + h_{2\sigma\sigma}\sigma^2 + 2h_{2kz}(k_t - k^*)(z_t - z^*)$$
$$+ 2h_{2k\sigma}(k_t - k^*)\sigma + h_{2z\sigma}(z_t - z^*)\sigma] \tag{10.9}$$

ここで、k^* と z^* は定常状態における資本ストックと全要素生産性である。係数は $k_t = k^*$、$z_t = z^*$、$\sigma = 0$ で評価している。最後の式は (10.3) そのものであるが、プログラム作成の都合で係数を求めることにした。

$z^* = 1$ であり、他の定常値はつぎの連立方程式を満たす。

$$\alpha \frac{y^*}{k^*} + 1 - \delta = \frac{1}{\beta}$$

$$(1-\alpha)\frac{y^*}{c^*} = \frac{1-\theta}{\theta}\frac{l^*}{1-l^*}$$

$$\delta \frac{k^*}{y^*} = 1 - \frac{c^*}{y^*}$$

$$y^* = (k^*)^\alpha (l^*)^{1-\alpha}$$

簡単な計算により

$$k^* = \frac{\Psi}{\Omega + \phi\Psi}$$

$$l^* = \phi k^*$$
$$c^* = \Omega k^*$$
$$y^* = (k^*)^\alpha (l^*)^{1-\alpha}$$

となる。ただし、

$$\phi = \left(\frac{1}{\alpha}\left(\frac{1}{\beta} - 1 + \delta\right)\right)^{\frac{1}{1-\alpha}}$$

$$\Omega = \phi^{\frac{1}{\alpha}} - \delta$$

$$\Psi = \frac{\theta}{1-\theta}(1-\alpha)\phi^{-\alpha}$$

である。明らかに

$$c^* = g_1(k^*, z^*, 0)$$
$$l^* = g_2(k^*, z^*, 0)$$
$$k^* = h_1(k^*, z^*, 0)$$

が成り立つ。

つぎに、$c = e^{\log(c)}$ と変換する。(10.2)、(10.4)、(10.5) から

$$f_1 = e^c + e^{k'} - (1-\delta)e^k - e^z(e^k)^\alpha(e^l)^{1-\alpha} = 0$$

が成り立つ。変数は対数値を表し、$t+1$ 期の変数にはプライムが付いている。同じように、(10.6) の左辺から右辺を引いた式を f_2、(10.7) の左辺と右辺の差を f_3、$f_4 = z' - \rho z$ とおく。(10.8) から

$$f_1(c, k, k', z) = f_1(g_1(k, z, \sigma), k, h_1(k, z, \sigma) + \eta_1 \sigma \varepsilon', z)$$

となり f_1 は k、z、σ、ε' の関数である。f_2、f_3、f_4 も同じように 4 つの変数の関数となる。$F_i = E_t(f_i)$ $(i=1,\cdots\cdots,4)$ とおくと、$f_i = 0$ から

$$F_i(k, z, \sigma) = 0 \qquad (i=1,\cdots\cdots,4) \tag{10.10}$$

が成り立つ。F_i を k、z、σ で微分するとゼロとなる。

$$F_{ikz\sigma}(k, z, \sigma) = 0 \tag{10.11}$$

この式からテイラー展開の係数が得られる。

(10.9) の定数項は変数の均衡値に等しい。1 次項の係数 $g_{1k} \sim h_{2z}$ は

$$F_{ik}(k^*, z^*, 0) = 0$$
$$F_{iz}(k^*, z^*, 0) = 0 \qquad (i=1,\cdots\cdots,4) \tag{10.12}$$

から求めることができる。σ の係数は

$$F_{i\sigma}(k^*, z^*, 0) = 0 \qquad (i=1,\cdots\cdots,4) \tag{10.13}$$

から求める（詳細については、Schmitt-Grohe = Uribe（2004）を参照せよ）。σ の係数はすべてゼロであり、政策関数を 1 次近似すると certainty equivalence が成り立つ。

2次項の係数は$F_i(k,z,\sigma)$の2階微分から得られる。kとzについては

$$F_{ikk}(k^*,z^*,0)=0$$
$$F_{izz}(k^*,z^*,0)=0 \qquad (i=1,\cdots\cdots,4)$$
$$F_{ikz}(k^*,z^*,0)=0 \qquad\qquad\qquad\qquad\qquad (10.14)$$

から計算する。$g_{1\sigma\sigma}$、$g_{2\sigma\sigma}$、$h_{1\sigma\sigma}$、$h_{2\sigma\sigma}$は4つの方程式

$$F_{i\sigma\sigma}(k^*,z^*,0)=0 \qquad (i=1,\cdots\cdots,4) \qquad (10.15)$$

から求める。

最後にk、zとσの交叉項は

$$g_{ik\sigma}(k^*,z^*,0)=0$$
$$g_{iz\sigma}(k^*,z^*,0)=0$$
$$h_{ik\sigma}(k^*,z^*,0)=0 \qquad (i=1,2)$$
$$h_{iz\sigma}(k^*,z^*,0)=0 \qquad\qquad\qquad\qquad (10.16)$$

となる[1]。

以上、2次のテイラー展開について説明したが、同じ方法で3次以上の展開式も得られる。つまり$n-1$次の近似式が与えられると、n次の近似式は既知の係数をもつ線形方程式から求めることができる。この方法を適用すれば任意次数の近似式が得られるが、特別な場合を除くと高々2次の近似で十分である。計算プログラムはウェブサイトから入手できる[2]。つぎの節では、以上の方法を労働供給を内生化した最適成長モデルに適用した結果を示す。

10.2　推計結果

モデルを解くにはパラメータの値を与える必要がある。最尤法や一般化積率法を用いてパラメータを推計するが、ここではAruoba他（2006）と同様に$\alpha=0.4$、$\beta=0.9896$、$\theta=0.357$、$\tau=2.0$、$\delta=0.0196$、$\rho=0.95$とする。変数を自然対数に変換した後、前節のアルゴリズムを実行する。簡単化のため、状態変数と制御変数をベクトルで表す。

$$x_t = \begin{bmatrix} \log(k_t) \\ \log(z_t) \end{bmatrix} \qquad y_t = \begin{bmatrix} \log(c_t) \\ \log(l_t) \end{bmatrix}$$

最初に均衡値を計算すると

$$x^* = \begin{bmatrix} 3.1416 \\ 0 \end{bmatrix} \qquad y^* = \begin{bmatrix} 0.2533 \\ -1.1695 \end{bmatrix}$$

となる。つぎにテイラー展開を求めると、1次項の係数は

$$g_x = \begin{bmatrix} 0.5328 & 0.4646 \\ -0.1561 & 0.6296 \end{bmatrix} \qquad h_x = \begin{bmatrix} 0.9738 & 0.0778 \\ 0 & 0.95 \end{bmatrix}$$

となる。h_x の2行目は計算するまでもなく0とδである。2次項の係数は

$$g_{xx}(:,:,1) = \begin{bmatrix} 0.0335 & -0.0883 \\ -0.0581 & 0.1793 \end{bmatrix} \qquad g_{xx}(:,:,2) = \begin{bmatrix} -0.0883 & 0.1514 \\ 0.1793 & -0.4825 \end{bmatrix}$$

および

$$h_{xx}(:,:,1) = \begin{bmatrix} 0.0189 & -0.0448 \\ 0 & 0 \end{bmatrix} \qquad h_{xx}(:,:,2) = \begin{bmatrix} -0.0448 & 0.0946 \\ 0 & 0 \end{bmatrix}$$

である。σ^2 の係数は

$$g_{\sigma\sigma} = \begin{bmatrix} -0.5131 \\ 0.6034 \end{bmatrix} \qquad h_{\sigma\sigma} = \begin{bmatrix} 0.0558 \\ 0 \end{bmatrix}$$

となる。結果を式で表すために

$$\hat{c}_t = \log(c_t) - \log(c^*)$$
$$\hat{l}_t = \log(l_t) - \log(l^*)$$
$$\hat{k}_t = \log(k_t) - \log(k^*)$$

とする。消費と労働供給の決定式はつぎのようになる。

$$\hat{c}_t = 0.5328 \hat{k}_t + 0.4646 \hat{z}_t + \frac{1}{2}[0.0335 \hat{k}_t^2 - 0.1766 \hat{k}_t \hat{z}_t + 0.1514 \hat{z}_t^2 - 0.5131 \sigma^2]$$

$$\hat{l}_t = -0.1561 \hat{k}_t + 0.6296 \hat{z}_t$$
$$\qquad + \frac{1}{2}[-0.0581 \hat{k}_t^2 + 0.3586 \hat{k}_t \hat{z}_t - 0.4825 \hat{z}_t^2 + 0.6034 \sigma^2] \qquad (10.17)$$

変数は定常値からのパーセントで表示している。消費の決定式を見ると、資本の係数はプラスで資本が増加すると消費は拡大する。プラスの技術ショックも消費を増加させる。不確実性が増すと消費は減少する。余暇の決定式によると、資本

図10.1 消費の決定式

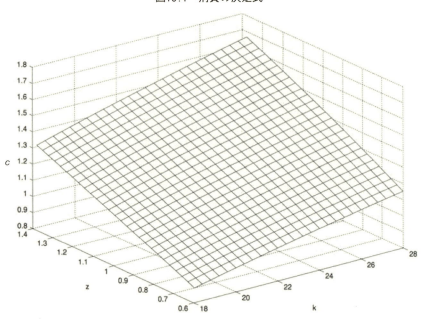

の増加は所得効果を通じて労働供給を減少させる。プラスの技術ショックは労働需要を通じて労働供給を増加させる。図10.1と10.2は、それぞれ消費と労働供給の決定式を示している（ただし、$\sigma=0.007$）。両方ともほぼ線形の関数である。σ^2の係数はマイナスとプラスで、不確実性が高まると消費は減少して労働時間は長くなる。来期の資本ストックはつぎの式で決まる。

$$\hat{k}_{t+1} = 0.9738\hat{k}_t + 0.0778\hat{z}_t$$
$$+ \frac{1}{2}[0.0189\hat{k}_t^2 - 0.0896\hat{k}_t\hat{z}_t + 0.0946\hat{z}_t^2 + 0.0558\sigma^2] \quad (10.18)$$

1期前の資本ストックの係数は0.9738であり、均衡値への収束速度は遅い。

つぎに近似精度を検討しよう。近似精度はいくつかの方法で調べることができるが、ここでは消費に関するオイラー方程式の誤差

図10.2 労働供給の決定式

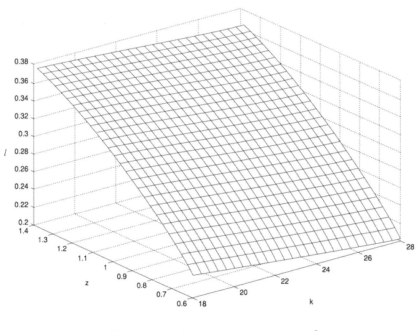

$$E(k) \equiv 1 - \frac{BE\left[\dfrac{(c'^\theta(1-l')^{1-\theta})^{1-\tau}}{c'}(\alpha z'k'^{\alpha-1}l'^{1-\alpha}+1-\delta)\right]}{\dfrac{(1-l)^{(1-\theta)(1-\tau)}}{c}}$$

を調べることにする。ここで、

$$c = c(k, z^{\cdot})$$
$$l = l(k, z^{\cdot})$$
$$c' = c(k', z^{\cdot})$$
$$l' = l(k', z^{\cdot})$$

である。近似式が真の解と一致すると誤差はゼロとなる。図10.3は、$\log_{10}|E(k)|$をプロットしている。予想通りすべての領域で1次近似より2次近似の方が誤差は小さくなる。平均誤差は-5.52と-3.38であり、1次近似では2次近似に比べて160倍の誤差が生じる。しかし定常値の近くでは10^{-5}以下であり、1次近似でも十分な精度が確保できる。

図10.3 近似誤差の比較

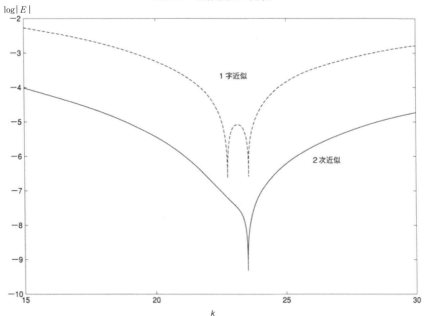

10.3 他の方法との比較

つぎに比較のために他の方法でモデルの解を求めよう。いくつかの方法を利用できるが、ここでは対数線形近似法を適用する[3]。はじめに変数を恒等式

$$x = x^{*} e^{\hat{x}}$$
$$\hat{x} = \log(x/x^{*})$$

で置きかえる。新しい変数を使うと、オイラー方程式と資源制約はつぎのように書き直される。

$$\frac{((c^{*}e^{\hat{c}_t})^{\theta}(1-l^{*}e^{\hat{l}_t})^{1-\theta})^{1-\tau}}{c^{*}e^{\hat{c}_t}} = \beta E_t \frac{((c^{*}e^{\hat{c}_{t+1}})^{\theta}(1-l^{*}e^{\hat{l}_{t+1}})^{1-\theta})^{1-\tau}}{c^{*}e^{\hat{c}_{t+1}}}$$
$$(1+\alpha e^{\hat{z}_{t+1}}(k^{*}e^{\hat{k}_{t+1}})^{\alpha-1}(l^{*}e^{\hat{l}_{t+1}})^{1-\alpha}-\delta)$$

$$\frac{\dot{c}\,e^{\hat{c}_t}}{1-l^{\!\cdot}\,e^{\hat{l}_t}}=\frac{\theta}{1-\theta}(1-\alpha)\,e^{\hat{z}_t}\left(k^{\!\cdot}e^{\hat{k}_t}\right)^{\alpha}\left(l^{\!\cdot}e^{\hat{l}_t}\right)^{-\alpha}$$

$$\dot{c}\,e^{\hat{c}_t}+\dot{k}\,e^{\hat{k}_t}=e^{\hat{z}_t}\left(k^{\!\cdot}e^{\hat{k}_t}\right)^{\alpha}\left(l^{\!\cdot}e^{\hat{l}_t}\right)^{-\alpha}+(1-\delta)\,k^{\!\cdot}e^{\hat{k}_t}$$

$$\hat{z}_{t+1}=\rho\hat{z}_t+\sigma\varepsilon_t \qquad (10.19)$$

これらの式を対数線形近似すると

$$E_t(a_1\hat{c}_t-a_2\hat{l}_t+a_3\hat{z}_{t+1}-a_4\hat{k}_{t+1}+a_4\hat{l}_{t+1}-a_1\hat{c}_{t+1}+a_2\hat{l}_{t+1})=0$$

$$\hat{c}_t+a_5\hat{l}_t-\hat{z}_t-\alpha\hat{k}_t=0$$

$$\dot{c}\,\hat{c}_t+k^{\!\cdot}\hat{k}_{t+1}-y^{\!\cdot}\hat{z}_t-\alpha y^{\!\cdot}\hat{k}_t-y^{\!\cdot}(1-\alpha)\hat{l}_t-(1-\delta)k^{\!\cdot}\hat{k}_t=0$$

$$\hat{z}_{t+1}=\rho\hat{z}_t+\sigma\varepsilon_t \qquad (10.20)$$

となる。ここで、

$$a_1=\theta(1-\tau)-1$$
$$a_2=(1-\tau)(1-\theta)\,l^{\!\cdot}/(1-l^{\!\cdot})$$
$$a_3=\alpha\beta\,(k^{\!\cdot})^{\alpha-1}(l^{\!\cdot})^{1-\alpha}$$
$$a_4=(1-\alpha)\,a_3$$
$$a_5=\alpha+l^{\!\cdot}/(1-l^{\!\cdot})$$
$$y^{\!\cdot}=(k^{\!\cdot})^{\alpha}(l^{\!\cdot})^{1-\alpha}$$

である。2番目の式から$\hat{c}_t$を求めて代入すると

$$E_t(A\hat{k}_{t+1}+B\hat{k}_t+C\hat{l}_t+D\hat{z}_t)=0$$
$$E_t(G\hat{k}_{t+1}+H\hat{k}_t+J\hat{l}_{t+1}+K\hat{l}_t+L\hat{z}_{t+1}+M\hat{z}_t)=0 \qquad (10.21)$$
$$E_t\hat{z}_{t+1}-N\hat{z}_t=0$$

と書ける。ここで、

$$A=k^{\!\cdot}$$
$$B=\alpha(c^{\!\cdot}-y^{\!\cdot})-(1-\delta)k^{\!\cdot}$$
$$C=(\alpha-1)\,y^{\!\cdot}-a_5 c^{\!\cdot}$$
$$D=c^{\!\cdot}-y^{\!\cdot}$$
$$G=\alpha a_1-a_4$$

$$H = -\alpha a_1$$
$$J = a_4 - a_1 a_5 - a_2$$
$$K = a_2 + a_1 a_5$$
$$L = a_1 + a_3$$
$$M = -a_1$$
$$N = \rho$$

である。行列で表示すると

$$P \begin{bmatrix} E_t \hat{l}_{t+1} \\ E_t \hat{k}_{t+1} \\ E_t \hat{z}_{t+1} \end{bmatrix} = Q \begin{bmatrix} \hat{l}_t \\ \hat{k}_t \\ \hat{z}_t \end{bmatrix} \tag{10.22}$$

ここで、

$$P = \begin{bmatrix} 0 & A & 0 \\ J & G & L \\ 0 & 0 & 1 \end{bmatrix} \qquad Q = \begin{bmatrix} -C & -B & -D \\ -K & -H & -M \\ 0 & 0 & N \end{bmatrix}$$

である。(10.22) の両辺に P^{-1} を掛けると

$$\begin{bmatrix} E_t \hat{l}_{t+1} \\ E_t \hat{k}_{t+1} \\ E_t \hat{z}_{t+1} \end{bmatrix} = P^{-1} Q \begin{bmatrix} E_t \hat{l}_t \\ E_t \hat{k}_t \\ E_t \hat{z}_t \end{bmatrix} \tag{10.23}$$

となる。つぎに $P^{-1}Q$ を

$$P^{-1}Q = W \Lambda W^{-1}$$

と分解する。W は $P^{-1}Q$ の固有ベクトルからなる行列である。Λ は固有値 λ_1、λ_2、λ_3 を対角要素にもつ対角行列であり、$|\lambda_1| > 1$ とする。(10.21) は

$$\begin{bmatrix} E_t \hat{l}_{t+j} \\ E_t \hat{k}_{t+j} \\ E_t \hat{z}_{t+j} \end{bmatrix} = W \begin{bmatrix} \lambda_1^j & 0 & 0 \\ 0 & \lambda_2^j & 0 \\ 0 & 0 & \lambda_3^j \end{bmatrix} W^{-1} \begin{bmatrix} \hat{l}_t \\ \hat{k}_t \\ \hat{z}_t \end{bmatrix}$$

と書ける。解が発散しないためには

$$W^{-1} \begin{bmatrix} \hat{l}_t \\ \hat{k}_t \\ \hat{z}_t \end{bmatrix} = \begin{bmatrix} 0 \\ b \\ d \end{bmatrix}$$

となる必要がある。W を掛けてゼロに対応する列を除くと

$$\begin{bmatrix} \hat{l}_t \\ \hat{k}_t \\ \hat{z}_t \end{bmatrix} = W(:,2:3) = \begin{bmatrix} b \\ d \end{bmatrix}$$

これより

$$\begin{bmatrix} b \\ d \end{bmatrix} = W(2:3,2:3)^{-1} \begin{bmatrix} \hat{k}_t \\ \hat{z}_t \end{bmatrix}$$

となる。労働時間は

$$\hat{l}_t = W(1,2:3) W(2:3,2:3)^{-1} \begin{bmatrix} \hat{k}_t \\ \hat{z}_t \end{bmatrix}$$

で与えられる。労働時間が決まると、(10.20) の2番目の式から消費を計算できる。(10.21) の1番目の式から資本ストックが決まる。

パラメータの値を代入して実際に計算してみよう。(10.22) は

$$\begin{bmatrix} 0 & 23.1408 & 0 \\ 1.4615 & -0.5607 & -1.3272 \\ 0 & 0 & 1 \end{bmatrix} \begin{bmatrix} E_t \hat{l}_{t+1} \\ E_t \hat{k}_{t+1} \\ E_t \hat{z}_{t+1} \end{bmatrix} =$$

$$\begin{bmatrix} 2.1407 & 22.8687 & 0.4536 \\ 1.4436 & -0.5428 & -1.3670 \\ 0 & 0 & 0.95 \end{bmatrix} \begin{bmatrix} \hat{l}_t \\ \hat{k}_t \\ \hat{z}_t \end{bmatrix}$$

となる。これより

$$\begin{bmatrix} E_t \hat{l}_{t+1} \\ E_t \hat{k}_{t+1} \\ E_t \hat{z}_{t+1} \end{bmatrix} = \begin{bmatrix} 1.0233 & 0.0077 & -0.0583 \\ 0.0925 & 0.9882 & 0.0196 \\ 0 & 0 & 0.95 \end{bmatrix} \begin{bmatrix} \hat{l}_t \\ \hat{k}_t \\ \hat{z}_t \end{bmatrix}$$

と表される。右辺の行列を固有値分解すると

$$\begin{bmatrix} E_t \hat{l}_{t+1} \\ E_t \hat{k}_{t+1} \\ E_t \hat{z}_{t+1} \end{bmatrix} = \begin{bmatrix} 0.4715 & -0.1542 & 0.3163 \\ 0.8819 & 0.9880 & -0.9072 \\ 0 & 0 & 0.2774 \end{bmatrix} \begin{bmatrix} 1.0377^j & 0 & 0 \\ 0 & 0.9738^j & 0 \\ 0 & 0 & 0.95^j \end{bmatrix}$$

$$\begin{bmatrix} 0.4715 & -0.1542 & 0.3163 \\ 0.8819 & 0.9880 & -0.9072 \\ 0 & 0 & 0.2774 \end{bmatrix}^{-1} \begin{bmatrix} \hat{l}_t \\ \hat{k}_t \\ \hat{z}_t \end{bmatrix}$$

となる。$\lambda_3 = \rho$ であり、安定的な saddle path には $\lambda_2 = 0.9738$ を選ばなければな

らない。消費と労働供給は

$$\hat{c}_t = 0.5328\hat{k}_t + 0.4646\hat{z}_t$$
$$\hat{l}_t = -0.1561\hat{k}_t + 0.6296\hat{z}_t$$

となり、(10.17) の 1 次項と一致する。資本ストックは

$$\hat{k}_{t+1} = 0.9738\hat{k}_t + 0.0778\hat{z}_t$$

となる。固有値を計算する代わりに政策関数を仮定して係数を求める方法もあるが、係数に関する 2 次方程式の根は λ_1 と λ_2 となり同じ結果が得られる。

10.4　結論

DSGE モデルの数値解法として政策関数の線形近似が広く使われているが、線形近似モデルでは certainty equivalence が成りたち、予備的貯蓄のように 2 次のモーメントが重要な問題は分析できない。このような問題では 2 次近似を行う必要がある。Schmitt-Grohe＝Uribe は摂動法の考えに基づいて実用的な方法を考案した。この方法は多くのモデルに適用できるが、ここでは労働供給を内生化した最適成長モデルに応用した。線形近似と 2 次近似では無視できない精度の差があり、従来の方法は近似精度の点で問題がある。

[注]

1）　Schmitt-Grohe＝Uribe (2004) の定理 1 による。
2）　URL は http://www.columbia.edu/~mu2166/1st_order/1st_order.htm である。
3）　以下の式の展開は Aruoba 他 (2006) を参照した。固有値分解による合理的期待モデルの解法については Novales 他 (1999) が詳しい。

[参考文献]

Aruoba, S. Boragan & Fernandez-Villaverde, Jesus & Rubio-Ramirez, Juan F. (2006) "Comparing solution methods for dynamic equilibrium economies", *Journal of Economic Dynamics and Control*, Vol. 30, 2477-2508.

Novales, A et al. (1999) "Solving nonlinear rational expectations models by eigenvalue-eigenvector decompositions", in R. Marimon and A. Scott (eds), *Computational Methods for the Study of Dynamic Economies*, Oxford University Press.

Schmitt-Grohe and Uribe, M. (2004) "Solving dynamic general equilibrium models using a second-order approximation to the policy function", *Journal of Economic Dynamics and Control*, Vol. 28, 755-775.

第11章　不完備市場モデルの数値解析

　これまで同質的消費者のモデルを取り上げた。最適成長モデルでは代表的消費者の行動が成長経路を決定し、資産価格モデルでは代表的家計による消費・貯蓄の選択が資産価格を決める。景気変動や失業、インフレの分析でも同質的消費者から成る完備市場モデルが使われる。完備市場を仮定すれば市場均衡の代わりに社会計画問題を解けばよい。

　しかし、すべての現象が完備市場モデルで説明できるわけではない。完備市場モデルでは説明できない現象も存在する。その代表例は、メーラ＝プレスコット（1985）の指摘した危険資産プレミアム・パズルである。アメリカの金融市場で観察される高い株式プレミアムと低いリスクフリー金利は完備市場モデルでは説明がつかない。またパネルデータのなかには標準的理論と矛盾するものもある。社会問題となるほど大きな所得・資産格差も無視できない現象である。

　これらの現象を説明するために、1990年代から不完備市場モデルの研究が盛んになっている。このモデルは数値計算のテーマとしても興味がある。異質的エージェントを仮定すれば、所得と資産の分布が重要な問題となるからである。この章では3つの代表的な不完備市場モデルを取り上げる。最初に検討するのは Aiyagari（1994）のモデルである。このモデルでは失業リスクがあるが、保険市場は存在しない。消費者は資本を保有して企業に貸し付ける。就業状態は確率的に決まり、消費者によって労働のプロファイルは異なる。雇用機会に恵まれた消費者は多くの資産を保有する。資産は所得格差を固定化するが、確率的に変化する労働状態は所得格差を解消する。定常状態では所得分布は一定となる。

　つぎに安全資産収益率パズルに関する Huggett（1993）のモデルを取り上げる。このモデルは安全資産の収益率が極端に低い理由を説明する。モデルを数値的に解いて、パズルは解消するのか検討する。ラムゼーモデルで失業のリスクは保険でカバーされマクロ経済に影響しない。Krusell＝Smith（1998）は、保険市場が欠落した経済を想定して固有リスクと資産分布の関係を分析した。状態変数の分布を考慮する必要があり、動的計画法の標準的な方法は適用できない。代わりに

資産の分布を1次のモーメントで近似する方法を用いる。

11.1 最適成長モデル

異質的消費者は区間$[0,1]$に均等に分布している。企業については引き続き代表的企業を仮定する。就業状態は確率的に変化するが、経済全体では雇用量は一定である。このため総生産と実質賃金、実質利子率は一定となる。所得と資産の分布は変わらないが、個々の消費者の所得はランダムに変化する。保険の代わりに消費者は資本を保有してリスクに備える。

消費者は予算制約のもとで将来にわたる効用の現在価値を最大化する。

$$E_0 \sum_{t=0}^{\infty} \beta^t \frac{c_t^{1-\gamma}}{1-\gamma} \tag{11.1}$$

固有リスクとは消費者が一定の確率で失業することである。ただし失業する確率は現在の労働状態によって決まる。一般に労働状態には持続性があり、いったん雇用されると次の期も雇用される可能性が高い。失業すると、次の期も失業者となりやすい。労働状態はつぎの遷移行列で表されるマルコフチェーンによって決まる。

$$P = \begin{bmatrix} p_{uu} & p_{ue} \\ p_{eu} & p_{ee} \end{bmatrix} \tag{11.2}$$

第1行は、失業したとき次の期に就業または失業する確率を表す。第2行は雇用されているときの確率である。$t-1$期の雇用量をN_{t-1}とすると、t期の雇用量は

$$N_t = p_{ee} N_{t-1} + p_{ue}(1 - N_{t-1})$$

で与えられる。定常状態の雇用量をNとすると

$$N = \frac{p_{ue}}{1 + p_{ue} - p_{ee}} = \frac{p_{ue}}{p_{ue} + p_{eu}} \tag{11.3}$$

となる。失業者が就業する確率が高くなると雇用は増加し、就業者が失業する確率が高くなると雇用は減少する。これらの確率は経済状況によって変化すると考えられるが、簡単化のため一定と仮定する。

消費者はレンタル市場で企業に資本を貸し付ける。雇用されているか、失業し

ているかで予算制約は異なる。労働状態を s_t で表すと、予算制約は

$$s_t = e : k_{t+1} = (1+(1-t)r_t+\delta)k_t + (1-t)w_t - c_t$$
$$s_t = u : k_{t+1} = (1+(1-t)r_t+\delta)k_t + bw_t - c_t \tag{11.4}$$

と表される。ここで k_t は資本ストック、r_t は資本レンタル率、δ は資本減耗率、w_t は実質賃金、c_t は消費、t は税率である。最初の式は現在雇用されている消費者の予算制約である。2番目の式は失業者の予算制約を表す。失業すると bw_t の失業手当が支給される。消費者は資本を蓄積または取り崩して、消費の変動を抑える。動的計画法を適用すると、ベルマン方程式はつぎのように表される。

$$V(k,s) = \max_{k' \geq 0} \{u(c) + \beta E[V(k',s') | s]\} \tag{11.5}$$

この方程式にはユニークな解があると仮定しよう。来期の資本は k と s の関数で、$k' = g(k,s)$ と表す。これを (11.4) に代入すると、消費の決定式 $c = c(k,s)$ が得られる。第8章で説明した離散近似法を用いてモデルの解を求める。資本ストックの分点を $\bar{K} = [k_1, k_2, \cdots, k_n]$、労働状態を $S = [u,e]$ とする。$g(k,s)$ と $c(k,s)$ は状態空間 $\bar{K} \times S$ で定義される。k と s の初期値を与えると、(k,s) は定常分布に収束する。定常分布を $\mu(k,s)$ と表すことにする。定常状態の資本と消費をつぎのように定義する。

$$K = \sum_{k \in K} \sum_{s \in S} g(k,s) \mu(k,s)$$
$$C = \sum_{k \in K} \sum_{s \in S} c(k,s) \mu(k,s) \tag{11.6}$$

雇用量は外生的に与えられているが、総資本と総消費は内生的に決まる。

代表的企業は利潤

$$\Pi = F(K,N) - wN - rK$$

を最大化する。利潤最大の条件は

$$\frac{\partial F(K,N)}{\partial N} = w$$

$$\frac{\partial F(K,N)}{\partial K} = r$$

である。生産関数を $F(K,N) = K^\alpha N^{1-\alpha}$ とすると

$$w = (1-\alpha)\left(\frac{K}{N}\right)^\alpha$$
$$r = \alpha\left(\frac{K}{N}\right)^{\alpha-1} \tag{11.7}$$

が成り立つ。

政府は $T = t(wN + rK)$ の税収で、$B = bw(1-N)$ の支出を行う。財やサービスは購入しない。

競争均衡では $g(k,s)$ はベルマン方程式の解であり、K と N は (11.7) を満たす。つぎの順序で数値解を求める。

[ステップ1] (11.3) から雇用量 N を求める。
[ステップ2] 資本ストックの初期値 K_0 を与える。
[ステップ3] (11.7) から実質賃金 w_0 と利子率 r_0 を求める。
[ステップ4] 税率を $t = bw_0(1-N)/(w_0 N + r_0 K_0)$ に設定する。
[ステップ5] ベルマン方程式を解いて $g_0(k,s)$ を求める。
[ステップ6] $g_0(k,s)$ と s の確率分布から $\mu_0(k,s)$ を計算する。
[ステップ7] 総資本

$$K_0^* = \sum_{k \in K} \sum_{s \in S} g_0(k,s) \mu_0(k,s)$$

を求める。$|K_0^* - K_0| \leq \varepsilon$ ならば終了する。そうでなければ

$$K_1 = \omega K_0 + (1-\omega) K_0^* \qquad (0 < \omega < 1)$$

としてステップ3へ戻る。ω の値を大きくすると速く収束するが、発散しやすくなる。逆に小さくすると収束しやすくなるが、計算時間がかかる。$\omega = 0.2$ とした。

表11.1はモデルのパラメータである。失業給付がないケースと、賃金の25%の失業給付が支給されるケースを想定する。労働の遷移確率行列は

$$P = \begin{bmatrix} 0.5 & 0.5 \\ 0.2 & 0.8 \end{bmatrix} \tag{11.8}$$

とする。失業者が雇用される確率は50%であり、2割の就業者が失業する。定常

表11.1 モデルのパラメータ

a	β	δ	γ	b
0.25	0.98	0.03	1.50	0 (0.25)

状態の雇用量は、$N=0.5/(0.5+0.2)=0.7143$ となる。資本ストックを区間$[0, 20]$で離散化して、0.025の刻みで800個の分点をとる。

最初に失業給付のないケースを検討しよう。上のステップを9回くり返すと収束条件を満たす。定常状態において、資本その他の集計量はつぎのようになる。

$K=7.2229$ $I=0.2164$
$Y=1.2734$ $r=0.0441$
$C=1.0569$ $w=1.3374$

不完備市場モデルでは、所得と資産の格差が発生する。雇用機会に恵まれた消費者は多くの資産を保有し、失業を経験した消費者はほとんど資産を持たない。所得は主に労働状態で決まる。失業しても利子収入があるが、賃金所得より低く失業すれば所得の減少は避けられない。定常状態では所得と資産の分布は一定となる。しかしながら、ミクロレベルでは所得は時間とともに大きく変化する。この点を確認するため、推計したモデルを使ってシミュレーションを行った。図11.1は、典型的な所得のプロファイルを示している[1]。雇用と失業のサイクルを反映して、所得は大きく変化する。消費も変化するが、所得ほどではない。投資と所得の間には正の相関がある。

つぎにシミュレーションの期間を10,000期まで延長して、所得の分布を求めた（図11.2）[2]。実線で示したのは失業給付のないケースである。所得の分布は2つのグループに分かれている。就業者は高所得グループに属し、失業者は低所得グループに属する。利子収入がなければ所得の分布は0かwとなる。しかし実際には利子収入があり、分布は広がりをもつ。しかも資産の格差は小さいので同じ形のピークが2つ現れる。右側の方が高いのは雇用される確率は失業する確率より高いからである。破線で示したのは失業給付のあるケースである[3]。低所得グループは右に、高所得グループは左に移動して所得格差は縮小している。政府の再分配政策によって、雇用者は所得の7.5％を徴収され、失業者に賃金の25％が

図11.1 典型的な所得のプロファイル

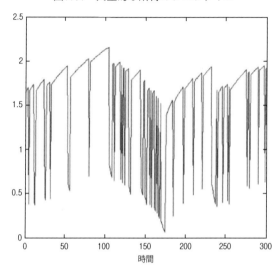

図11.2 所得の分布

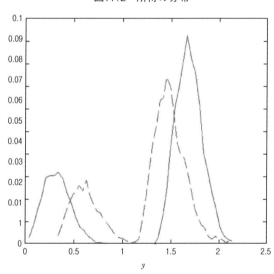

支給される。失業給付制度があると、総資本と総生産は減少する。資本の減少で実質利子率は上昇して賃金は低下する。したがって所得再分配政策は資本蓄積を妨げ所得水準を低下させる効果がある。

対照的に、資産の分布には1つのピークしかない。資産は労働プロファイルの累積的な結果を反映するからである。雇用機会に恵まれた消費者は資産分布の上位を占め、失業を経験した消費者は下位にランクされる。所得再分配政策を実施すると資産の分布は左へシフトして総資本は減少する。

所得分布を決定するのは、失業給付と労働状態である。雇用の確率が変わると所得分布は平行にシフトする。簡単化のため雇用の確率を一定と仮定したが、実際には様々の理由で変化する。また、消費者のリスクに対する態度も分布に影響する。つまり γ が大きくなると、資本は増加して利子率は低下する。例えば $\gamma = 5$ なら $K = 11.7723$、$r = 0.0306$ に変わる。これは所得の変動に備えて予備的貯蓄が増えるからである。資産の分布も変化して右に厚くなる。

11.2 安全資産収益率パズルと不完備市場モデル

アメリカのデータによると、リスク資産に比べて安全資産の収益率は極端に低い。メーラとプレスコットは、この現象を安全資産収益率パズルと呼んだ。このパズルについて Weil (1989) をはじめ様々の解釈が提案されている。不完備市場モデルは、このパズルを説明する一つの有力な考えである。最初に、なぜパズルであるのかを説明しよう。

DSGE モデルにおいて消費はつぎのオイラー方程式を満足する。

$$u'(c_{t+1}) = \left(\frac{1+\rho}{1+r}\right) u'(c_t)$$

効用関数が

$$u(c) = \frac{c^{1-\gamma}}{1-\gamma}$$

であれば

$$\left(\frac{c_{t+1}}{c_t}\right)^\gamma = \frac{1+r}{1+\rho}$$

が成り立つ。消費の増加率は一定で $c_{t+1} = (1+g)c_t$ とすると

$$(1+g)^\gamma = \beta(1+r)$$

となる。ここで $\beta = 1/(1+\rho)$ である。消費が一定で $g = 0$ あれば、γ とは無関係

に $\beta = 1/(1+r)$ となる。対数をとると

$$r \cong -\log(\beta) + g\gamma$$

となる。1930～2008年の期間にアメリカの1人当たり実質消費は平均2.1％の割合で増加した。主観的割引率の典型的な値は $\beta = 0.96$ である。これらの値を代入すると、実質利子率と γ の間にはつぎの関係がある。

$$r \cong 0.04 + 0.021\gamma \tag{11.9}$$

消費者がリスク中立的であれば、$r = 0.04$ となる。$\gamma = 1$ なら $r = 0.061$、$\gamma = 10$ なら $r = 0.25$ となる。これらは実際の実質利子率に比べて相当高い。Huggett は市場の不完全性を仮定して利子率が高くなる理由を説明した。

　消費者は事前的に同質的で所得の変動に備えて債券を保有する。集計的ショックはないが、個々の消費者は固有リスクに直面している。債券を購入すれば将来1単位の消費財が得られる。ただし借入れには一定の限度がある。消費者は区間 $[0, 1]$ に一様に分布している。所得はマルコフチェーンに従って変化する。今期と来期の所得を y、y' とすると、遷移確率は

$$\pi(y', y) = \Pr(y_{t+1} = y' \mid y_t = y)$$

で与えられる。y は y_1 と y_2 の2つの値をとる。消費者はライフタイムの効用を最大化する。

$$E_0 \sum_{t=0}^{\infty} \beta^t \frac{c_t^{1-\gamma}}{1-\gamma} \tag{11.10}$$

　債券価格を q とすれば、実質利子率は $r = 1/q - 1$ となる。予算制約はつぎの式で表される。

$$c + qa' = a + y$$
$$a' \geq \bar{a} \tag{11.11}$$

ただし、q は資産の保有量で $\bar{a} < 0$ は借入限度である。この問題に動的計画法を適用すると、ベルマン方程式は

$$V(a, y) = \max_{c, a'} \{u(c) + \beta \sum_{y'} \pi(y', y) V(a', y')\} \tag{11.12}$$

となる。最適資産を $a' = g(a, y)$ とする。債券価格は予算制約を通じて c と a' を変化させる。

このモデルは解析的に解けないので数値解を求める。資産を $A = [a_1 < a_2 < \cdots\cdots < a_n]$ と離散化して、a と y の確率分布を

$$\mu_t(a, y) = \Pr(a_t = a, y_t = y)$$

と表すことにする。$\mu_t(a, y)$ が変化すると債券価格も変化する。競争均衡では $V(a, y)$、$g(a, y)$、q、$\mu(a, y)$ はつぎの3つの条件を満足する。

(1) 与えられた q に対して $V(a, y)$ と $g(a, y)$ はベルマン方程式を満たす。
(2) $\mu(a, y)$ は所得の確率過程と $g(a, y)$ から決定される。
(3) 債券市場はクリアして

$$\sum_a \sum_y g_0(a, y) \mu(a, y) = 0 \tag{11.13}$$

が成り立つ。q は左辺がプラスになると上昇し、マイナスになると低下する。このような債券価格の変化によって債券市場はクリアする。

(a, y) のマルコフチェーンは、資産の決定式と所得の遷移確率から導かれる。遷移確率は

$$\Pr(a_{t+1} = a', y_{t+1} = y' | a_t = a, y_t = y) = I(a', a, y) \pi(y', y) \tag{11.14}$$

で与えられる。ここで $I(a', a, y)$ は、$a' = g(a, y)$ なら 1、$a' \neq g(a, y)$ なら 0 となる関数である。つぎのアルゴリズムを実行して近似解を求める。

［ステップ 1］資産価格の初期値を $q = q_0$ と設定する。
［ステップ 2］消費者の問題を解いて $g_0(a, y)$ を求める。
［ステップ 3］(a, y) の遷移確率から $\mu_0(a, y)$ を計算する。
［ステップ 4］$\sum\sum g(a, y) \mu_0(a, y)$ を求める。この値がプラスなら $q_1 > q_0$、マイナスなら $q_1 < q_0$ としてステップ 1 へ戻る。

q が一定となるまで以上のステップをくり返す。

消費者の所得は $y_1 = 0.1$、$y_2 = 1.0$ であり、遷移確率は

図11.3 資産の分布（$g=1$、$\bar{a}=-4$のケース）

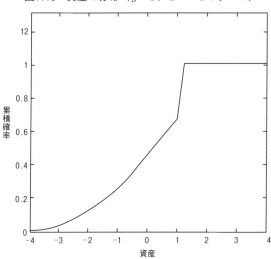

表11.2 安全資産の収益率（年率％）

$\bar{a}$	γ			
	0.5	1	1.5	3
-2	2.7	-1.6	-6.5	-24.8
-4	5.3	4.0	2.5	-4.3
-6	5.7	5.2	4.5	1.6
-8	5.8	5.6	5.1	3.4

$$\pi(y', y) = \begin{bmatrix} 0.9 & 0.1 \\ 0.5 & 0.5 \end{bmatrix}$$

とする。主観的割引率を $\beta=0.99$ として、$\gamma=0.5$、1.0、1.5、3.0 の4つのケースについて検討する。借入限度は $\bar{a}=-2$、-4、-6、-8 のいずれかとする。資産の最大値は $a_n=4$ で分点の間隔を 0.2 とした。図11.3は定常状態における資産の分布を示している。借入れが上限に達する確率は 0.002 であり、限度額まで借り入れる消費者はほとんどいない。しかし限度額が引き下げられると、この確率は高くなる。

　表11.2は借入限度と利子率の関係を示している。リスク回避度が一定であれば、限度額が引き上げられると利子率は高くなる。予備的貯蓄の必要性が薄れて債券

の需要が減少するからである。借入限度を一定とすると、リスク回避が強いほど利子率は低くなる。リスク回避が強くなると、貯蓄が増加して債券の需要が増えるからである。いずれのケースでも、利子率は (11.9) から計算した値よりも低くなる。したがってリスクをヘッジする保険市場の欠落は安全資産の利子率を引き下げる効果がある。

11.3 集計的リスクと不完備市場

最後に固有リストと集計的リスクを考慮したモデルについて考えよう。消費者は区間$[0,1]$に均等に分布しており、予算制約のもとで効用を最大化する。

$$\max_{\{c_t,k_{t+1}\}_{t=0}^{\infty}} E\sum_{t=0}^{\infty}\beta^t \log(c_t)$$
$$c_t + k_{t+1} = r_t k_t + e_t w_t + (1-\delta)k_t$$
$$k_{t+1} \geq 0 \quad k_0 \text{ given} \tag{11.15}$$

労働状態は確率的に変化し、$e_t=1$なら雇用され、$e_t=0$なら失業する。企業の生産関数は

$$Y_t = z_t K_t^\alpha N_t^{1-\alpha}$$

とする。全要素生産性を表すz_tが集計的リスクである。利潤最大の条件は

$$w_t = (1-\alpha) z_t \left(\frac{K_t}{N_t}\right)^\alpha$$
$$r_t = \alpha z_t \left(\frac{K_t}{N_t}\right)^{\alpha-1} \tag{11.16}$$

である。K_tとN_tはつぎのように定義される。

$$K_t = \sum_k \sum_e k \mu_t(k,e)$$

$$N_t = \sum_k \sum_e e \mu_t(k,e)$$

$\mu(k,e)$は資本と労働の分布を表す関数であり

第11章 不完備市場モデルの数値解析

表11.3 (z, e) の遷移確率

	$z_l, 0$	$z_l, 1$	$z_h, 0$	$z_h, 1$
$z_l, 0$	0.525	0.350	0.03125	0.09375
$z_l, 1$	0.038889	0.836111	0.002083	0.122917
$z_h, 0$	0.09375	0.03125	0.291667	0.583333
$z_h, 1$	0.009115	0.115885	0.024306	0.850694

$$\mu' = H(\mu, z) \tag{11.17}$$

に従って変化する。z_t は z_l と z_h の2つの値をとる $(z_l < z_h)$。全要素生産性と雇用の間には正の相関がある。生産性が上昇すると、労働需要の増加で雇用される確率は高くなるからである。表11.3は (z, e) の遷移確率を示している。これより

$$\Pr(z' \mid z) = \begin{bmatrix} 0.875 & 0.125 \\ 0.125 & 0.875 \end{bmatrix}$$

$$\Pr(e' \mid e) = \begin{bmatrix} 0.471 & 0.529 \\ 0.037 & 0.963 \end{bmatrix}$$

となる。(z, e) のマルコフチェーンは、長期的に特定の分布に収束する。定常状態では $\Pr(z_l, 0) = 0.05$、$\Pr(z_l, 1) = 0.45$、$\Pr(z_h, 0) = 0.02$、$\Pr(z_h, 1) = 0.48$ となる。したがって失業率は7％である。

消費者の問題に動的計画法を適用すると、ベルマン方程式は

$$V(k, e, \mu, z) = \max_{c, k'} \{ \log(c) + \beta E[V(k', e', \mu', z') \mid (e, z, \mu)] \} \tag{11.18}$$

$$s.t. \quad c + k' = rk + ew + (1-\delta)k$$

となる。消費を決定するのは k、e、μ である。ただし μ は変数ではなく確率分布である。このためベルマン方程式は通常の方法では解けない。

競争均衡において $r(z, K)$、$w(z, K)$、$V(k, e, \mu, z)$、$k' = g(k, e, \mu, z)$、$H(\mu, z)$ はつぎの条件を満たす。

1. $V(k, e, \mu, z)$ はベルマン方程式の解であり、最適資本は $g(k, e, \mu, z)$ で与えられる。

図11.4 K と K' の関係

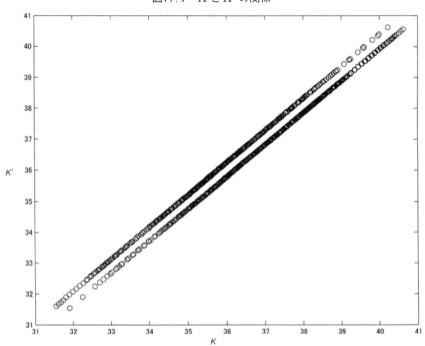

2. 企業は利潤を最大化している。
3. $H(\mu, z)$ は $g(k, e, \mu, z)$ と (e, z) の確率過程と整合的である。

ベルマン方程式を解くために、資本の分布を平均値で近似して、(11.17) の代わりにつぎの式を用いる。

$$z = z_l : \log(K') = a_0 + b_0 \log(K)$$
$$z = z_h : \log(K') = a_1 + b_1 \log(K) \tag{11.19}$$

来期の資本はこの式を使って予測する。係数はコンピュータで発生させたデータから推定する。モデルのパラメータは $\alpha = 0.36$、$\beta = 0.99$、$\delta = 0.025$ とする。また生産性ショックは $z \in \{0.95, 1.05\}$ とする。

つぎのアルゴリズムを実行して近似解を求める。

[ステップ 1] (11.19) の係数に初期値を設定する。

図11.5 資本の分布

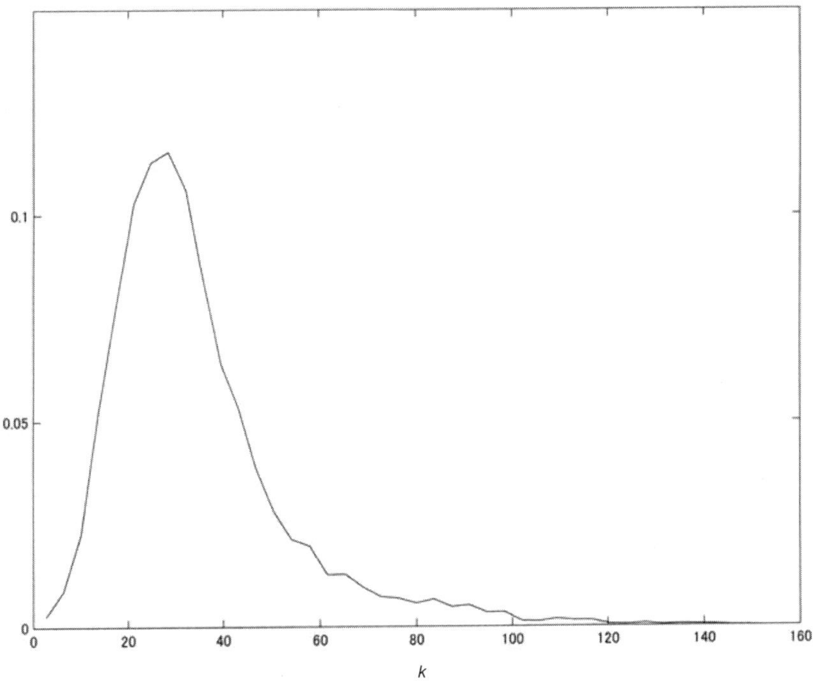

[ステップ2] ベルマン方程式を解いて $g(k,e,\mu,z)$ を求める。
[ステップ3] 10,000の消費者と1,100期間でシミュレーションを行い、資本のデータを発生させる。
[ステップ4] 101期以降のデータを使って、最小自乗法で予測式の係数を推定する。推定値がステップ1の値と異なると修正してステップ2へ戻る。これを収束条件が満たされるまでくり返す。

上のステップを20回繰り返すと収束条件を満たす解が得られる。図11.4は K と K' のデータをプロットしている。予想通りデータは2つのパラレルな直線の上にある。対数変換して回帰式を当てはめると

$$z=z_l : \log(K')=0.107+0.968\log(K) \qquad R^2=0.99998$$
$$z=z_h : \log(K')=0.141+0.962\log(K) \qquad R^2=0.99999$$

図11.6 所得の分布

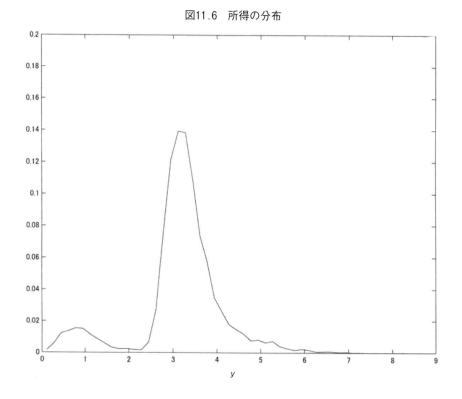

となる。生産性が高くなると定数項は大きくなる。

　図11.5は、最後の期間における資本のクロスセクション分布である。図から明らかなように、資本の非負制約は有効ではない。しかし現実の分布に比べて歪みが小さい。図11.6は所得の分布である。左側の小さなピークは失業者の所得を表し、右側のピークは就業者の所得である。利子収入がなければ所得は2つの値しかとらないが、実際には利子収入があり連続分布となる。

11.4　結論

　前章までは完備市場モデルを検討してきた。この章では最新の研究テーマである不完備市場モデルを取り上げた。最初に、Aiyagariのモデルを検討した。失業の可能性に備えて消費者は予備的貯蓄を行う。定常状態では資産と所得の分布

は一定となるが、消費者の所得はランダムに変化する。労働状態の違いは所得の格差をもたらす。しかし資産の格差はそれほど大きなものではない。不完備市場モデルは、政府の所得再分配政策の効果を分析するのに役立つ。

つぎに取り上げたのは Huggett のモデルである。このモデルでも所得は確率的に変化する。借入限度が引き下げられると、資産の需要が増加して実質利子率は低下する。

これらのモデルは集計的リスクを考慮していない点で不完全である。大数の法則によって固有リスクは相殺されるが、集計的リスクは無くならない。固有リスクに加えて集計的リスクを考慮したのが、Krusell = Smith のモデルである。このモデルで全要素生産性ショックは総生産の変動を引き起こす。これは数値計算のテーマとしても興味がある。一般に動的計画法の value function は状態変数の関数である。しかし、保険市場が欠落しているため資本と労働の分布も value に影響する。確率分布そのものを考慮するのは技術的に難しい。このため分布を平均値で近似して標準的な方法を適用した。ただし、この方法はどのモデルにも使えるわけではない。不完備市場モデルの研究を進めるには、一般的な方法が必要である。現在、様々なアプローチが試みられている[4]。

[注]

1) 初期値の影響は8期で消滅する。このため全期間の結果を示した。資本の非負制約は常に満たされる。
2) 期間を600期として10,000回くり返すと同じ形の分布が得られる。このため1回の実験で十分である。
3) 正確な比較のために同じ s_t の実現値を使用した。
4) 最新の研究については、Journal of Economic Dynamics & Control, V 34 (2010) の数値計算に関する特集号を参照せよ。

[参考文献]

Aiyagari, S. Rao. (1994) "Uninsured Idiosyncratic Risk and Aggregate Saving", *Quarterly Journal of Economics*, Vol. 109, 659-684.

Huggett, M (1993) "The risk-free rate in heterogenous-agent incomplete-insurance economies, *Journal of Economic Dynamics and Control*, Vol. 17, 953-969.

Krusell, P., and A. A. Smith. (1998) "Income and Wealth Heterogeneity in the Macroeconomy", *Journal of Political Economy*, Vol. 106, 867-896.

Mehra, R., and E. Prescott. (1985) "The Equity Premium: A Puzzle", *Journal of Monetary Economics*, Vol. 15, 145-162.

Weil, P. (1989) "The equity premium puzzle and the risk-free rate puzzle", *Journal of Monetary Economics*, Vol. 24, 401-421.

索　引

ア行

アイスナー（Eisner, Robert）　94
アイヤガリ（Aiyagari,Rao）　151, 254, 268
悪条件の行列　10
アルゴリズム　22, 79, 108, 151, 162, 170, 193, 244, 266
安全資産収益率パズル　261
異時点間の代替弾力性　240
異質的消費者　255
遺伝的アルゴリズム（GA）　80, 185
1変数関数の最小化　73
一様分布列　71, 72
一様乱数　67
陰関数定理　116, 189
因数分解　130, 135
インポータンス・サンプリング　70, 71
ウェイト　61, 62, 64
Weyl列　71
打切り誤差　6, 55, 60, 84
AKモデル　145
AR(1)モデル　65, 130, 142, 156, 213, 227
エルミート多項式　39
LR法　23
LU分解　16, 23
オイラー法　83
オイラー方程式　147, 158, 177, 181, 193, 231, 260
黄金分割法　73
横断性条件　95, 141
重み関数　38, 67, 71, 175, 178, 183

カ行

回帰係数　44, 54
解曲線　34, 90, 109, 113, 121
解析解　64, 72, 93, 121, 157, 188, 224, 228
外生変数　129, 134, 137, 227
──のイノベーション　152
ガウスの消去法　14
ガウスの求積法　61
ガウス・ザイデル法　17, 20, 32, 33
ガウス・チェビシェフ求積　61, 179
ガウス・ルジャンドル求積　62
ガウス・エルミート求積　64
ガウス・ラゲール求積　67
価格配当比率（PDR）　155
拡散方程式　98
確率分布　103, 182, 214, 236
──の尖度　237
──の歪度　236
──の近似　236
確率的DP　213
確率的摂動法　230
確率的成長モデル　181
価値関数（value function）　189, 193, 206, 208, 210, 215, 219, 220
貨幣的成長モデル　163
借入制約　216, 217
ガレルキン法　171, 176, 178, 183
関数最小化　33
関数方程式　170, 174, 227
完全多項式　52
完備市場モデル　254
危険資産プレミアム・パズル　254
基底関数　52, 174, 176
期待関数　153, 157, 166
期待値の反復法則　127
逆行列　14, 121, 137, 139
境界条件　37
境界値問題　90
QR法　24
近似　38
──解　12, 18, 171
──誤差　84, 197
──精度　233

2次—— 189, 240
チェビシェフ—— 42
行列 14, 18
——のノルム 10
——の条件数 10
——の固有値 20
上三角—— 16, 23, 24
下三角—— 16, 17
ヴァンデルモンド—— 35
悪条件の—— 10
ヘッセ—— 77, 78
遷移—— 66, 102, 214, 255
偶関数 42, 45, 47
区分的線形近似 123
グッドウィン（Goodwin, Richard） 88
クランク・ニコルソン法 100
クーリー（Cooley, Thomas） 163
クリスティアノ（Christiano, Lawrence） 136
グリッド 203, 204
クルーセル（Krusell, Per） 254
計算アルゴリズム 79, 108
計算誤差 4
——の伝播 7
係数行列 10, 16, 93, 137, 219, 222
ケーガン（Cagan, Phillip） 129
桁落ち 6, 7
結合係数 48, 51
厳密解 10, 229
合理的期待仮説 126
合理的期待モデル 126, 128, 134
後方差分 55
広義積分 60
交叉 82
効用関数 92, 156, 161, 163, 183, 260
効率的計算法 8
誤差の式 59, 158, 181, 183, 193, 197, 247
誤差逆伝播法 49
固有値 20
——分解 138, 251
絶対値最大の—— 21, 22
絶対値最小の—— 23
固有ベクトル 21, 104

固有リスク 255, 261, 269
コラード（Collard, Fabrice） 232
コロケーション法 176, 183
コンピュータ・シミュレーション 148

サ行

最急降下法 33, 49, 78
最適成長モデル 155, 177, 189
最適レギュレータ 219, 221
最小自乗法 41, 170, 175
最小化アルゴリズム 176
Certainty equivalence 220, 243
サブドメイン法 176
差分法 91
サージェント（Sargent, Thomas） 201
3次スプライン 36
——曲線 37, 38
3重対角行列 92, 101
残差 170, 178, 182
CES生産関数 54
シグモイド関数 49
資産の分布 218, 263
資産価格 154, 227
集計的リスク 264, 269
縮小写像 29, 201
収束条件 19, 31, 75, 229
準ニュートン法 78
準モンテカルロ積分 71
10進数 4
シューティング法 90
シュミット・グローエ（Schmitt-Grohe） 240, 243
ジュリアード（Juillard, Michel） 232
初期条件 87, 98, 170
初期値 18, 21
——問題 83, 90, 170
所得の分布 268
消費のライフサイクルモデル 92
消費の分布 224
消費習慣モデル 161
常微分方程式 83, 90
——の初期値問題 170

索　引

――の数値解法　83
情報落ち　7
条件付き期待値　103, 129
状態変数　152, 161, 181, 200, 222
状態方程式　201, 220, 222
ジャッド（Judd, Kenneth）　51, 95, 110, 183, 211
シムズ（Sims, Christopher）　136
　　――の方法　139
シンプソン公式　59
　　複合――　59
数値積分　58
数値微分　54
ステップ幅　55, 79, 97, 108
ストロッツ（Strotz, Robert）　94
スプライン補間　36
SUMT法　80
スミス（Smith, Anthony）　254
静学的変数を含んだ成長モデル　212
制御変量法　70
正規直交多項式系　39, 41
正規分布　64, 155
正規方程式　41, 51, 171
政策関数（policy function）　96, 189, 196, 201, 240
生産関数　146, 156, 240, 257, 264
生産性ショック　181, 240, 266
制約付き最適化問題　80
セカント法　26
摂動法（perturbation method）　187
　　確率的――　230
絶対誤差　12
零点　33, 53, 61, 63, 114, 179
遷移確率　262
線形2次動的計画法　219
線形ホモトピー　115
線形計画問題　122
選点直交性　43
前方差分　55
漸化式　18, 20, 30, 42, 176
全要素生産性　156
層化抽出法　70
相似変換　23, 24

タ行

台形公式　58
タオヘン（Tauchen, George）　66, 229
　　――の求積法　229
対角優位行列　19
対数線形近似法　248
対数変換　8, 241, 267
多変数関数の近似　51
多変数合理的期待モデル　136
単精度　4, 5, 12
逐次代入法　129
中央差分　55
中点公式　59
DSGEモデル　152, 174, 227, 260
チェビシェフ
　　――近似　42
　　――多項式　39, 42
　　――回帰　44
直交多項式　38
直交多項式系　38, 61
定常分布　104, 236, 256
テイラー展開　27, 31, 45, 52, 55, 75, 84, 188
テンソル積　52, 182
動的計画法（DP）　189, 200, 213, 217, 219, 256
　　確率的――　213
動学的労働需要　141
動学的一般均衡モデル（「DSGEモデル」の項目をみよ）
特性方程式　21
トービンのq　94

ナ行

内生的成長モデル　145
内積　38, 178
内部相関　154, 155, 171
2次方程式　6, 97, 111, 134, 187, 191, 225
2分法　25
Niederreiter列　72
ニュートン法　27, 31, 75
ニュートンホモトピー　114
ニュートン補間　35

ニュートン・コーツ公式　58, 61
ニューロン　48, 51
ニューラルネットワーク　47
　　　階層型——　48
　　　——の学習　49

ハ行

倍精度　4, 5
ハイパーインフレーション・モデル　129
はさみうち法　26
パス定理　116
パデ近似　45, 47, 195, 197
バブル　132
パラメトリック法　210
Value iteration　203, 214
ハワード（Howard, Ronald）　206
ハンセン（Hansen, Gary）　163
反復法　17
バーンサイド（Burnside, Craig）　228
PEA法　152
非線形連立方程式　30, 33
ヒューゲット（Huggett, Mark）　254, 261
標本点　34, 44, 53, 58, 62, 66
不完備市場モデル　254, 258, 260
浮動小数点数　4
不動点　29, 32
不動点ホモトピー　114
フィッシャー（Fischer, Stanley）　132
フィードバック・ルール　223
フォワード・オペレータ　130, 135
負相関変量法　69
ブラックウェルの定理　201
ブランシャール（Blanchard, Olivier）　132
プレスコット（Prescott, Edward）　153, 260
プロジェクション法　170, 182
分散　65, 68, 70
べき乗法　21
べき級数法　172
ペナルティ法　80
ベルマン（Bellman, Rechard）　200
ベルマン方程式　201, 205, 213, 217, 219, 256, 261, 265

偏微分方程式　98
　　　——の数値解法　98
Policy iteration　206, 218
方向ベクトル　76, 78
補間　34
補助方程式　92, 108
ホーナー法　8
ホモトピー法　33, 108, 109
　　　——関数　110, 120
　　　——パス　109, 115, 121

マ行

マクロ経済学　13, 93, 108, 126, 152, 174
MATLAB　13, 185
MATHEMATICA　197
マシン・イプシロン　5, 11
マーセット（Marcet, Albert）　153
丸め誤差　5
マルコフチェーン　102, 214, 217, 255
マンキュー（Mankiw, Gregory）　126
密度関数　38, 66
未定係数法　131, 134, 136, 142
ムース（Muth, John）　126, 127
メーラ（Mehra, Rajnish）　153, 260
モンテカルロ積分　67
　　　単純——　68
　　　準——　71, 72

ヤ行

ヤコビ法　17
ヤコビ行列　116
有効桁数　5
有理関数　45, 195
予備的貯蓄　260, 264, 268

ラ行

ラゲール多項式　39
ラグランジュ
　　　——補間　34, 59
　　　——関数　146, 156, 221

乱数　67, 71, 81
ランダムウォーク　148
離散近似法　229
離散化　203, 205
リッカチ方程式　220
リチャードソンの外挿法　56
リバース・シューティング　95
ルーカス（Lucas, Robert）　154, 201, 227
ルジャンドル多項式　39
ルンゲの現象　35
ルンゲ・クッタ法　84, 87
ルンゲ・クッタ・ギル法　86

連立1次方程式　9, 13, 35, 46, 208, 230
連立微分方程式　87
労働需要関数　142
ロマー（Romer, Paul）　145

ワ行

ワイル（Weil, Philippe）　260
割引率　92
　　　主観的——　154, 261, 263

[著者紹介]

釜　国男（かま　くにお）

現　在　創価大学教授
著　書　『経済行動の数量分析』多賀出版、2001年
　　　　ウィリアムソン『マクロ経済学Ⅰ、Ⅱ』東洋経済新報社、2012年

経済モデルの数値解析

2015年2月20日　第1版第1刷発行

　　　　　　　　Ⓒ著　者　釜　　　国　男
　　　　　　　　　発行者　　多　賀　省　次
　　　　　　　　　発行所　　多　賀　出　版　株式会社
　　　　　　　〒102-0072　東京都千代田区飯田橋3-2-4
　　　　　　　　　　　　電　話：03（3262）9996代
　　　　　　　　　　　　E-mail:taga@msh.biglobe.ne.jp
　　　　　　　　　　　　http://www.taga-shuppan.co.jp/
　　　　　　　印刷／文昇堂　製本／高地製本

　　〈検印省略〉　　　　　　　落丁・乱丁本はお取り替え致します。

ISBN978-4-8115-7821-7　C1033